The Celtic Ga

Gaelic Songs and Readings

Translation of Gaelic and English songs

Henry White, Fionn

Alpha Editions

This edition published in 2019

ISBN : 9789353977535

Design and Setting By
Alpha Editions
email - alphaedis@gmail.com

Memorial Edition.

THE
CELTIC GARLAND
OF
GAELIC SONGS AND READINGS.

Translation of Gaelic and English Songs.

BY
"FIONN."

THIRD EDITION.   GREATLY ENLARGED.

Glasgow :
ALEXANDER MACLAREN & SONS,
GAELIC PUBLISHERS AND BOOKSELLERS,
360-362 ARGYLE STREET.
1920.

PREFACE TO CELTIC GARLAND.

IN presenting this memorial edition of the " Celtic Garland " to the Celtic public, I must at the outset express my regret that publicatiōn has been so long delayed owing to the war. The delay has been due to the conditions created by the war, which rendered it inopportune to proceed with publication till now.

The majority of the translations found in this work are the outcome of leisure moments, and have appeared in the columns of Highland Newspapers and Magazines. Urged by many friends to preserve those compositions in more permanent form, my father issued his earlier pieces in collected form in the first edition of the " Celtic Garland " in 1881. The present edition contains several pieces translated during the last ten or twelve years of his life.

To all who have attempted rhythmical translations it will be at once admitted that the task is by no means an easy one, especially with languages like English and Gaelic, which are so very different in idiom.

As regards translations from English to Gaelic, it will be observed that nothing like literal renderings have been attempted, my father always maintaining that such a course proved disastrous to the idiom of the mother-tongue. Retaining the rhythm of the original, he always sought to give Gaelic expression to the sentiments and ideas conveyed by the English verses, which doubtless is the most successful mode of effecting idiomatic Gaelic translations.

The original songs contained in this volume were composed with the view of perpetuating and popularising certain melodies which were apt to pass into oblivion, the words to which they were wedded, with the exception of the chorus, having been lost. Since the publication of the first edition of the " Garland " a number of these have been discovered and are now preserved in the " Oranaiche."

The Gaelic readings in this work are, without exception, from my father's pen, and like the poems have nearly all appeared in newspaper or magazine form. They are all suitable for reading at Celtic entertainments.

Encouraged by the rapid sale of the first edition, which was exhausted in little over a twelvemonth after its publication, the second edition appeared in 1885, much enlarged and defects attendant upon amateur effort removed. It, too, had a cordial reception from Celts at home and abroad, and has been out of print for many years.

To my father's friend and mine, Mr. Hector Macdougall, Glasgow, my sincere thanks are due for his careful proof-reading and general supervision of the work as it was passing through the printer's hands.

A. C. W.

GLENETIVE,
    1st June, 1920.

HENRY WHITE—" FIONN."

M. M.*

* The following sketch of Mr. Whyte, written by one who knew him well, appeared in the "Celtic Review" of April, 1914, and is here reproduced by kind permission of the Proprietors.

By the death of Mr. Henry Whyte the small company of Gaelic writers has lost one of its most active and capable members. For a period of almost forty years his pen name of *Fionn* has been familiar to all lovers of Gaelic literature and music. His acquaintance with the literature, the history, and the music of the Highlands was wide and minute, while his own contributions to Gaelic literature in prose and verse, though not extensive, possess real merit and have won considerable popularity. One can still recall the joy with which his early publications—the ' Celtic Lyre ' and the ' Celtic Garland '—were hailed by all lovers of Gaelic song. The ' Celtic Lyre ' gave an impetus to the popular study of Gaelic music which has not yet exhausted itself, and helped to create a demand for similar publications which is being very competently met, one is glad to note, by devoted and accomplished workers in that field. Probably no individual worker in recent times has contributed more to diffuse a knowledge of and create a love for Gaelic music than *Fionn*. Not alone by his books, but even more by his lectures, by his magazine and newspaper articles, and by his extensive private correspondence he has fed the fire of devotion to our national music which is burning so brightly in our day. His own contributions to Gaelic song, though not numerous, are of full average merit, and some of them have achieved widespread popularity. Two of them at least—' Ochoin a Righ si mo ribhinn donn ' and ' Dhealaich mise nochd ri m' leannan '—are well-established favourites and are often heard on our concert platforms. He was particularly happy in his translations of Gaelic songs into English. In these translations, while always faithful to the substance and spirit of the original, he exhibited remarkable skill in reproducing its measure and rhythm, so that his versions are usually capable of being sung in English to the Gaelic tunes. This faculty, as also the power, hardly less marked, of turning English verse into Gaelic, he shared with his brother, John, whose recent death removed a most useful worker from the Gaelic field. A large proportion of the most successful translations in the Kelly collection of Gaelic hymns are from the pen of Mr. John Whyte, under whose editorial supervision the volume was issued.

For many years Mr. Whyte found a congenial sphere for his energies in the varied operations of An Comunn Gaidhealach. While actively interesting himself in all its schemes, he rendered notably valuable assistance in connection with the important and difficult work pertaining to the Annual Mod. For this particular service his intimate acquaintance with Gaelic music and song, combined with musical attainments of no mean order, very specially fitted him. But it was perhaps as a journalist—as a writer on subjects connected with the history, folklore, poetry and music of the Highlands— that his most important work was accomplished. This work, suffering the common fate of its kind, is buried in the files of newspapers and in the pages of magazines, and is consequently in danger of falling into neglect and forgetfulness. He was constantly writing on such subjects as these, and writing with knowledge and accuracy.

In 1914 a handsome Celtic Cross was erected over "Fionn's" grave in the Western Necropolis, Glasgow, subscribed for by Highlanders in all parts of the world

He had a rich store of information to draw upon, and was ever ready to put his information at the service of others. He seemed never to grudge time or trouble in answering the innumerable inquiries addressed to him on all sorts of questions concerning song-origins, clan and family histories, and kindred subjects. He was applied to from all quarters on every variety of Highland topic, and if he happened not to possess the required information himself, as sometimes occurred even in his case, he spared no pains in the endeavour to obtain it. In these respects he was one of the most obliging and good-natured of men.

He had an excellent command of expressive and idiomatic Gaelic, and wrote it clearly and forcibly. He wrote at times on subjects that do not usually engage the pens of Gaelic writers, and showed how in the hands of a master the Gaelic can be easily adapted to meet modern requirements. For example, he translated the Crofters Act into good serviceable Gaelic, and in doing so, not only conferred a real benefit on his fellow-countrymen, but proved that the mother tongue was capable of reproducing clearly and accurately the involved and cumbrous phraseology of parliamentary enactments, Like most Gaelic writers, he had the gift of humour and he used it effectively in his writings. This is more noticeable in his prose compositions, particularly in those short stories which appear in that excellent collection of Gaelic readings ' Leabhar na Ceilidh.'

In his earlier years especially Mr. Whyte was a keen politician, and took an active part in the agitation which led to the passing of the Crofters' Act. The writer has often heard him tell of the hard things he had to endure at that time because of the prominent part he took in the movement and because of his publicly announced sympathy with the national aspirations of the Irish. No

one could deny him the courage of his convictions, and
the attempts to silence him at that time, some of them
very unworthy, had the effect rather of provoking him
into greater activity. He was a good Highlander whose
interest in the past of his countrymen did not absorb
him to the exclusion of all concern for their present
condition and needs. He knew most of the men who had
helped to make Highland history during the last forty
years—in politics, in the Church, and in literature—
and his reminiscences of these were most interesting. He
was a capital *raconteur*, and his entertaining stories of men
and things, told with infinite relish and with the liveliest
appreciation of their humour, made an evening spent
in his company a delightful experience. Full of senti-
ment though he was, he never allowed his sentiment to
run away with him. He was a man of cool and critical
judgment and never indulged in ' gush.' His apprecia-
tions were usually restrained in tone and temperate in
expression, well-balanced and judicial. His writing was
always marked by sound judgment and good taste, and
nothing ever came from his pen to which the most
fastidious could object. His services to Gaelic literature
were recognised some time ago by the conferring upon
him of a civil list pension. His brother, John, also held
one of these pensions, and together they furnished the
unique spectacle of two members of the same family
simultaneously enjoying State rewards for conspicuous
service in the field of Gaelic letters.

Fionn's death leaves a blank which will be difficult
to fill. In some respects he occupied a position which
was unique. The sum of his original contributions to
Gaelic literature, so far as these are available in book
form, is not great, but if his translations from the English
are added, and his innumerable articles in English on
Gaelic subjects taken into account, the extent of our

indebtedness to him will be better realised. He was a most industrious and intelligent gleaner, and was not content to lock up in his own breast the vast store of information he had gathered, but shared it freely with all who were interested. Above all, grateful acknowledgement must be made of the valuable service he rendered in popularising our national music and in proclaiming by voice and pen the beauty and the worth of the Highlander's heritage of poetry and song.

Mr. Whyte was a native of Easdale, but spent the greater part of his life in Glasgow, in which he was for more than a generation the most widely known Highlander. During the later years of his life he devoted himself entirely to journalistic work. He was the representative in Glasgow of the *Oban Times*, and contributed weekly articles on Highland topics to other well known newspapers.

Mr. Whyte married a daughter of the late Mr. Colin Campbell, H.M. Customs, Tobermory, who predeceased him. He has left a daughter who in no small degree inherits her father's ability and his knowledge of Highland lore.

CONTENTS.

PART II.—ENGLISH-GAELIC.

ENGLISH.

GAELIC.

PART III.—ORIGINAL GAELIC POETRY.

GAELIC.

ENGLISH.

PART IV.—GAELIC READINGS.

PART I.

GAELIC-ENGLISH.

AN GLEANN 'SAN ROBH MI OG.

LE NIALL MAC LEOID.

AIR FONN—" *When the kye comes hame.*"

Nuair a philleas ruinn an samhradh,
  Bidh gach doire 's crann fo chròic ;
Na h-eòin air bhàrr nam meanglan
  Deanamh caithreim bhinn le 'n ceòl ;
A' chlann bheag a' ruith le fonn
  Mu gach tom a' buain nan ròs—
B' e mo mhiann a bhi 'san àm sin
  Anns a' ghleann 'san robh mi òg.

  Anns a' ghleann 'san robh mi òg,
  Anns a' ghleann 'san robh mi òg,
  B' e mo mhiann a bhi 'san àm sin
  Anns a' ghleann 'san robh mi òg.

'Sa mhaduinn 'n àm dhuinn dùsgadh,
  Bhiodh an driùchd air bhàrr an fheòir ;
A' chuthag, is gug-gùg aic',
  Ann an doire dlùth nan cnò ;
Na laoigh òga leum le sunnd,
  'S a' cur smùid air feadh nan lòn ;
Ach cha 'n fhaicear sin 'san àm so
  Anns a' ghleann 'san robh mi òg.
    Anns a' ghleann, etc.

'N àm an cruinneachadh do'n bhuailidh
  B' e mo luaidh a bhi 'nan còir ;
Bhiodh a duanag aig gach guanaig,
  Agus cuach aice 'na dòrn ;
Bhiodh mac-talla freagairt shuas,
  E ri aithris fuaim a beòil ;
Ach cha chluinnear sin 'san àm so
  Anns a' ghleann 'san robh mi òg
    Anns a' ghleann, etc.

MY BONNIE NATIVE GLEN.

When the simmer bricht returnin'
  Decks each grove and buddin' tree,
When the birds amang the branches
  Are a' pipin' loud and free ;
An' the bairnies, fu' o' glee,
  Pu' the roses in the den,
O ! 'twere dear delight to wander
  In my bonnie native glen.

          In my bonnie native glen,
          In my bonnie native glen,
          O ! 'twere dear delight to wander
          In my bonnie native glen.

At the early peep o' mornin',
  When the grass was wat wi' dew,
Amang the woods o' hazel
  Gaily sang the shy cuckoo ;
An' the calves, clean daft wi' joy,
  Gaed a-friskin' roun' the pen—
Now we've nae sic scenes o' gladness
  In my bonnie native glen.

When the lasses gaed a-fauldin',
  Aft I joined the merry thrang,
In their hands their milkin' coggies,
  An' frae ilka voice a sang.
While the echoes, sweet and clear,
  Wad gi'e answer frae the ben ;
But we hear nae mair their liltin'
  In my bonnie native glen.

Ann an dùbhlachd gharbh a' gheamhraidh
  Cha b'e àm bu ghainn' ar spòrs ;
Greis air sùgradh, greis air dannsadh,
  Greis air canntaireachd is ceòl ;
Bhiodh gach seanair aosmhor, liath
  'G innseadh sgialachdan gun ghò,
Air gach gaisgeach fearail, greannmhor
  Bha 'sa ghleann nuair bha iad òg.
      Bha 'sa ghleann, etc.

Bha de shòlas dhe gach seòrs ann
  Chumadh òigridh ann am fonn ;
Cha robh uisge, muir, no mòinteach
  Air an còmhdach bho ar bonn ;
Ach an diugh tha maor is lann
  Air gach alltan agus òb ;
Cha 'n eil saorsa sruth nam beanntan
  Anns a' ghleann 'san robh mi òg.
      Anns a' ghleann, etc.

Tha na fàrdaichean 'nam fàsach,
  Far an d' àráicheadh na seòid ;
Far 'm bu chridheil fuaim an gàire ;
  Far 'm bu chàirdeil iad mu 'n bhòrd ;
Far am faigheadh coigreach bàidh,
  Agus ànrach bochd a lòn ;
Ach cha 'n fhaigh iad sin 'san àm so
  Anns a' ghleann 'san robh mi òg.
      Anns a' ghleann, etc.

Chaochail maduinn ait ar n-òige
  Mar an ceò air bhàrr nam beann ;
Tha ar càirdean 's ar luchd-eòlais
  Air am fògradh bhos is thall ;
Tha cuid eile dhiubh nach gluais,
  Tha 'nan cadal buan fo'n fhòid,
Bha gun uaill, gun fhuath, gun anntlachd
  Anns a' ghleann 'san robh iad òg.
      Anns a' ghleann, etc.

In the gloomy winter e'enin's,
  Roun' the ingle gather'd a',
An' wi' music, mirth, an' dancin'
  There we wiled the hours awa' ;
Or the auld folks aiblins tauld
  O' the brave an' michty men
That were ance the pride and glory
  O' my bonnie native glen.

There was routh o' sport an' pleasure
  To keep the young in glee ;
For the loch, the moss, the muirlan'
  Then to a' alike were free ;
Now the bailiff's keepin' ward
  On each streamlet, creek, and fen,
An' ye daurna fish a burnie
  In my bonnie native glen.

Now the dwellin's are in ruins,
  Where ance lived a gallant clan ;
Theirs was aye the frien'ly welcome,
  An' theirs aye the open han' ;
Aft the needy an' the puir
  Found a place at their fire-en'—
Now, alas ! there's nane to greet them
  In my bonnie native glen.

Like mist upon the mountains
  Our youthfu' days did glide ;
Now our kin an' auld acquaintance
  Are scattered far and wide ;
An' some mair are sleepin' soun',
  'Neath the shadow o' the ben,
That were ance baith leal an' hearty
  In my bonnie native glen.

Mo shoraidh leis gach cuairteig,
  Leis gach bruachaig agus còs,
Mu'n tric an robh mi cluaineis
  'N àm bhi buachailleachd nam bò ;
Nuair a thig mo réis gu ceann,
  Agus feasgar fann mo lò,
B' e mo mhiann a bhi 'san àm sin
  Anns a' ghleann 'san robh mi òg.
    Anns a' ghleann, etc.

MO SHUIL A'D DHEIDH.

SEIS :—Ochòin ! mo chailin, 's mo shùil a'd dhéidh ;
  A chailin, mo chailin, 's mo shùil a'd dhéidh ;
  A Lili, mo Lili, 's mo shùil a'd dhéidh ;
  Cha leir dhomh am bealach le sileadh nan deur.

Gu 'n d' éirich mi mochthrath maduinn an dé,
'S gu'n ghèarr mi 'n earr-thalmhainn do bhrìgh mo sgéil,
An dùil gu 'm faicinn-sa rùn mo chléibh ;
Ochòin ! gu 'm facas, 's a cùlaibh rium féin.

Na 'm bitheadh sud agam, mo lùth 's mo leum,
Mi 'm shuidhe aig bealach 's mo chù air éill,
Gu'n deanainn-sa cogadh gu làidir, treun
Mu 'n leiginn mo leannan le fear tha fo 'n ghréin.

'S ann ormsa tha'm mulad 's am fiabhrus mòr
O 'n chualas gu'n deach thu le Brian òg ;
Mo chomunn cha dèan mi ri mnaoi 'san fheòil
O'n rinn thu mo thréigsinn 's mi fhéin a bhi beò.

O ! cha 'n eil uiseag 'sna speuraibh àrd,
No eun anns an doire d' am b' eòl mo ghràdh,
Nach eil nis ri tuireadh a dh' oidhche 's a là,
O 'n chualas gu'n ghlacadh mo chailin air làimh.

But fare ye weel each fountain,
    Each dell an' grassy brae,
Where aft the kye I herded
    In boyhood's happy day,
When life's gloaming settles down,
    An' my race is at an en',
'Tis my wish that death should find me
    In my bonnie native glen.

REPINING FOR THEE.

CHORUS :—My darling, my darling, I sigh for thee !
    My darling, sweet darling, return to me ;
    My Lily, my Lily, return I pray ;
    With tears I am blinded, a-weeping each day.

Yesterday morning at dawn of day,
I pulled the yarrow so fair to see
Expecting my sweetheart to pass that way,
I saw her—but, woe's me, she turned away.

If I had the strength of my happy days,
When lightly I followed with hound the chase,
I'd fight with the bravest and lay him low,
Before my true love with another should go.

My heart is a-breaking ; I sigh alone,
Since off with young Brian my love has gone,
I'll ne'er love another, I vow and swear,
Since thou hast refusèd my heart's love to share.

The birds that were merry in yonder grove,
Where oft with my sweetheart I used to rove,
O'ershaded with sorrow, now sing their lay,
Since she to another is wedded to-day.

'S I MO LEANNAN AN TE UR.

SEIS :—'S i mo leannan an té ùr,
　　　　'S guirme sùil 's is caoile mala,
　　　　Té gu math d'an tig an gùn—
　　　　Dh' fhàg i m'inntinn tùrsach.

'S ged nach eil mi pailt de stòr,
Dheanainn seòl, a ghaoil, air t' aran ;
Mharbhainn breac air linne lòin,
　　　　'S damh na cròic, 'sa bhùireadh.

Tha mo chridhe tùrsach, trom ;
M'inntinn cha tog fonn ri ealain ;
Tha lionn-dubh orm fo thuinn,
　　　　Mo nighean donn an t-sùgraidh.

Tha do chneas mar shneachd air lòn ;
Muineal caoin cho geal 's an canach—
Cas is deise théid am bròig,
　　　　Nach dean feòirnean lùbadh.

Tha do ghruaidhean mar an ròs ;
Beul is bòidhche shéideas anail ;
Mala chaol mar ite 'n eòin ;
　　　　Ruisg is bòidhche dhùineas.

O, I LOVE THE MAIDEN FAIR.

CHORUS :—O, I love the maiden fair,
    With the golden hair sae bonnie ;
    Dressed in silken gown so rare—
    Thou hast left me dreary.

Though I have but little gear,
Yet I'd ever make thee happy ;
Fish for salmon, chase the deer—
    All to please my deary.

O my heart is sad this day,
And I'll ne'er again be merry ;
'Tis for thee, my love, I'm wae—
    Would that I were near thee !

Pure as snow that falls at dawn ;
Neck as smooth as moorland cannoch ;
Footsteps light as mountain fawn—
    Oft her music cheered me.

Cheeks that vie with yonder rose ;
Fair as any garden lily ;
Brow that anger never knows—
    Who of her could weary !

NA LAITHEAN A DH' AOM.

Tha na siantan air caochladh tha'n saoghal fo sprochd,
Chuir an doineann fhuar, fhiadhaich an ianlaith 'nan tosd
Tha sneachda trom, dòmhail a' còmhdach nam beann,
A' lionadh nan glacan, 's a' tacadh nan allt ;
'S mise feitheamh an aisig aig carraig a' chaoil,
Ri smaointean air àbhachd nan làithean a dh'aom.

Ann an làithean ar n-òige dol 'n còmhdhail an t-sluaigh,
Cha sheall sinn ach faoin, air mar dh' aomas iad uainn ;
Cha tig e 'nar smaointean cho goirid 's tha 'n dàil,
Gus am brùchd oirnn gach leòn ni ar lùbadh gu làr ;
Gun chùram gun éislein, aig teumadh air taobh,
Ar làithean a' snàg uainn gun àireamh air aon.

'N uair a luigheas an aois oirnn 's a dh' aognas ar snuadh,
Ar ciabh dol an tainead, agus smal air ar gruaidh,
Bidh teugmhail nan còmhlan a' còmhradh gu truagh,
Agus càirdean ar n-òige air sòmhladh 's an uaigh ;
'S ann an sin bhios ar cridhe làn mulaid is gaoid,
Ri smaointean air àbhachd nan làithean a dh'aom.

O ! Ard-Rìgh na cruinne, ceann-uidhe ar dùil,
Air an t-sneachda fhliuch fhionnar dhuit a lùbas mi glùn ;
'S guidheam gu'n òrduich thu dhòmh-sa gu glic.
Bhi cuimhneachadh t'òrduigh, gu h-ùmhal 's gu tric,
Chum nuair chrìochnaicheas m' astar, ann an glacaibh ·
     an Aoig,
Nach cuimhnich thu m' fhàilinn 'sna làithean a dh' aom.

THE GAY DAYS OF YORE.

The storm has subsided, the world is oppressed,
All hushed by the tempest the birds seek their nest,
The Ben is enwrapped in a mantle of snow,
Concealing the streams and impeding their flow ;
Awaiting the ferry, I sit by the shore
And silently muse on the gay days of yore.

In bright days of childhood with free buoyant heart,
We think not how swiftly the seasons depart,
How soon comes the time when our health may decay,
And softly we'll slumber beneath the cold clay ;
All heedless we count not the years as they fly,
Nor days that unnumbered pass silently by.

In the gloaming of life when age furrows the brow,
Our locks getting thinner, and white as the snow,
When this world's cold friendship is sad to behold,
And the friends of our youth are asleep 'neath the mould,
Then, our heart, filled with sorrow, is sick to the core,
As we mournfully muse on the gay days of yore.

Almighty Creator ! my hope is in Thee,
On this snowy pathway I now bend the knee ;
O teach me Thy statutes and guide me alway,
And let me remember Thy precepts each day,
That, sleeping in Death, when Life's journey is o'er,
The faults of my youth Thou'lt remember no more.

ORAN CUAIN,

Leis an Lighiche Mac Lachainn.

Air Fonn:—"*Coille Chragaidh.*"

Nis o'n chaidh an sgoth 'na h-uigheam,
  Suideam air a h-ùrlar ;
Cuiribh òigear seòlta, sgairteil,
  De Chloinn-Airt g' a stiùradh ;
Nall am botal, lìon an copan,
  Olamaid le dùrachd
Deoch-slàinte gach creutair bochd
  Tha 'n diugh fo sprochd 'san dùthaich.

Siùdaibh 'illean, càiribh rithe,
  Bithibh cridheil, sunndach ;
Thugaibh làmh gu h-ealamh dàn
  Air cur an àird' a siùil rithe ;
Na biodh cùram oirbh, no eagal,
  Seasamaid ar cùrsa ;
Ruigidh sinn gu cala sàbhailt',
  Ged is dàn an ionnsuidh.

Chaidh sinn seachad air a' Ghràtair,
  Ged a b' àrd a bhùirich ;
Ged a bha 'm Bun-dubh cho gàbhaidh
  Ràinig sinn a nunn air ;
Dol seachad Sòi, Righ ! bu mhòr
  An crònan bh' aig na sùighean :
'S e mo ghràdh an stiùradh grinn
  Nach leigeadh mill g' ar n-ionnsuidh.

Nunn do Mhuile, nunn do Mhuile,
  Nunn do Mhuile théid i ;
Nunn do Mhuile air bàrr tuinne
  Ged robh mhuir a' beucaich.
'S mi tha sunndach air a h-ùrlar,
  Air bàrr sùigh ag éirigh ;
Mo ghràdh an iùbhrach làidir, dhùbailt',
  'S na fir lùthmhor, ghleusda !

A BOAT SONG.

Now our steady boat is ready ;
  Get her into motion ;
Let him steer who knows no fear
  Upon the trackless ocean ;
Fetch the cup and fill it up,
  Unto this toast responding—
The health of all, both great and small,
  Now hopelessly desponding.

On the sea we'll merry be,
  Let's have a song from Rory,
Bear a hand, my gallant band,
  To spread her canvas hoary ;
Banish fear ; our course is clear ;
  We'll proudly keep our bearing,
And safely land on yonder strand,
  Although the feat be daring.

The waters poured, the tempest roared,
  And dashing waves passed over,
When passing Soy, 'twas then, my boy,
  We bless'd the tidy " Rover " ;
With crew so brave, upon the wave,
  To fear I am a stranger ;
I love the hand that can command
  A boat amid such danger.

To Mull we go, to Mull we go,
  That island worth adoring ;
To Mull we go, tho' winds may blow,
  And billows fierce be roaring ;
Mid flying foam, I feel at home ;
  At sea I'm in my glory ;
Our crew and boat, the best afloat—
  Their fame shall live in story !

GU'M BI MI 'GAD CHAOIDH.

LEIS AN LIGHICHE MAC LACHAINN.

Ho ró gu'm bi mi
    'Gad chaoidh ri m' bheò ;
Ged thréig thu mise
    Cha lugh'd orm thu ;
Na 'n tigeadh tu fhathast
    Bu tu m' aighear 's mo rùn ;
'S na 'm faighinn do litir
    Gu 'n ruiginn thu nunn.

Thoir an t-soraidh, ceud soraidh,
    Thoir an t-soraidh so uam
A nunn thun nam porta
    Thar osnaich a' chuain,
Far an d' fhàg mi mo leannan
    Caol-mhala gun ghruaim—
'S gur cùbhraidh' leam t' anail
    Na 'n caineal 'ga bhuain.

'S nuair ràinig mi 'n cladach
    Bha m' aigne fo phràmh
A' cumha na maighdinn
    Is coibhneile gràdh ;
'S nuair ghabh mi mo chead dhith
    Air feasgar Di-màirt,
Gu 'n deach mi 'n tigh-òsda
    A dh'òl a deoch-slàint.

'S e so an treas turus
    Dhomh féin a bhi falbh
A dh' ionnsuidh na luinge
    Le sgiobair gun chearb ;
Le còmhlan math ghillean
    Nach tilleadh roimh stoirm—
'S na 'm biodh agam botul
    Gu 'n cosdainn sud oirbh !

I'LL SORROW FOR THEE.

Thy loss, my sweet maiden,
  I'll ever deplore ;
Thou hast left me to pine ;
  But I love as of yore ;
If thou should'st return,
  My true love thou would'st be ;
Receiving thy letter,
  I'd hasten to thee.

Far over the ocean
  Between us that lies ;
O, bear ye my greetings
  To her that I prize,
With neatly-arch'd eye-brows
  Unshaded with gloom,
And breath in its fragrance
  Like roses in bloom.

When lately we parted,
  How sad the farewell ;
Our words were but few ;
  But our thoughts, who can tell ?
When lost to my vision
  Afar on the brine,
I drank thee success
  In a goblet of wine.

Three times have I crossed
  To the ship as she lay
Becalmed on the breast
  Of the silvery bay ;
My crew are the bravest
  That handle an oar ;
Unawed by the tempest,
  They laugh at its roar.

Ged théid mi gu danns,
    Cha bhi sannt agam dhà ;
Cha 'n fhaic mi té ann
    A ni samhladh do m' ghràdh ;
Nuair dhìreas mi 'n gleann,
    Bidh mi sealltainn an àird
Ri dùthaich nam beann
    'S am bheil m' annsachd a' tàmh.

Bheir i bàrr air na ceudan,
    An té tha mi sealg ;
I 'n gnùis mar an reul
    A bheir leus fad' air falbh ;
Mar ròs air a' mheangan,
    Tha 'n ainnir 'na dealbh ;
'S ged sgàineadh mo chridhe,
    Cha 'n innis mi h-ainm.

A GHLINN UD SHIOS.
LEIS AN LIGHICHE MAC LACHAINN.

A ghlinn ud shìos, a ghlinn ud shìos,
    Gur trom an diugh mo shùil
A' dearcadh air do lagain àigh,
    Mar b' àbhaist dhoibh o thùs.

Do choill tha fhathast dosrach, àrd,
    'S gach sìthean àillidh, uain ;
'S fuaim an lùb-uillt nuas o d' fhrìth
    'Na shuain cheòl-sìth am chluais.

Tha 'n spréidh ag ionaltradh air do mhàgh,
    Na caoraich air an raon ;
Tha chùrr ag iasgach air do thràigh,
    'S an fhaoileann air a' chaol.

No ball-room can tempt me
　Or raise my despair ;
There is none in the dance
　That with thee can compare ;
When climbing the mountains,
　I gaze o'er the tide,
To the land where my fair one
　Has gone to reside.

In beauty there's none
　With the maiden can vie ;
She's bright as the stars
　In the blue-vaulted sky ;
She's fair as the lily
　And sweet as the rose ;
But nothing can tempt me
　Her name to disclose.

O, LOVELY GLEN !

O, lovely glen ! as through a haze
　Of tears that dim mine eye,
Upon thy fertile fields I gaze,
　Fair, as in days gone by.

Thy stately pines their tall heads rear
　O'er fairy knolls and braes ;
Thy purling streamlets now I hear
　Like music's sweetest lays.

Thy herds are feeding as of yore
　With sheep upon the lea ;
The heron fishes by the shore ;
　The white-gull on the sea.

Tha guth na cuthaig air do stùc ;
  An smùdan air do ghéig ;
Os ceann do lòin tha 'n uiseag ghrinn
  Ri ceilear binn 'san speur.

Tha suaimhneas anns gach luibh fo bhlàth,
  Bàigh air gach creig is cluain,
A' toirt am chuimhne mar a bha
  'Sna làithean thàrlaidh uainn.

Fuaim do chaochain, fead na gaoith,
  Is luasgan àrd nan geug,
'G ath-nuadhachadh le còmhradh tlàth
  Nan làithean àigh a thréig.

Ach chì mi t'fhàrdaich air dol sìos
  'Nan làraich fhalaimh, fhuair ;
Cha'n fhaic fear-siubhail, fàr nan stùc
  Na smùidean 'g éirigh suas.

Do ghàradh fiadhaich fàs gun dreach,
  Gun neach 'ga chur air seòl,
Le fliodh is foghnain ann a' fàs,
  'S an fheanntag 'n àite 'n ròis.

O ! c'àit am bheil gach caraid gaoil
  Bu chaomh leam air do leirg ?
A chuireadh fàilte orm a' teachd,
  Is beannachd leam a' falbh ?

Tha chuid is mò dhiubh anns an ùir,
  'S an t-iarmad fada bh'uainn,
Dh' fhàg mis' am aonaran an so,
  'Nam choigreach nochdte, truagh.

The cuckoo's voice is heard at dawn ;
    The dove coos in the tree ;
The lark, above the grassy lawn,
    Now carols loud with glee.

Repose supremely reigns o'er all ;
    Love crowns the mountains hoar ;
And vividly they now recall
    The days that are no more.

Thy gurgling brooks, and winds that fleet
    Through groves of stately pine,
Awaken with their converse sweet
    Sad thoughts of auld langsyne.

Thy peaceful dwellings once so bright,
    In dreary ruins lie ;
The traveller sees not from the height
    The smoke ascending high.

To yonder garden, once thy pride,
    No one attention shows,
And weeds grow thickly side by side,
    Where bloomed the blushing rose.

Where are the friends of worthy fame,
    Their hearts on kindness bent ;
Whose welcome cheered me when I came,
    Who blessed me as I went ?

Full many in the church-yard sleep,
    The rest are far away ;
And I forlorn in silence weep,
    With neither friend nor stay.

'Nam choigreach nochdte, truagh, gun taic
'S an aiceid ann am chliabh—
An aiceid chlaoidhteach sin nach caisg—
'Gam shlaid a chum mo chrìch.

'Gam shlaid a chum mo chrìch le bròn ;
Ach thugam glòir do 'n Tì ;
Cha tug e dhòmhsa ach mo chòir :
Ri òrdugh bitheam strìochdt'.

Tha lòchran dealrach, dait' nan speur
Air tèarnàdh sìos do 'n chuan,
Is tonnan uain na h-àirde 'n iar
Ag iadhadh air mu'n cuairt ;

Sgaoil an oidhch a cleòc mu 'n cuairt ;
Cha chluinn mi fuaim 'sa ghleann
Ach ceàrdabhan, le siubhal fiar,
Ri ceòl is tiamhaidh srann.

A ghlinn ud shios, a ghlinn ud shios,
A ghlinn is ciataich dreach,
A' tionndadh uait dhol thar do shliabh,
Mo bheannachd shìorruidh leat !

ORAN FEASGAIR A' BHAIRD.
Leis an Lighiche Mac Lachainn.

'So 'nam shìneadh air an t-sliabh,
'S mi ri iargain na bheil bhuam ;
'S tric mo shùil a' sealltainn siar
Far an luidh a' ghrian 'sa chuan.

Chi mi thall a h-aiteal caomh
Deàrrsadh caoin ri taobh na tràigh :
'S truagh nach robh mi air an raon
Far an deach i claon 'san àillt.

Death in my breast has fixed his dart ;
  My heart is growing cold ;
And from this world I'll soon depart
  To rest beneath the mould.

Though here alone, with comforts few,
  The glory, Lord, be Thine ;
Thou only gavest what was due—
  Why should I then repine ?

Yon glorious orb now seeks repose
  Beneath the ocean's crest ;
The heaving billows round it close,
  Far in the distant west.

Night's sable mantle falls around,
  And silence reigns serene ;
The droning beetle's eerie sound,
  Alone, disturbs the scene.

O lovely glen, O, lovely glen !
  The fairest eye can see,
Descending from thy lofty ben
  My last farewell to thee !

THE BARD'S EVENING SONG.

Resting on the mountain side
  Thinking of my absent friends,
Oft I gaze across the tide
  Where the orb of day descends.

Now I see its golden glare
  Fading in the distant west ;
Would, O, would that I were there
  Where my thoughts would be at rest.

'S truagh nach robh mi féin an dràsd
  Air an tràigh is àirde stuadh,
'G éisdeachd ris a' chòmhradh thlàth
  Th' aig an òigh is àillidh snuadh.

Aig an òigh is àillidh dreach,
  'S gile cneas, 's is caoine gruaidh ;
Mala shìobhalt', min-rosg réidh
  Air nach éireadh bréin no gruaim.

O ! nach innis thu, ghaoth 'n iar,
  Nuair a thriallas tu thar sàil,
Ciod an dòigh a th' air mo ghaol :
  Bheil i smaointinn orms an dràsd ?

Nuair a shìn mi dhuit mo làmh
  Air an tràigh a' fàgail tìr,
'S ann air éiginn rinn mi ràdh :
  " Soraidh leat, a ghràidh mo chrìdh."

Nuair a thug mi riut mo chùl
  Chunnaic mi thu brùchdadh dheur ;
Ged a shuidh mi aig an stiùir
  'S ann a bha mo shùil am dhéidh.

Chaidh a' ghrian fo stuaidh 'san iar ;
  Dh' fhàg i fiamh air nial a' chuain ;
'S éiginn domh o'n àird bhi triall ;
  Sguir an ianlaith féin d' an duan.

Mìle beannachd leat an nochd ;
  Cadal dhuit gun sprochd, gun ghruaim ;
Slàn gun acaid feadh do chléibh
  Anns a' mhadainn 'g éirigh suas.

Could I now take wings and fly
  Where the crested billows roar,
There I'd hear the tender sigh
  Of the maiden I adore.

Of the maiden pure and kind,
  On her cheeks the roses' bloom,
On whose brow you'll never find
  Aught of discontent or gloom.

Western breezes won't you tell,
  As you sail across the sea,
If my lady bright is well :
  Is she thinking now of me ?—

Standing on the silvery strand
  Words were vain our thoughts to tell,
When I gave to thee my hand
  Scarcely could we breathe " farewell."

When I parted from my dear,
  Bitter tears her eyes did blind ;
Though I sought the boat to steer,
  Oft indeed I gazed behind.

All is still, the orb of day
  Sleeps beneath the ocean's crest ;
Now the birds have ceased their lay ;
  Here I must no longer rest.

To my love I'll wish " good-night " ;
  Pleasant dreams and sweet repose ;
May thou waken with the light,
  Smiling like a summer rose.

SEINN AN DUAN SO.

Leis an Lighiche Mac Lachainn.

Seis :—Seinn an duan so hug ir-i hù o,
    Do m'chailin dualaich hug ór-o hì,
    Is déirge gruaidhean 's is duinne cuailean
    'S gur lionmhor buaidh a th'air luaidh mo
      chrìdh.

'S ann Di-màirt bho cheadh Loch-Alainn
    A dh'fhalbh mo ghràdh-sa le bàt' na smùid ;
Bu luath a ceum 'dol gu tìr na Beurla,
    'S tha mi fo éislean air bheagan sunnd.

'S truagh nach robh mi leat thall an Eirinn,
    Is m'aitribh fhéin an taobh thall de'n chuan,
Is dh' aithnichinn m' eudail am measg nan ceudan,
    Is i mar Bhenus ag éirigh suas.

Tha do chòmhradh gu blasda binn leam ;
    Do phòg is milse na mil an fhraoich ;
Is t' anail chùbhraidh tha mar na h-ùbhlan,
    Tigh'nn réidh gun tùchan od' mhuineal caoin.

'S tric a bha mi fo sgàil nan craobh leat,
    Is lagan fraoich air gach taobh dhinn fhìn ;
Bu leam do chòmhradh 's le d' dheòin do phògan ;
    'S tha mi fo leòn o'n là dh'fhàg thu'n tìr.

SING THIS CHORUS.

CHORUS.—Sing this chorus unto mine own love,
  That to the Lowlands has sailed from me,
  Her cheeks like roses, with show-white bosom
  And ringlets flowing so fair to see.

On Tuesday morning she left me mourning,
 When from Loch-Aline she sailed away :
No comfort finding and health declining,
 For thee I'm pining from day to day.

O, that I were with my love in Erin,
 Or o'er the ocean beyond recall ;
I'd know my darling among the fairest,
 For she like Venus outshines them all.

Thy words so tender, thy form so slender,
 I will remember where'er I go,
Thy breath so fragrant, like apples flavoured,
 Thou art the fairest of all I know.

We loved to wander where streams meander,
 And often rambled by heath-clad brae,
Her converse pleasing would ever cheer me ;
 My heart is grieved since she sailed away.

AM FEAR A CHAILL A LEANNAN.

LE NIALL MAC LÈOID.

AIR FONN :—" *An te channach ruadh.*'

Gu ma slàn do'n chaileig
  Bh' anns a' bhail' ud shuas ;
Thug i dhòmhsa gealladh,
  Ged nach robh e buan ;
Nuair a dh' fhàg mi 'sealladh
  Chuir i car 'na cluais,
'S ghabh i mach am bealach
  Leis a' ghille ruadh.

Fhuair mi tigh is fearann
  Agus beagan guail,
'S rud a dheanadh banais,
  'S thug mi fios do 'n t-sluagh ;
Chruinnich iad gu geanail,
  'S dhealaich iad le gruaim,
'S mhallaich iad le caithream
  Ainm a' ghille ruaidh.

Their a nis gach bean rium,
  Agus sin le uaill,
" C' àite 'm bheil do leannan,
  Amadain gun bhuaidh ?
Na'm biodh tusa smearail,
  Fearail mar bu dual,
Chumadh tu do chaileag
  Dh' aindeoin gille ruaidh."

Ma bhios mise maireann
  Gus an tig Di-luain,
Siùbhlaidh mi gach baile
  'S leanaidh mi an ruaig ;
Gus am faigh mi deannal
  Dhe mo chaman cruaidh
Fhiachainn air a' mhala
  Aig a' ghille ruadh.

THE FICKLE MAIDEN.

Health be to the lassie
    In yon village near ;
She gave me a promise
    But 'twas not sincere ;
When I left her presence,
    Though she seemed so coy ;
She went off, the vixen,
    With the young Rob Roy.

I got all things ready
    And was full of glee,
Then invited people
    To our marriage spree ;
They all met together
    Pleasure to enjoy,
But dispersed with cursings
    On the young Rob Roy.

Say the village gossips—
    And they seem so cool—
" Where is now your sweetheart ?
    O, you silly fool !
If thou had'st been plucky
    And no simple toy,
Thou would'st ne'er have let her
    With the young Rob Roy."

If I'm spared till Monday
    Hotly I'll pursue,
Till I find some traces
    Of that heartless two.
Then my sturdy shinty
    I will soon employ
To *improve* the visage
    Of the young Rob Roy.

Bha mi 'n raoir 'nam chaithris—
  'S aithreach leam mo dhuais—
'G amharc air gach bealach
  'S mu gach bad is bruaich ;
'S bhòidich mi fo m' anail,
  Ged rachadh mo luadh,
Gu 'n tugainn-sa ruith-phrannaidh
  Air a' ghille ruadh.

Shaoil leam, mar bu mhath leam,
  Nuair a ghabh mi cuairt,
Gu 'm faca mi 'm balach
  Falach aig a' chruaich ;
Thug mi leum le cabhaig
  Gus a bhi 'na ghruaig,
Ach 's e bhuail mi bannas
  Gearrain Choinnich ruaidh.

Ma gheibh mis' an garrach
  Air an taobh so 'n uaigh,
Ni mi cheann a chabadh,
  Ged a b' ann le tuaigh—
Mis' ag cur nan car dhiom
  Ann an leabaidh fhuair,
'S ise rinn mo mhealladh
  Aig a' ghille ruadh.

Yesternight, when watching
  In the farmer's yard,
Though I lay till morning
  Small was my reward.
Then I cursed the villain
  That did me annoy,
And I vowed I'd " give it "
  To the young Rob Roy.

Once I thought I saw him
  At the dawn of day,
Lurking in the shelter
  Of the stacks of hay.
Down came my shillelah
  His right eye to close—
'Twas MacKenzie's filly
  I hit on the nose.

If I find that fellow
  On this side the grave,
I'll give him a thrashing—
  Nothing can him save.
Here alone I'm tossing,
  Scanty is my joy,
While my fickle maiden
  Sleeps with young Rob Roy.

CUMHA AN T-SEANA GHAIDHEIL.
LE NIALL MAC LEOID.

Tha sgiathan na h-oidhche
  'Gan sgaoileadh a nall,
'S an ceò air a lùbadh
  Mu stùcan nam beann ;
Tha deòir air mo shùil-sa
  'S gun m'aigne ach fann,
Air m' fhàgail am aonar
  A' caoineadh 'sa ghleann.

Tha eunlaith nan geugan
  A' gleusadh an rann,
'S a' leumnaich le sòlas,
  'S ri ceòl feadh nan crann ;
Tha 'n àlach mu'n cuairt doibh
  Gu h-uallach a' danns ;
Ach àlach mo ghaoil-sa,
  Gach aon diubh air chall !

Tha mo chiabhagan tana,
  'S tha claisean am ghruaidh,
Oir tha céile mo ghràidh-sa
  'Na sìneadh 'san uaigh.
Agus triùir dhe mo phàisdean
  Bu bhlàthmhoire greann,
'Nan sìneadh fo leacan
  A' chlachain ud thall.

Ged tha eòin bheag a' Chéitein
  A' trèigsinn nan tom,
Nuair a chòmhdaicheas reòdhtachd
  Is dòruinn am fonn,
Bheir Samhradh mu 'n cuairt iad
  Gu bruachaibh nan allt—
Ach càirdean mo ghaoil-sa
  Cha taobh iad an gleann.

THE DESERTED GAEL'S LAMENT.

The darkness descends
  From the wings of the night,
And the mist is encircling
  The steep mountain height ;
The friends of my childhood
  Have from me been torn ;
Alone in this valley
  They've left me to mourn.

The birds 'mong the branches
  Are singing their lay,
And leaping with joy
  'Mong the dew-covered spray ;
Their offspring around them
  Are happy and gay ;
But mine have, by death,
  All been taken away.

My brow now is furrowed
  And shaded with gloom,
For my help-mate, once cheerful,
  Is laid in the tomb ;
And three little children,
  Our joy and reward,
Now sleep in the churchyard
  Beneath the green sward.

When winter, stern tyrant,
  Makes all things look bare,
To a kindlier climate
  The songsters repair ;
Returning when Summer
  Decks valley and lea—
But seasons can ne'er bring
  My friends back to me !

Tha na fàrdaichean blàth
    A bha 'g àrach nan sonn,
Bu shuilbhire gàire
    'S bu bhàidheile com,
Far am b' fhabharach càirdeas
    Do 'n ànrachan lom,
'Nan làraichean fàsail
    Air cnàmh gus am bonn.

Cha 'n fhaicear am buachaill
    A' ruagail mu 'n chrò ;
No banarach ghuanach,
    Le buaraich 'na dòrn ;
Bu bhinn leam a duanagan
    Uallach, gun ghò,
Le cuailean m'a guaillibh
    Mar dhualaibh de 'n òr.

Cha 'n eil clàrsach no sionnsair
    'Gar dùsgadh le ceòl ;
'S tha mac-talla 'na shuain ann
    An uaimhibh nam fròg ;
'S na laoich a bha lùghmhor
    Mu stùcan a' cheò,
Rinn fòirneart an sgiùrsadh
    Bho dhùthaich an òig.

Ach sìth do na dh'fhalbh,
    Agus buaidh leis na seòid !
Tha m' fheasgar-s' air ciaradh
    'S mo ghrian fo na neòil ;
Cha 'n fhad gus an crìonar
    Mo chiabhan fo'n fhòid,
Far an caisgear gach pian,
    'S an téid crìoch air gach bròn.

The homes of our fathers
  Are bleak and decayed ;
And cold is the hearth
  Where in childhood we played ;
Where the hungry were fed
  And the weary found rest,
The fox has his lair,
  And the owl has her nest.

No herd-boy's shrill whistle
  Is heard in the vale ;
No milk-maid at gloaming
  Hies out with her pail ;
Where oft I have heard
  Her sweet song to the fold—
Her rich golden ringlets,
  How fair to behold !

The chanter is silent ;
  No harper is found
To waken the echoes
  From slumbers profound ;
The lads, once so buoyant
  In innocent mirth,
Oppression has reft
  From the land of their birth.

Success to the living,
  And peace to the dead ;
The gloaming of life
  Now encircles my head ;
In the grave I'll soon rest
  With the friends gone before,
Where sorrow and pain
  Shall oppress me no more.

FAILTEACHAS BARDAIL.

RANNAN

A chuir Iain Caimbeul, Bàrd na Leideig, a dh'ionnsuidh
a charaid Niall Mac Leòid ann an Dùn-éideann. Còmhla ris
na rannan, bha badan fraoich, neòinean agus sòbhrach.

Thàinig sinn bho thìr nan àrd-bheann,
Tìr a' choibhneis, tir a' chàirdeis,
Dh' fhaicinn fear a dh' fhàg ar n-àite
'S a thoirt na dh' fhàs ann ris gu chuimhñ'.

Badan fraoich bho thaobh nam mòr-bheann,
Neòinean bàn, 's an t-sòbhrag òr-bhuidh',
Thilleas Earrach caomh ar n-òige
Rìs 'nar còir am measg nan gleann.

Nuair a gheibh thu 'n taod mu d' ghuaillibh,
Stiùir do cheum do 'n tìr 'n iar-thuath so,
Is gheibh thu fàilte nach bi fuar
'S an Leideig uain ri taobh nan tonn.

FREAGAIRT NEILL.

Ciad fàilt' ort fhéin, a bhadain fhraoich
Bho thìr nan aonach àrd,
An tìr a dh' àraich iomadh laoch—
Ge sgaoilt' an diugh an àl—
Tha snuadh mo dhùthcha air do ghruaig;
Seasaidh tu fuachd is blàths;
'S e mheudaich dhomh cho mór do luach
Gu'n d' fhuair mi thu bho 'n bhàrd.

BARDIC SALUTATIONS.

VERSES

Sent by Mr. John Campbell, Ledaig, along with a sprig
of heather, a daisy, and a primrose to his friend and brother
bard, Mr. Neil MacLeod, Edinburgh.

We have come from stern Loch Etive,
    Land of kindness and good cheer,
To salute an absent native
    Of the Highlands we love dear.

Heather sprig from misty mountain,
    A sweet daisy wet with dew,
And a primrose from the fountain,
    Scenes of boyhood to renew.

When you have a moment's leisure,
    Hither come and merry be ;
Friends will welcome you with pleasure
    In green Ledaig by the sea.

REPLY BY MR. MACLEOD.

A thousand welcomes, heather sprig,
    From high-lands dear to me,
That land which nurtured heroes trig—
    Though scattered now they be.
My country's hue adorns thy brow ;
    Both heat and cold thou'lt ward ;
But this endears thee most, I trow—
    I got thee from the bard.

Is thusa, neòinein bhig gun ghò,
  Cho bòidheach, bileach, tlàth,
Ge duilich leam thu bhi cho òg
  Air t'fhòg'radh fad o chàch ;
Tha eagal orm gu'n searg do ghruaidh,
  'S nach bi thu buan no slàn ;
Ach gheibh thu càirdeas, bàidh is truas,
  Bho' n fhuair mi thu bho 'n bhàrd.

Is sòbhrach fhìnealta nam bruach
  Bu tric a bhuain mo làmh,
Nuair bha mi aotrom òg, gun ghruaim
  A' cluaineis mu na blàir ;
'S ann leam is ait do theachd air chuairt
  Cho luath bho thìr mo ghràidh,
'S ni mise t' altrum suas le uaill
  Bho'n fhuair mi thu bho 'n bhàrd.

Is mar a thachair dhuibh 'nur trì
  Bhur tìr a chall cho tràth,
'S bhur sgaradh bho na comuinn ghrinn
  Bha leibh bho là gu là ;
Sin mar a thachar dhòmhsa féin,
  Ach 's éiginn géilleadh dha ;
Bhi caoidh na dh' fhàg sinn as ar déidh
  Cha dean e feum no stàth.

Gu'n robh gach lus is àile cliù
  'San Leideig chiùin a' fàs ;
Biodh dreach an gnùis fo dhealt an driùchd,
  Mar lòn do shùil a' bhàird ;
Biodh gaoth nam beann, is gàir nan allt,
  Le 'n crònan fann gun tàmh,
Mar cheòl d'a chluais 'ga dhùsgadh suas
  A dheanamh dhuan is dhàn.

Thou daisy meek, of modest mien,
　　Still wet with dewy spray,
Much I regret that thou hast been
　　Torn from thy comrades gay ;
I fear that thou wilt droop and die
　　Despite my fond regard ;
But I will tend thee well, for why—
　　I got thee from the bard.

And thou, sweet primrose, young and fair,
　　Oft plucked with boyish glee
In bygone days, when free from care
　　· I roamed the grassy lea,
I'm proud indeed to see thy face,
　　Fresh from thy native sward,
Just after leaving the embrace
　　Of my dear friend the bard.

In early youth you three have left
　　That land you loved so well,
And of those comrades were bereft
　　That smiled in yonder dell ;
Your mournful lot has just been mine,
　　But we must yield to fate,
To dream of happy days langsyne
　　Will not improve our state.

May every flower of fairest hue
　　Adorn green Ledaig's braes,
All sparkling in the morning dew,
　　Fit feast for bardic gaze ;
May smiling vale and laughing rill
　　The poet's soul inspire,
And like sweet music move his will
　　Afresh to tune the lyre.

DUTHAICH NAN LAOCH.

LE NIALL MAC LEOID.

Tha m' inntinn le dùrachd an dùthaich nan laoch,
Nan coireachan ùdlaidh, is stùcan an fhraoich,
Nan cluaineagan cùbhraidh, 's nan srùlagan caoin,
'S nan cruinneagan cliùiteach a dhùisgeadh mo ghaol.

Nuair dh' éireas a' ghrian ann an sgiamhachd a glòir,
A' deàrrsadh mar sheudan air sléibhtean a' cheò,
Na blàthan fo'n driùchd air an crùnadh le òr,
'S feadh ghleann agus chrann cha bhi ganntar air ceòl.

'S i dùthaich nan treun leis an éireadh gach buaidh,
'S nam fiùranach gleusda nach géilleadh 'san ruaig ;
Nuair a thàirneadh iad geur-lannan beumnach á truaill,
Bhiodh euchdan is creuchdan 'gan reubadh roimh 'n cruaidh.

Gu curanta làidir, cha 'n fhàsadh iad trom,
A' sgiùrsadh gach namhaid 's an càbhlach bho 'n fhonn ;
'S ge gruamach 'sna blàir iad mar bhàrcadh nan tonn,
Bha càirdeas is bàidh ann an nàdur nan sonn.

Chaidh an àlach a' ruagadh gun truas as na glinn,
'S am fuadach thar chuantan mar uallach gun bhrìgh ;
Ach deàrrsaidh am buadhan 's an suairceas 's gach tìr,
'S an dualchas a fhuair iad cha'n fhuaraich e choidhch.

Ach tillidh na fiùrain gu dùthaich nan laoch,
Is dùisgidh an rùn dhi as ùr ann an gaol ;
Bidh ceatharnaich lùghmhor a' tionndadh gach raoin,
Gun eagal, gun chùram roimh mhùiseig nam maor.

'S ri cogadh no tagradh a bhagras ar crùn,
Ma thogar a' bhratach ri caismeachd a' chiùil,
Théid gillean nam breacan, mar chleachd iad bho thùs,
Air toiseach nan gaisgeach gun taise 'nan gnùis.

THE LAND OF THE BRAVE.

My thoughts ever seek to the land of the brave,
Where the cataracts foam and the heather-blooms wave ;
Where the meadows are fragrant and crystal streams flow,
And comely young maidens my heart set a-glow.

The sun in its glory enlivens the morn,
And jewels the mist which the mountains adorn ;
It streams on the flowers bedecking the plain,
And awakens the woodlands with music's sweet strain.

The land that gave birth to the gallant and true,
The home of the brave that defeat never knew ;
When the sword they unsheathed in stern battle's array,
The wounded were many at close of the fray.

'Twas theirs not to blench when the foe was at hand ;
Unflagging they pressed him by sea or by land ;
Yet, though in the onset untamed as the wave,
Full tender and true were the hearts of the brave.

Their sons have been driven from house and from home,
And forced o'er the ocean in exile to roam ;
But their prowess shines ever as clear as the day—
Like the fame of their fathers, 'twill never decay.

But they yet shall return to their dear fatherland,
And we'll welcome, as brothers, that long exiled band,
To people the hamlet, the valley, the glen,
Nor landlord, nor bailiff disturb them again.

If foes shout defiance, or ravage our shore,
We'll loyally muster and fight as of yore ;
The lads with the tartan still leading the van,
Shall show deeds of valour as Highlanders can.

SORAIDH.

(Le òganach a' fàgail an eilein 'san d' rugadh e.)

Och nan och na bheil air m' aire !
  'S truagh an nochd na bheil am dhìth !
Sud e, righ ! gur mór mo ghaol ort,
  Ged nach fhaod mi bhi 'ga inns'.

Tha mi 'g ionndrainn is cha 'n àicheidh
  Mi 'n té bhàn a bha 'san fhrìth.;
An déidh dhomh 'buachailleachd 's a h-àrach,
  'S eagal leam gu'n d'fhàg i mi.

A Bheinn-bhreac nan creachann àrda,
  'S tric a shàraich thusa mi ;
Ach tha mi 'm bliadhna dol g' ad fhàgail—
  Soraidh slàn leat gus an till.

Cha 'n eil cnoc no glac a'd aodann,
  Coire fraoich a bhos no shìos,
Nach eil a' cuimhneach iomadh rud dhomh,
  Ged nach fhaod mi bhi 'ga inns'.

Soraidh leis gach beinn is fireach—
  A' bheinn o'm mithich dhomh bhi triall—
Guidheam fada féidh a'd ghlacaibh ;
  B'e bhi 'n taice riut mo mhiann.

FAREWELL.

(Written by a young man when leaving his native isle).

Sad am I and sorrow-laden,
 For the maid I love so well ;
I adore thee, dearest maiden,
 But my thoughts I dare not tell.

Why deny my heart is rending
 For the fair one of the lea ;
After all my careful tending,
 She has now forsaken me.

Ben of peaks the clouds that sever,
 Oft thy steeps have wearied me ;
Must I leave thy shade for ever ?
 Then farewell, farewell to thee !

Every corrie, crag, and hollow,
 Heath'ry brae and flowery dell,
Now awaken pangs of sorrow ;
 But my thoughts I dare not tell.

Mountain bold ! thy form surpasses
 Every ben that eye can see ;
Long may deer frequent thy passes
 Near thee I would ever be.

AN RIBHINN DONN.

Le Aonghas Mac-an-t-Saoir.

O, 's rùnach leam mo ribhinn donn
   'Sa ghleann taobh thall nam fuar-bheann ;
'San fheasgar chiùin théid mi le m' rùn
   Gu doire dlùth nam fuaran.

Mo sheang-choin-seilg tha 'n garbhlach fhiadh,
   'S mo chridhe cian tha 'n còmhnuidh,
'Sa ghleann 'san éisd mo Mhàiri ghrinn
   Ri ceilear binn na smeòraich.

Tha eòin an t-sléibh air sgéith mu 'n cuairt,
   'S cha dùisg iad fuaim mo làmhaich,
Is mis' am pràmh an sgàth nam bruach,
   'S mo smuain mu 'n ghruagaich ghràdhaich.

'S i 's aotruim' ceum 's is deàrrsaich' sùil,
   'S a gàir tha ciùin is coibhneil,
'S a guth tha dhòmhs' mar shòlas ciùil
   'S mi falbh nan stùc 'san oidhche.

'S e 'caoin fhalt fàinneach 's àillidh sgèimh,
   'S a bràighe glé-gheal, bòidhche,
Fo osna 'cléibh ag éirigh sèimh,
   Mar fhaoilinn bhàin air Lòchaidh.

A cridhe caomhail 's aotrom sunnd,
   Mar mhang aig sùrd an réidhlean ;
Ach caomh is tlàth mar bhlàth fo dhriùchd,
   Am maise chiùin a' Chéitein.

Mo ribhinn ghràidh is àillidh sgèimh
   'S tu 's àraidh beus 's is bòidhche,
'S a mhaise dh' fhàs air gràdh nan ceud
   Cha tréig thu 'n Ionbhar-Lòchaidh.

Ged gheibhinn lùchairt 's crùn an Rìgh
   As t' iùnais dhìobrainn còir orr' ;
'S mo bhean 's mo bhan-righ bheirinn i
   Gu tuine 'n tìr nam mòr-bheann.

THE AUBURN MAID.

I dearly love my auburn maid,
   That dwells behind the mountain ;
At eve I'll meet her in the glade,
   To roam by dell and fountain.

Though here, with hounds, I chase the deer.
   Where streamlets bright meander,
To yonder glen, where dwells my dear,
   My thoughts will ever wander.

The birds that round about me fly,
   Pour forth their notes of gladness ;
While here alone I sit and sigh
   In sorrow and in sadness.

Her step is light, her eye is bright,
   Her smile is sweet and tender,
Her voice, like music in the night,
   Oft cheers me to remember.

Her hair around her shoulders flows,
   With graceful waving motion ;
Her snow-white bosom heaving goes,
   Like sea-gull on the ocean.

Her heart, though light, is ever true,
   Of Nature's own adorning ;
Her lips like roses wet with dew,
   Upon a summer morning.

By all thy beauty is confessed ;
   In form thou'rt like a fairy ;
Were I of all the world possessed,
   I would not leave my Mary.

Though I a palace did receive,
   And were with riches laden,
I'd have thee for my Queen, believe,
   My own sweet Auburn Maiden.

MO RUN GEAL, DILEAS.

Mo rùn geal, dìleas, dìleas, dìleas,
  Mo rùn geal, dìleas, nach till thu nall ?
Cha till mi féin riut, a ghaoil cha 'n fhaod mi ;
  Ochòin, a ghàoil, 's ann tha mise tinn.

Is truagh nach robh mi an riochd na faoilinn,
  A shnàmhadh aotrom air bhàrr nan tonn ;
Is bheirinn sgriobag do 'n eilean Ileach,
  Far bheil an ribhinn dh' fhàg m' inntinn trom.

Is truagh nach robh mi 's mo rogha céile
  Air mullach shléibhtean nam beanntan mòr,
'S gun bhi 'gar n-éisdeachd ach eòin nan speuran,
  'S gu 'n tugainn fhéin dhi na ceudan pòg !

Thug mi còrr agus naoi mìosan
  Anns na h-Innsean a b' fhaide thall ;
'S bean bòidhchead d' aodainn cha robh ri fhaotainn,
  'S ged gheibhinn saoghal cha 'n fhanainn ann.

Thug mi mìos ann am fiabhrus claoidhte,
  Gun dùil rium oidhche gu'm bithinn beò ;
B'e fàth mo smaointean, a là 's a dh' oidhche,
  Gu'm faighinn faochadh is tu bhi 'm chòir

Cha bhi mi strì ris a' chraoibh nach lùb leam,
  Ged chinneadh ùbhlan air bhàrr gach géig ;
Mo shoraidh slàn leat, ma rinn thu m' fhàgail—
  Cha tàinig tràigh gun mhuir-làn 'n a déidh.

MY FAITHFUL FAIR ONE.

My faithful fair one, my own, my rare one,
   Return, my fair one, O, hear my cry!
For thee, my maiden, I'm sorrow-laden;
   Without my fair one I'll pine and die!

O, could I be love, in form of sea-gull,
   That sails so freely across the sea;
I'd visit Islay, for there abiding,
   Is that sweet kind one I pine to see.

O, could we wander where streams meander,
   I'd ask no grandeur from foreign clime;
Where birds would cheer us, and none would hear us,
   I'd kiss my dear one and call her mine.

In foreign regions I lived a season,
   And none could see there with thee to vie;
Thy form so slender, thy words so tender,
   I will remember until I die.

In fevered anguish, when left to languish,
   No human language my thoughts could tell,
I thought, my dearie, if thou wert near me
   To soothe and cheer me, I'd soon be well.

I won't contend with a tree that bends not,
   Though on its tendrils rich fruit should grow;
If thou forsake me I won't upbraid thee—
   The greatest ebb tide brings fullest flow.

NIGHEAN BHAN GHRULAINN.

Thug mi rùn, 's chuir mi ùigh
   'San te ùir a dh' fhàs tlàth ;
Màighdean chiùin dh' an tig gùn,
   Cha b'e 'n t-ioghnadh leam t' fhàilt'.

'S ann an Grùlainn fo 'n Sgùrr
   Tha mo rùn gabhail tàimh ;
Maighdean ùr a tha ciùin,
   'S i mo rùn-sa thar chàich.

Gu'n do bhruadair mi 'n raoir
   A bhi 'd choibhneas, a' ghràidh,
'S nuair a dhùisg mi á m' shuain
   B' fhada bhuam thu air sàil'.

Tha do shlios mar chanach lòin,
   No mar eala òig air tràigh ;
Gruaidh is deirge na 'n ròs,
   Beul is bòidhche ni gàir'.

Pearsa dhìreach gun chearb,
   Aghaidh mheanbh-dhearg a' ghràidh :
Mar ghath gréine 'san fhairg'
   Tha do dhealbh am measg chàich.

Dosan lìobharra, réidh,
   'S e gu h-éibhinn a' fàs ;
Tha e sios ort 'na chléit ;
   'S air gach té bheir thu bàrr.

Nuair a rachainn-sa gu féill
   Bu leat fhéin seud no dhà ;
'S bhiodh tu cinnteach á gùn
   As na bùithean a b'fheàrr.

Ged bu leamsa le còir
   Na tha dh'òr anns an Spàinnt,
Liùbhrainn bhuam e le deòin
   Air son pòig bho 'n té bhàin.

THE FAIR MAID OF GRULAIN.

I have loved thee, my maid,
  With a love that's sincere ;
Dressed in grandeur so rare,
  I would welcome my dear.

'Twas at Grulain near Sgùr
  That my fair one was born ;
I have loved her for years,
  And her absence I mourn.

Yesternight in a dream
  I held converse with thee ;
When at morn I awoke
  Thou wert far o'er the sea.

Cannach white is thy breast,
  Pure as swan on the shore ;
Cheeks that vie with the rose,
  Thy sweet smiles I adore.

Pure and faultless thy mould ;
  Oh, thy form is divine !
Thou art brighter by far
  Than the sunbeams that shine.

Round thy shoulders are seen
  Golden ringlets in play ;
As they shine in the sun,
  Who the like can display !

When to market I've gone
  I would mind thee when there ;
And would bring to my love
  Something handsome and rare.

Though the wealth of a king
  At my feet now were laid,
I would part with it all
  For one kiss of the maid.

Dh' aindeoin tuaileis luchd-bhreug
   Tha gach céill riut a' fàs,
Tha thu fìrinneach, réidh
   Bho'n là cheum thu air làr.

A' CHUAIRT-SHAMHRAIDH.

LE SEUMAS MAC-AN-ROTHAICH.

Hug óro, mo leannan,
   Thig mar-rium air chuairt
Do dh' ùr-choill' a' bharraich
   'San tathaich a' chuach ;
Hug óro, mo leannan,
   Thig mar-rium air chuairt.

Tha gruaman a' Gheamhraidh
   Air fàgail nam beanntan,
'S e sruth anns gach alltan
   'Na dheann-ruith a nuas.
      Hug, etc.

Tha aodann nan sléibhtean
   A' deàrrsadh gu ceutach ;
'S na lusanan peucach
   Ag éirigh le buaidh.
      Hug, etc.

Tha Samhradh an òr-chuil
   A' riaghladh le mòr-chuis,
'S an saoghal ri sòlas
   Gu'n d' fhògair e 'm fuachd.
      Hug, etc.

Na h-eòin 's iad ri coireal
   Feadh ghrianan na coille,
'S na sòbhraichean soilleir
   Cur loinn air gach bruaich.
      Hug, etc.

Heed not slander and lies
  From the foes that upbraid ;
I have found thee sincere,
  O my sweet Grulain maid.

THE SUMMER RAMBLE.

Oh come now, my darling ;
  Alone let us stray ;
For the notes of the cuckoo
  Are heard from the spray ;
Oh come then, my darling,
  No longer delay !

The bright sun from heaven
The winter has driven ;
And freedom's been given
  The streamlets to play.
      Oh come now, etc.

The hills are resuming
Their beauty and blooming
With flowers perfuming
  The glad summer day.
      Oh come now, etc.

Dark winter is waning ;
Bright summer is reigning,
The world is regaining
  Its beauty in May.
      Oh come now, etc.

The wild woods are ringing
With birds sweetly singing,
Where dew-drops are clinging
  To flow'ret and spray.
      Oh come now, etc.

Tha ghrian feadh nan glacagan
Gormanach, fasgach ;
'S gu 'm b'aoibhinn bhi leatsa,
A' dearc air an snuadh !
　　Hug, etc.

'S do shnuadh féin cho greannmhor
Ri gàire an t-Samhraidh,
Feadh fhlùran a' dannsadh
　　'Sna gleanntan mu'n cuairt !
　　Hug, etc.

O ! tiugainn, a leannain,
Do choille nam meangan ;
'S gu 'n ùraich sinn gealladh
　　Bhi tairis gu buan.
　　Hug, etc.

OIGH CHILL-IAIN.

LE IAIN MAC-A'-CHLEIRICH.

Mo rùn air an òigh ud
　　Tha chòmhnuidh 'n Cill-Iain ;
Bho 'n fhuair mi ort eòlas
　　'S tu òg bhean mo mhiann ;
Mur faigh mi nis'còir ort
　　Le pòsadh a chiall,
Bidh mise 'nam fhògarach
　　Brònach a' triall.

Their cuid rium gu spòrsail
　　Gur gòrach mo smaoin ;
Is géill thoirt do'n òg-bhean,
　　Gur dòigh e ro fhaoin ;

The sunshine entrances
My heart when it dances,
And glimmers and glances,
    Through greenwood so gay.
        Oh come now, etc.

Though sweet be the flowers,
Refreshed by the showers,
In yonder green bowers,
    Thou'rt fairer than they.
            Oh come now, etc.

Where ring-doves are cooing
Come list to my wooing,
My love-vows renewing—
    To bind me for aye.
            Oh come now, etc.

THE MAID OF CILLIAN.

O bear ye my love,
    To the maid of Cillian,
The prettiest maiden
    I ever have seen ;
If I may not woo her
    And claim her as mine,
I'll wander dejected—
    In sorrow I'll pine.

They tell me 'tis folly
    For me to aspire
To the hand of that maiden
    I fondly admire ;

Na'm mealainn-sa sòlas,
    Mar 's còir do gach aon,
Mi sheachnadh na h-òigh ud,
    A còmhraidh 's a gaoil.

Ach có bheir air grian
    Gun dol siar anns an là ;
No air fairge nan liath-shruth
    Gun iarraidh gu tràigh ;
Ri bruthach, có stiùras
    Abhainn Dù 'lais gu bràth ;
Is có e, le dùrachd,
    A mhùchas an gràdh !

Ach O, 's ann tha'n gaol
    Do gach neach tha fo nèamh,
Mar shnothach do'n chraoibh
    Is e sgaoileadh gu sèimh ;
Ma bhacas tu dhìreadh,
    No spìonas tu fhreumh,
Cha 'n fhàg thu da-rìreadh
    Ach crionach gun sgèimh.

Cha'n e gorm-shùilean àillidh,
    No bàn-mhuineal mìn,
No beul o'm binn gàire
    A thàlaidh riut mi ;
Ach maitheas bha ghnàth leat,
    Is àrdan neo-chlì,
An coibhneas bha 'd nàdur,
    'S am blàths a bha 'd chrìdh'.

If I would be happy
  And cheerful as they,
All thoughts of that fair one
  To banish for aye.

But the sun in its motion
  No voice will obey ;
And the waves of the ocean
  No mortal can stay ;
As the flow of the river
  Can never be stayed,
So nothing will vanquish
  My love for the maid.

For O, what is love
  But like sap to the tree,
Giving beauty and grace
  That are charming to see ;
If the root you destroy,
  Or the sap you restrain,
Then quickly 'twill wither,
  Nor flourish again.

It was not thine eyes, love,
  Though charming they be,
Nor thy voice, though the sweetest,
  That drew me to thee ;
'Twas the meekness and modesty
  In thee combined—
The charm of thy nature,
  A heart that is kind.

C'AITE 'N CAIDIL AN RIBHINN?

O, c'àite 'n caidil an rìbhinn an nochd ?
O, c'àite 'n caidil an rìbhinn ?
Far an caidil luaidh mo chrìdh'
Is truagh nach robh mi fhìn ann !

Tha ghaoth a' séideadh oirnn o'n deas,
'S tha mise deas gu seòladh ;
'S na'n robh thu leam air bhàrr nan stuagh,
A luaidh, cha bhithinn brònach.

Bha mi deas is bha mi tuath,
'S gu tric air chuairt 'sna h-Innsean,
'S bean t'aogais riamh cha d'fhuair mi ann,
No samhladh do mo nìghneig.

S ann ort féin a dh' fhàs a' ghruag
Tha bachlach, dualach, rìomhach ;
Fiamh an òir is bòidhche snuadh,
'S e dol 'na dhuail 'sna cìrean.

Cha tog fidheall, 's cha tog òran,
'S cha tog ceòl na pìoba,
No nìghneag òg le cainnt a beòil,
Am bròn tha 'n diugh air m' inntinn.

'Se dh' iarrainn riochd na h-eala bhàin
A shnàmhas thar a' chaolais,
Is rachainn féin troimh thonnaibh breun
A chur an céill mo ghaoil dhuit.

Tha nis gach nì a réir mo dheòin,
Gach acfhuinn 's seòl mar dh' iarrainn ;
'S gun mhaille théid mi air a tòir,
Is pòsaidh mi mo nìghneag.

O! WHERE ART THOU, MY DEARIE?

Oh, where art thou, my love, to-night?
  Where sleepest thou, my dearie?
Where'er thou art, my lady bright,
  O, would that I were near thee!

My ship is floating on the tide,
  And prosperous winds are blowing,
If thou wert only by my side,
  My tears would not be flowing.

I long have braved the stormy sea
  To distant lands oft sailing,—
No maiden have I seen like thee;
  Thine absence I'm bewailing.

How fair thy locks are to behold,
  When in the sunbeams shining;
In colour they will vie with gold,
  That oft has stood refining.

In song or dance I take no part,
  And music cannot cheer me;
No maiden's smile can raise my heart,
  Since absent from my dearie.

If, like the swan, I now could sail
  Across the trackless ocean;
Ere break of day my love I'd hail
  And prove my heart's devotion.

My sails are set, blow, breezes, blow!
  All thoughts of danger scorning;
Where dwells my love I'll quickly go
  And wed her in the morning.

EILEAN AN FHRAOICH.

LE MURCHADH MAC LEOID.

A chiall, nach mise
  Bha 'n Eilean an Fhraoich !
Nam fiadh, nam bradan,
  Nam feadag, 's nan naosg !
Nan lochan, nan òban,
  Nan òsan 's nan caol—
Eilean innis nam bò,
  'S àite-còmhnuidh nan laoch !

Tha Leòdhas bheag riabhach ;
  Bha i riamh /san Taobh-tuath ;
Muir tràghaidh is lìonaidh
  'Ga h-iadhadh mu'n cuairt ;
Nuair a dheàrrsas a' ghrian oirr'
  Le riaghladh o shuas,
Bheir i fàs air gach sìol
  Air son biadh dha an t-sluagh.

An t-Eilean ro mhaiseach,
  Gur pailt ann am biadh :
'S e Eilean is àillt' air
  Na dhealraich a' ghrian ;
'S e Eilean mo ghràidh-s' e,
  Bha Ghàidhlig ann riamh ;
'S cha 'n fhalbh i gu bràth
  Gus an tràigh an cuan siar !

'N àm éirigh na gréine
  Air a shléibhtibh bidh ceò,
Bidh a' bhanarach ghuanach
  'S a' bhuarach 'na dòrn,
Ri gabhail a duanaig,
  'S i cuallach nam bò,
'S mac-talla nan creag
  Ri toirt freagairt d' a ceòl.

THE ISLE OF THE HEATHER.

I wish I were now
  In that isle of the sea,
 The Isle of the Heather,
  And happy I'd be ;
With deer in the mountains
  And fish in its rills ;
Brave heroes have lived
  'Mong its heath-covered hills.

The Island of Lewis
  Stands now as of yore,
With the brine of the ocean
  Encircling its shore ;
The warmth of its summer
  Makes all things to grow,
Till store house and barn
  With abundance o'erflow.

This dearest of isles
  Is so fertile and fair ;
That no other island
  May with it compare.
Here Gaelic was spoken
  In ages gone by ;
And here it will live
  Till the ocean runs dry.

At dawning of day,
  When there's mist on the hill,
The milk-maids go skipping
  By fountain and rill ;
When milking their cattle,
  They raise a sweet song,
And softly the echoes
  The chorus prolong.

Air feasgair an t-Samhraidh
   Bidh sunnd air gach spréidh ;
Bidh a' chuthag is fonn oirr'
   Ri òran dhi fhéin ;
Bidh uiseag air lòn
   Agus smeòrach air géig,
'S air cnuic ghlasa 's leòidean
   Uain òga ri leum.

Gach duine bha riamh ann,
   Bha ciatamh ac' dhà ;
Gach ainmhidh air sliabh ann,
   Cha 'n iarr as gu bràth ;
Gach eun théid air sgiath ann,
   Bu mhiann leis ann tàmh ;
'S bu mhiann le gach iasg
   A bhi cliathadh ri thràigh.

Na 'm faighinn mo dhùrachd
   'S e lùgainn bhi òg,
'S gun ghnothuch aig aois rium
   Fhad 's a dh' fhaodainn bhi beò,
Bhi 'nam bhuachaill air àirigh
   Fo sgàil nam beann mòr,
Far am faighinn an càis
   'S bainne blàth air son òil.

Cha 'n fhacas air talamh
   Leam sealladh is bòidhch'
Na ghrian a' dol sìos
   Air taobh siar Eilein Leòdhais ;
Crodh-laoigh anns an luachair,
   'S am buachaill 'nan tòir,
'Gan tional gu àirigh
   Le àl de laoigh òg.

The notes of the cuckoo
　Are welcomed in May ;
And the blackbird sings blithe
　'Mong the silvery spray ;
The lark and the mavis
　Pour forth their sweet lay,
While the lambs in the meadows
　Are sprightly at play.

The man who is born
　In this Isle of the main
Would not leave it for honour,
　For title, or gain ;
The birds here that wander,
　They leave it no more ;
And the fish of the sea
　Linger close by its shore.

Could I get my wish,
　And be once more a boy,
I'd thither return
　And its pleasures enjoy,
A shepherd, to wander
　O'er heather-clad hills,
And drink a cool draught
　From its bright mountain rills.

There ne'er was a picture
　More lovely to see
Than the sun as he sinks
　In the blue western sea ;
When homeward the cattle
　Are wending their way,
And all things are still,
　At the close of the day.

Air feasgar a' Gheamhraidh
　　Théid tionndadh gu gnìomh ;
Ri toirt eòlais do chloinn
　　Bidh gach seann duine liath ;
Gach iasgair le shnàthaid
　　Ri càireadh a lìon ;
Gach nighean ri càrdadh,
　　'S a màthair ri snìomh.

B'e mo mhiann bhi 'sna badan
　　'Sna chleachd mi bhi òg,
Ri dìreadh nan creag
　　Anns an neadaich na h-eòin ;
O'n thàinig mi Ghlascho
　　Tha m' aigneadh fo bhròn,
'S mi call mo chuid claistneachd
　　Le glagraich nan òrd.

THUG MI GAOL DO 'N T-SEOLADAIR.

Air feasgar Samhraidh Sàbaid dhomh,
　　'S mi gabhail sràid leam fhéin,
Na smeòraich bha gu ceilearach,
　　'S iad àrd air bhàrr nan geug ;
Mi cuimhneach' air an àrmunn
　　Is àillidh tha fo 'n ghréin :
Nach truagh nach robh mi còmhla riut
　　A' còmhradh greis leinn fhéin !

Bho 'n thàinig mi do 'n dùthaich so
　　Gur beag mo shunnd ri ceòl ;
Bho 'n dh' fhàg mi tìr nan àrd-bheann,
　　Far 'n d' fhuair mi m' àrach òg ;

In the long winter evenings
  They sit by the fire,
And the children are taught
  By their hoary haired sire ;
A story is told, as
  Our fish nets we darn,
While the maidens, with distaff,
  Are spinning the yarn.

If I had my wish
  I would sail o'er the main,
And return to the Isle
  Of the Heather again ;
Since coming to Glasgow
  I've always been sad ;
And the clanging of hammers
  Is driving me mad.

I LOVE THE SAILOR LAD.

One lovely Summer evening,
  As in the fields I strayed,
The mavis all melodious
  Among the branches played.
My thoughts were on the fairest one
  On whom the sun e'er shone—
Oh, could I now but roam with thee
  Among the woods alone !

Oh, sad my lot and dreary is ;
  In silence oft I mourn !
E'er since I left that lovely strath,
  And glen where I was born ;

Far am biodh féidh 'sna firichean,
  Is bric air linne lòin ;
Far 'm biodh na h-òighean uaibhreach
  Dol do'n bhuaile le 'n laoigh òg.

Tha m' athair is mo mhàthair,
  'S mo chàirdean rium an gruaim ;
'S ann tha gach aon dhiubh 'g ràdhtainn
  " Gu bràth an tig ort buaidh ?
An di-chuimhnich thu ghòraich
  Bho d' òige thog thu suas ? "
'S ann thug mi gaol do'n t-seòladair
  Tha seòladh thar a' chuain !

Tha anail leam cho cùbhraidh
  Ris na h-ùbhlan 's mi 'g am buain ;
A dheud cho geal 's an ìbhri,
  . A chneas mar fhaoilinn cuain ;
A ghruaidhean mar an caorann,
  'S a chaol-mhala gun ghruaim—
O, thug mi gaol nach diobair dhuit
  Gus an sìnear mi 'san uaigh !

Gur lìonmhor mais' ri àireamh
  Air an àrmunn dh' fhàs gun mheang ;
Gu 'n aithnichinn fhéin air fàireadh thu,
  'S tu àrd air bhàrr nam beann ;
Bu deas air ùrlar-clàraidh thu,
  Nuair thàirneadh tu 'n tigh-dhanns
Troigh chuimir am bròig chluaiseinich—
  'S gach gruagach ort an geall !

Tha'r leam gur mi bha gòrach
  Nuair a thòisich mi ri dàn ;
Cha bhàrd a dheanadh òran mi,
  'S cha chòir dhomh dol 'na dhàil ;

The deer roam o'er its mountains steep,
　The fish swim in its rills ;
And pretty maidens tend the calves
　That gambol by the hills.

My friends are with me angry ;
　My parents me despise ;
They say unto me constantly,
　" Oh, wilt thou ne'er be wise ?
Forget for aye the thoughtlessness
　From youth that clung to thee,"
Because I love that sailor boy
　Who sails the stormy sea.

Thy breath to me more fragrant is
　Than apples ripe and rare ;
Thy teeth are white as ivory,
　Thy face is sweet and fair ;
Thy cheeks will vie with rowans bright,
　Thine eyebrows free from gloom ;
Oh, I will love thee faithfully
　Till laid within the tomb !

Thy merits are so many, love,
　I cannot on them dwell ;
I'd know thee far on mountain heights,
　Or coming down the dell ;
When joining in the giddy dance,
　Who can with thee compare ?
Thy form and movements elegant
　Steal hearts from ladies fair !

'Twas folly of me to begin
　In rhyme to sound thy praise ;
That I can claim no bardic fame,
　This effort now displays.

Tha ni-eigin air m' inntinn-sa,
  'S cha 'n fhaod mi inns' do chàch :
Gu 'n tug mi gaol do 'n t-seòladair
  Air long nam mòr-chrann àrd.

Ach innsidh mise 'n fhìrinn dhuibh—
  Mur bheil mo bharail faoin—
Tha gaol nam fear cho caochlaideach,
  'S e seòladh mar a' ghaoith,
Mar dhriùchd air madainn Chéitein,
  'S mar dhealt air bàrr an fheòir ;
Le teas na gréine éiridh e,
  'S cha léir dhuinn e 'sna neòil.

'S ma 's nì e nach eil òrduichte,
  Gu 'n còmhlaich sinn gu bràth,
Mo dhùrachd thu bhi fallain,
  'S mo roghainn ort thar chàich !
Ma bhrist thu nis na cùmhnantan
  'S nach cuimhne leat mar bha,
Guidheam rogha céile dhuit
  Is laighe 's éirigh slàn !

SEONAID A' CHUIL REIDH.
LE SEUMAS MAC-AN-ROTHAICH.

SEIS :—Dh' fhàgadh mi fo bhròn
      O'n a phòs an té
      Air an robh mi 'n tòir :
      Seònaid a' chùil réidh.

Chaidh mi 'n dé 'na còdhail,
  'S bhòidich i bhi 'm réir ;
" Chaoidh nan caoidh cha phòs mi
  Oigear ach thu féin " ;

Although my heart is burdened sore,
  To few I must confide
The love I bear the sailor lad
  Who sails the rolling tide.

The truth to you I'll now unfold—
  Oh, deem me not unkind !
The love of man unsettled is
  And restless as the wind ;
Like dew which falling in the night,
  Or at the break of day,
Will flee before the noonday glare
  And quickly pass away.

And if stern Fate has ordered so
  That we shall meet no more ;
And if by thee forgotten are
  Our vows upon the shore ;
I'll pray that health and happiness
  May ever with thee stay,
A charming wife to comfort thee
  And cheer thee on thy way.

JESSIE I LOVED WELL.

CHORUS—Sad indeed am I,
        Who my grief can tell ?
      For my love I sigh,
        Jessie I loved well.

Yestereve when roving
  By the river side ;
Jessie fondly told me,
  " I will be your bride " ;

D

Ach nuair chaidh i dhachaidh—
  Bean na gaise bréig !
Bhris i air a bòid :
  Chòrd i ri fear spréidh !

'S trom a dh' fhàg i m' inntinn,
  'S fonn mo chrìdh gun ghleus,
Chionn a' bheirt a rinn i,
  'S nach do thoill mi beud ;
Thug mi gaol mo chrìdh dhi,
  'S dhìobair i mo spéis ;
Bhris i air a bòid,
  'S chòrd i ri fear spréidh !

'S gòrach fear bheir gaol
  Do mhnaoi a ta fo 'n ghréin,
'S iad cho carach luaineach
  Ri gaoith-chuairt nan speur !
'S dearbh gur fìor an ailis
  Air mo leannan bréig ;
Bhris i air a bòid ;
  Phòs i am fear sprèidh.

ALLT-AN-T-SIUCAIR.

LE ALASDAIR MAC DHOMHNUILL.

A' dol thar Allt-an-t-siùcair,
  Am madainn chùbhraidh Chéit,
Is paidirean geal dlùth-chneap
  De 'n driùchd ghorm air an fheur ;
Bha *Richard* 's *Robin* brù-dhearg
  Ri seinn, 's fear dhiubh 'na bheus ;
'S goic-mhoit air cuthaig chùl-ghuirm
  'S gug-gùg aic' air a' ghéig.

But my faithless charmer,
  Ere the dawn of day,
To a wealthy farmer,
  Gave her hand away.

O, my heart is weary,
  ʹ Sad and full of woe,
Now my days are dreary
  Since she used me so ;
Much I loved my charmer,
  But her love grew cold,
And a wealthy farmer
  Bought her hand with gold.

At my fate take warning,
  Bearing this in mind—
Woman's heart is fickle,
  Changeful as the wind.
Think upon my charmer,
  Faithless, false, and bold ;
Married to a farmer,
  For his hand and gold.

THE SUGAR BROOK.

When passing o'er this streamlet,
  One fragrant morn in May,
The meadows wet with dew drops,
  Shone bright at dawn of day ;
The crimson-breasted Robin
  Was pouring forth his lay ;
The cuckoo's note of gladness
  Rose from the scented spray.

Tha 'n smeòrach cur nan smùid dhith
  Air bacan-cùil leath fhéin ;
An dreathan-donn gu sùrdail,
  'S a rifeid-chiùil 'na bheul ;
Am bricean-beithe 's lùb air,
  'S e gleusadh lùth a theud ;
An coileach-dubh ri dùrdan,
  'S a' chearc ri tùchan réidh.

Na bric a' gearradh shùrdag,
  Ri plubraich dhlùth le chéil',
Taobh-leumraich mear le lùth-chleas,
  A bùrn le mùirn ri gréin ;
Ri ceapadh chuileag shiùbhlach,
  Le 'm bristeadh lùthmhor fhéin ;
Druim lann-ghorm, 's ball-bhreac giùran,
  'S an lainnir chùil mar léig.

Bùrn tana, glan, gun ruadhan,
  Gun deathach, ruaim, no ceò,
Bheir anam-fàs is gluasad
  D' a chluaineagan mu bhòrd,
Gaoir bheachan buidhe 's ruadha,
  Ri diogaladh chluaran òir ;
'S cìr-mheala 'ga cur suas leò
  'N céir chuachagan 'nan stòir.

Gur sòlas an ceòl-cluaise,
  Ard-bhàirich buair mu d' chrò ;
Laoigh cheann-fhionn, bhreac is ruadha,
  Ri freagradh nuallan bhò ;
A' bhanarach le buaraich,
  'S am buachaill dol 'nan còir,
Gu bleoghann a' chruidh ghuaillfhinn
  Air cuaich a thogas cròic.

The mavis warbles loudly
  From yonder leafy tree ;
The wren now joins the chorus,
  And chirps aloud with glee ;
The chaffinch is preparing
  His cheerfulness to show ;
While black-cocks greet their partners
  With cooing soft and low.

Thy limpid waters laving
  Rich banks of bonny green,
Where in his silv'ry splendour
  The salmon oft is seen ;
He leaps in all his glory,
  To catch the flies at play,
And lashes with his playing
  Thy waters into spray.

Thy crystal stream goes flowing
  Through many a grassy lea,
Supplying sap and fragrance
  To every herb and tree ;
The honey-bee is roaming
  In yonder flowery dell ;
The nectar from thy roses
  He stores within his cell.

How pleasant is the lowing
  Of cattle by the fold,
Their calves around them playing,
  How pleasant to behold !
The milk-maid sings her chorus
  To cattle in the dale,
While they to overflowing
  Soon fill the milking-pail.

O, TILL, A LEANNAIN!

LE EOBHAN MAC COLLA.

O, till, a leannain, O, till! O, till!
O, till, a leannain, O, till! O, till,
    Dean cabhag a Mhaili,
    Bho dhùthaich nan Gallach,
No théid mi le h-aimheal do 'n chill, do'n chill.

O thus' a gheibh sealladh de m' ghaol, de m' ghaol,
Thoir fios dhi gu'n robh i dhomh féin, dhomh féin,
    Mar chridhe do m' bhroilleach,
    Mar iùl-chairt do'n mharaich',
Mar ait-ghréin an Earraich do'n t-saogh'l, do'n t-saogh'l.

O, c' àite 'm bheil coimeas do m' luaidh, do m' luaidh?
Mar ròs air uchd eala tha 'gruaidh, tha 'gruaidh;
    Clàr aghaidh is gile
    Na'm bainne 'ga shileadh,
No ghrian 's i gu luighe 'sa chuan, 'sa chuan.

Na 'm faiceadh tu 'pearsa gun mheang, gun mheang;
Na 'n cluinneadh tu 'labhairt gun sgraing, gun sgraing;
    Na 'm biodh tu le m' chruinneig
    'N àm togail nan luinneag,
Gu 'n lasadh do chridhe gun taing, gun taing.

Mo chridhe-sa! 's tusa bhios truagh, bhios truagh,
Mur pill is' thog oirre gu Cluaidh, gu Cluaidh;
    Gu 'm b' fheàrr na bhi maille
    Ri té eil' air thalamh,
Bhi sinte ri m' Mhaili 'san uaigh 'san uaigh!

RETURN, MY DARLING.

Return, my darling, return, return !
Return, my darling, return, return !
   O ! haste thee, my fair one,
   Return now, my rare one,
Nor leave me thus daily to mourn, to mourn.

If ever my loved one you see, you see,
O, tell her that she was to me, to me,
   A chart for life's ocean,
   A heart for each motion,
My sun and my portion was she, was she.

O, what with my love may compare, compare,
Not the swan or the rose is so fair, so fair,
   Much whiter I trow,
   Than snow is her brow,
Or the sun setting low, so fair, so fair.

If you on my dear one should gaze, should gaze,
If you were to hear what she says, she says,
   If you heard my pretty
   One singing her ditty,
Your bosom would get in a blaze, a blaze.

But if she forsake me, my gloom, my gloom !
All pleasure and strength shall consume, consume,
   And rather than stray,
   With another away,
I would lie with my May in the tomb, the tomb.

GILLE MO LUAIDH.

LE IAIN CAIMBEUL.

Seinnidh mi duan do ghille mo luaidh,
  A thàinig mu'n cuairt an dé ;
Bu bhlàth leam a shùil, is b'aoidheil a ghnùis ;
  Mo rùn e am measg nan ceud.

Ged tha thu 'san tìom glé fhada bho 'n tìr,
  'S am b' àbhaist do d' shinnsear bhi tàmh ;
Tha 'n Gàidheal ad' chrìdh 's cha ghabh e cur sìos,
  Le nì 'sam bith ach am bàs.

'S ann an Apuinn nan stuadh a thuinich do shluagh,
  Na Stiùbhartaich uasal, àrd ;
'S ann doibh a bu dual bhi colgarra cruaidh ;
  Is iad nach tilleadh 'sa chàs.

Ged sgapte 'san uair na fàilleinean uain
  A thàinig bho shluagh nam beann ;
Tha 'n spiorad mar bha, is bithidh gu bràth,
  A' ruith anns gach àl de'n clann.

Gach lusan de'n fhraoch tha sgapte 'san t-saoghal,
  Nuair ruigeas e taobh nam beann,
Tha smuaintean a chrìdh a' tilleadh gun strì
  A dh' ionnsuidh na tìom a bh' ann.

Mo chead leat an dràsd', O, 'ille mo ghràidh !
  Is till ruinn gun dàil mu thuath ;
'S gu'n cuir sinn ort fàilt' le furan is àgh,
  'S le cridheachan blàth 'ga luaidh.

THE LAD I LOVE WELL.

My harp to me bring ; of my love I will sing,
  Who yesterday came me to see ;
With countenance bright, his eyes flash with light—
  My choice among thousands is he.

Though distant retired from the land of thy sires,
  Where they lived in the brave days of old,
The Gael from thy heart shall never depart,
  Till silent, and laid in the mould.

From Appin they came—in history famed—
  The Stewarts of high pedigree ;
Courageous and bold when facing the foe,
  They never were known to flee.

Though scattered have been the branches so green,
  Brave sons of the mountains wild !
The spirit remains for ever the same,
  Descending from parent to child.

Each sprig of green heather, that long has been severed,
  On reaching the mountain so green,
His spirit revives in the land of his sires,
  As he thinks of the days that have been.

I must now bid farewell to the lad I love well ;
  Come back again soon to the North ;
Here a welcome thou'll find, both hearty and kind,
  From hearts overflowing with mirth.

TAOBH MO THEINE FEIN.

Le Iain Caimbeul.

Seis—'S e taobh mo theine dhòmhsa chlann
'S e taobh mo theine féin ;
Gu'm b'e sud àite blàth mo ghaoil,
Aig taobh mo theine féin.

Nuair thig mi dhachaidh anns an oidhch',
'S mi fann, is fliuch, is sgith ;
An saoghal cosmhail ri bhi 'n gruaim,
Cho duaichnidh bidh gach nì,
'S a chì mi 'n solus tigh'nn gu 'm shùil,
Roimh 'n uinneig dhùint, mar reult',
Gu'n tog mo chridhe suas le sunnd,
Bhi dlùth do m' theine féin.

'S nuair chì mi 'n lasair dheàrrsach, dhearg,
'S gach àite sguabte grinn,
Is fiamh a' ghàir' 's gach aghaidh ghràidh,
'S gach aon toirt fàilte bhinn ;
O, c' àit' bheil sonas coshmhail ris
An saoghal bochd a' bhròin ?
Cha tugainn taobh mo theine féin
Air mile bonn de'n òr.

Nuair gheibh mi comunn caomh mo rùin,
'S iad dlùth dhomh air gach laimh,
Gach aon toirt bàrr an tlus 'sam bàigh,
'S bann gràidh 'g ar ceangal teann
Mo bhean 's i cur gach ni 'na àit,
'S mo phàisdean air mo ghlùin—
Cha suaipinn taobh mo theine féin
Air sonas rìgh 'na chùirt.

MY AIN FIRESIDE.

CHORUS—Gie me my ain fireside, my friens,
 Gie me my ain fireside ;
 The cosiest place in a' the warl'
 Is just my ain fireside.

When comin' frae my wark at e'en,
 Sae weary, wat, an' sair,
The warl's sae glum, that whiles I think
 My lot is ill to bear ;
But frae oor winnock comes a blink
 My hameward steps to guide ;
It cheers my heart, for weel I ken
 It's frae my ain fireside.

An' when I see oor bright hearthstane
 Wi' a' thing in its place
An' get a welcome frae them a',
 A smile on ilka face—
O where, in a' this weary warl',
 Can ye sic joys behold ?
I wadna gie my ain fireside
 For tons o' purest gold !

At night, wi' a' thing aff oor han's,
 Around the fire we draw,
United in the bonds o' love—
 Sae happy ane an' a' ;
A lauchin' bairnie on my knee,
 Its airms about me thrown,
I wadna swap firesides wi' him
 That sits on Britain's throne !

FIOS CHUN A' BHAIRD.

Le Uilleam Mac Dhun-shleibhe.

Tha mhadainn soilleir grianach,
  'S a' ghaoth 'n iar a' ruith gu réidh ;
Tha 'n linne sleamhuinn, sìochail,
  O'n a chiùinich strì nan speur ;
Tha 'n long 'na h-éideadh sgiamhach,
  'S cha chuir sgìos i dh' iarraidh tàimh,
Mar a fhuair 's a chunnaic mise.
    Toirt an fhios so chun a' Bhàird ;
      Thoir am fios so chun a' Bhàird ;
      Thoir am fios so chun a' Bhàird ;
  Mar a fhuair 's a chunnaic mise,
    Thoir am fios so chun a' Bhàird.

So crùnadh mais' a' mhìos,
  'San téid do 'n dìthreabh treudan bhò,
Do ghlinn nan lagan uaigneach,
  Anns nach cuir 's nach buainear pòr,
Leab-ìnnse buar nan geum,
  Cha robh mo roinn diubh 'n dé le càch,
Mar a fhuair 's a chunnaic mise :
    Thoir am fios so chun a' Bhàird.

Tha miltean spréidh air faichean ;
  'S caoraich gheal air creachainn fhraoich ;
'S na féidh air stùcan fàsail
  Far nach truaillear làr na gaoith ;
An sìolach fiadhaich, neartmhor,
  Fliuch le dealt na h-oiteig thlàth ;
Mar a fhuair 's a chunnaic mise :
    Thoir am fios so chun a' Bhàird.

TIDINGS TO THE BARD.

The morning's fair and sunny;
  The west wind softly blows,
O'er smooth and peaceful haven
  Since the skiey strifes repose;
The gay-clothed ships are sailing
  Which no weariness retard;
What I hear and see around me
  Bear as tidings to the Bard.
    Tell the tidings to the Bard;
    Tell the tidings to the Bard;
All I hear and see around me
  Bring as tidings to the Bard.

Beneath the month's bright coronet
  The lowing herds now go
To glens and lonely valleys,
  Where no crop will ever grow;
But my kine have left the meadows,
  And my calves the grassy sward;
All I hear and see around me
  Bring as tidings to the Bard.

While cattle spot the valleys,
  And sheep the heather braes,
The wild deer deck the high wastes
  Where the breeze still keenly strays,
Their herd in early morning
  Proudly tread the mountains hard;
What I hear and see around me
  Bring as tidings to the Bard.

Tha'n còmhnard 's coirean garbhlaich,
　Còrs na fairg 's gach gràinnseach réidh,
Le buaidhean blàths na h-iarmailt,
　Mar a dh' iarramaid gu léir.
Tha 'n t-seamair fhiadhain 's neòinein,
　Air na lòintean feòir fo'm blàth,
Mar a fhuair 's a chunnaic mise :
　Thoir am fios so chun a' Bhàird.

Na caochain fhìor-uisg luath
　A' tighinn a nuas o chùl nam màm,
Bho lochain ghlan gun ruadhan,
　Air na cruachan fad o'n tràigh.
Far an òl am fiadh a phailteas,
　'S bòidheach ealtan lach 'gan snàmh,
Mar a fhuair 's a chunnaic mise :
　Thoir am fios so chun a' Bhàird.

Tha Bogha-mòr an t-sàile
　Mar a bha le reachd bith-bhuan ;
Am mòrachd maise nàduir
　'S a cheann-àrd ri tuinn a' chuain ;
A riombal geal seachd mìle,
　Gainmhean sìobt' o bheul an làin,
Mar a fhuair 's a chunnaic mise :
　Thoir am fios so chun a' Bhàird.

Na dùilean, stéidh na cruitheachd,
　Blàths is sruithean 's anail neul,
Ag altrum lusan ùrail,
　Air an luidh an driùchd gu sèimh ;
Nuair a thuiteas sgàil na h-oidhche.
　Mar gu'm b' ann a' caoidh na bhà,
Mar a fhuair 's a chunnaic mise :
　Thoir am fios so chun a' Bhàird.

The meadows and the mountains,
　The ploughland by the sea,
Are, under Heaven's good blessing,
　As we'd wish them all to be.
The clover and the daisy
　Bedeck the dewy sward ;
What I hear and see around me
　Bring as tidings to the Bard.

The clear and gurgling streamlets
　Gaily, down the hill-side, play,
And leave their rock-girt lakelets
　Far retired from surging bay ;
There the deer can drink in plenty,
　And the wild duck chase the pard ;
What I hear and see around me
　Bring as tidings to the Bard.

Bowmore, with ages hoary,
　Crowns the seaside, bold and brave,
Ever decked in charms of nature,
　Fearlessly it meets the wave.
Standing mid its sandy circlet
　Like a sentinel on guard ;
What I hear and see around me
　Bring as tidings to the Bard.

The ever-changing elements,
　Bright streams and balmy sky,
The tender flowerets nurture,
　Where the gentle zephyrs sigh,
All lulled to sleep at gloaming
　With the dew-drops for reward ;
What I hear and see around me
　Bring as tidings to the Bard.

Ged a roinneas gathan gréine,
  Tlus nan speur ri blàth nan lòn,
'S ged a chithear spréidh air àirigh,
  Is buailtean làn de dh' àlach bhò,
Tha ILE'n diugh gun daoine,
  Chuir a' chaor a bailtean fàs,
Mar a fhuair 's a chunnaic mise :
  Thoir am fios so chun a' Bhàird.

Ged thig ànrach aineoil
  Gus a' chala, 's e 'sa cheò,
Cha 'n fhaic e soills o'n chagailt
  Air a' chladach so na's mò ;
Chuir gamhlas Ghall air fuadach
  Na tha bh' uainn 's nach till gu bràth,
Mar a fhuair 's a chunnaic mise :
  Thoir am fios so chun a' Bhàird.

Ged a thogar feachd na h-Albann,
  'S cliùiteach ainm air faich an àir,
Bithidh bratach fhraoich nan Ileach
  Gun dol sìos g'a dìon le càch ;
Sgap mì-run iad thar fairge,
  'S gun ach ainmhean balbh 'nan àit,
Mar a fhuair 's a chunnaic mise :
  Thoir am fios so chun a' Bhàird.

Tha tighean seilbh na dh' fhàg sinn,
  Feadh an fhuinn, nan càrnan fuar ;
Dh' fhalbh 's cha till na Gàidheil ;
  Stad an t-àiteach, cur is buain ;
Tha stéidh nan làrach tiamhaidh
  A' toirt fianuis air 's ag ràdh,
Mar a fhuair 's a chunnaic mise :
  " Leig am fios so chun a' Bhàird."

Though sunbeams still distribute
  Light and heat to far and near,
Though still at eve the fold is seen
  With calves they fondly rear.
Yet men grow scarce in Islay,
  And sheep find more regard ;
What I hear and see around me
  Bring as tidings to the Bard.

If now a stranger voyager
  Should to our shores draw nigh,
Not many bright hearths blazing
  Would greet his wistful eye ;
Oppression wrecked the homesteads
  And naught but spoilers marred—
What I hear and see around me
  Bring as tidings to the Bard.

Though Albin's host should gather
  To the famous field once more,
The heather badge of Islay
  Would shine not as of yore ;
The heroes have been banished
  By those for whom they warred—
What I hear and see around me
  Bring as tidings to the Bard.

Their old, abandoned steadings
  Like cold cairns mark the land ;
Oh, the Gael are gone for ever,
  And their farm-work's at a stand ;
Their lonely ruins mouldering
  Ever claim our fond regard—
What I hear and see around me
  Bring as tidings to the Bard.

Cha chluinnear luinneag òighean ;
  Séisd nan òran air a' chléith ;
'S cha 'n fhaicear seòid, mar b' àbhaist,
  A' cur bàir air faiche réidh ;
Thug ainneart fògraidh bhuainn iad ;
  'S leis na coimhich buaidh mar 's àill ;
Leis na fhuair 's na chunnaic mise,
  Biodh am fios so aig a' Bhàrd.

Cha'n fhaigh an déirceach fasgadh ;
  No 'm fear astair fois o sgìos ;
No soisgeulach luchd-éisdeachd ;
  Bhuadhaich eucoir, Gaill is cis,
Tha'n nathair bhreac 'na lùban
  Air na h-ùrlair far an d' fhàs
Na fir mhòra chunnaic mise :
  Thoir am fios so chun a' Bhàird.

THUG MI GAOL DO'N FHEAR BHAN.

Thug mi gaol, thug mi gaol,
  Thug mi gaol do'n fhear bhàn ;
Agus gealladh dhuitse, luaidh ;
  O, cha dual dhomh bhi slàn.

Chaidh am bàta troimh 'n chaol
  Leis na daoine Di-màirt ;
'S mise phàigh am faradh daor,
  Bha ma ghaol air a clàr.

Chunnacas long air a' chuan,
  'S i cur suas nan seòl àrd ;
Nuair a dhiùlt i cur mu'n cuairt
  Bha mo luaidh's air an t-snàmh.

The maiden's voice is silent ;
  And wide scattered is the band
Of lads, who oft assembled
  With their shinty in their hand ;
While Saxons lease wide acres,
  The Celt's refused a yard—
What I hear and see around me
  Bring as tidings to the Bard.

The needy finds no shelter,
  Nor the weary rest at eve ;
The preacher finds no people
  His glad message to receive.
The spotted snake is twining
  On the hearth round which was heard
The stirring tales of heroes—
  Bring these tidings to the Bard.

O, I LOVED THE FAIR LAD.

To my fair sailor lad
  I gave love most sincere,
And I promised his to be,
  But my life now is drear.

'Twas on Tuesday afternoon
  That the ship left the bay ;
For that voyage sore I paid,
  When my love sailed away.

As they raised the canvas hoar,
  A fierce squall struck amain ;
Then my lover lost his hold,
  And was ne'er seen again.

Tacan mu'n do laigh a' ghrian
  Bha mi'm fianuis mo ghràidh ;
Tha e nis an grùnnd a' chuain ;
  O! gur fuar àite tàimh.

Bha mi bruadar an raoir
  A bhi'n coibhneas rim' ghràdh ;
'S nuair a thug e riùm a chùl
  Shil mo shùilean gu làr.

Bha mi deas is bha mi tuath ;
  Bha mi 'n Cluaidh uair no dhà ;
Dheth na chunna mi fo'n ghréin,
  Thug mi spéis do'n fhear bhàn.

Cha teid mise thigh a' chiùil ;
  Thuit mo shùgradh gu làr,
Bho'n a chualas thusa, rùin,
  Bhi 'sa ghrùnnd far nach tràigh.

MO CHAILIN DILEAS DONN.

Gu ma slàn a chì mi
  Mo chailin dìleas donn ;
Bean a' chuailein réidh
  Air an deise dh' éireadh fonn ;
'Si cainnt do bheòil bu bhinne leam
  An uair bhiodh m'inntinn trom ;
'S tu thogadh suas mo chrìdh
  Nuair a bhiodh tu bruidhinn rium.

But a few short hours before,
  I held converse with thee ;
Thou art now asleep, my love,
  'Neath the cold, cruel sea.

Yesternight, when in a dream,
  To my love I was nigh ;
But at dawn the vision fled,
  And I waked with a sigh.

I have been to foreign lands,
  I have sailed far and near ;
But I never yet saw one
  I'd compare with my dear.

Life is reft of all its joys,
  I shall ne'er smile again ;
Since my own, my sailor lad,
  Sleeps for aye 'neath the main,

MY FAITHFUL AUBURN MAID.

Oh, happy may I see thee,
  My calin deelis donn ;
With wavy auburn ringlets,
  And voice of sweetest tone !
Thy pleasing words oft cheered me,
  And raised my heart when sad ;
Thy converse, like sweet music,
  My spirits would make glad.

Gur muladach a tà mi,
  'S mi nochd air àird a' chuain ;
'S neo-shunndach mo chadal dhomh,
  'S do chaidreamh fada bhuam ;
Gur tric mi ort a' smaointeach',
  As t'aogais tha mi truagh ;
Is mur a dean mi t'fhaotainn,
  Cha bhi mo shaoghal buan.

Sùil chorrach mar an dearcag
  Fo'n rosg a dh' iathas dlùth ;
Gruaidhean mar na caorann
  Fo'n aodann tha leam ciùin ;
Mur d'aithris iad na breugan
  Gu'n d'thug mi féin duit rùn,
'S gur bliadhna leam gach latha
  Bho 'n uair a dh' fhàg mi thu.

Tacan mu'n do sheòl sinn,
  Is ann a thòisich càch
Ri innseadh do mo chruinneig-sa
  Nach tillinn-sa gu bràth ;
Na cuireadh sud ort gruaimean,
  A luaidh, ma bhios mi slàn,
Cha chum dad idir uait mi
  Ach saighead chruaidh a' bhàis.

Tha'n t-snaim a nise ceangailte,
  Gu daingeann is gu teann ;
'S e their luchd na fanaid rium
  Nach eil mo phrothaid ann ;
Am fear aig am bheil fortan,
  Tha crois aige 'na cheann ;
'S tha mise taingeil, toilichte,
  Ged tha mo sporan gann.

My heart is torn with anguish
   This night upon the sea,
And restless are my slumbers
   Since far away from thee.
How oft my thoughts entwine thee,
   Though absent from my view !
And if I may not claim thee,
   My days shall be but few.

Beneath thy pencilled eyebrows
   Are eyes like berries blue ;
Thy cheeks are like the rowans
   Of red and ripest hue ;
I will confess with gladness
   That I this maid adore ;
Each day has seemed a year
   Since we parted on the shore.

A while before we parted
   They sought to grieve thee sore,
And said unto my maiden
   I should return no more.
Heed not their cruel slander ;
   My love, if naught betide,
I'll come again to see thee,
   And claim thee for my bride.

The knot is tied securely
   That binds me to my dear,
Though mocking foes are saying
   'Twill bring me little gear.
The man who weds a fortune
   Its cross has oft to bear,
So I am quite contented
   Although my purse be spare.

SUAS LEIS A' GHAIDHLIG!

Le Donnachadh Mac Ille-ruaidh.

Seis :—Togaibh i, togaibh i, cànain ar dùthcha ;
Togaibh a suas i gu h-inmhe ro chliùiteach ;
Togaibh gu daingeann i, 's bithibh rith bàigheil ;
Hì ho-ro, togaibh i ; Suas leis a' Ghàidhlig !

'Si cànain na h-òige, b' i cànain na h-aois,
B'i cànain ar sìnnsir, b' i cànain an gaoil ;
'S ged tha i nis aosd, tha i reachdmhor is treun ;
Cha do chaill i a clìth 's cha do strìochd i fo bheum.

Tha mòr-shruth na Beurla a' bagradh gu cruaidh
Ar cànain 's ar dùthchas a shlugadh a suas ;
Ach seasamaid dìleas ri cànain ar gaoil,
Is cha'n fhaigh i am bàs gu ruig deireadh an t-saoghail.

A Chlanna nan Gàidheal, bithibh seasmhach is dlùth ;
Ri guaillibh a chéile a' cosnadh gach cliù,
O ! seasaibh gu dìleas ri cànain ur gràidh,
'S na trèigibh a' Ghàidhlig a nis no gu bràth.

O ! togaibh a bratach gu h-àrd anns an tìr ;
'S biodh litrichean maireannach sgrìobht' air gach crìdh—
Cha tréig sinn a' Ghàidhlig, cha tréig sinn r' ar beò
Cànain mhùirneach ar dùthch', gus an caill sinn an deò.

GAELIC RALLYING SONG.

CHORUS :—Steadily, steadily, rise in your glory ;
    Bear up your banner so famous in story ;
      Rally around it from distant and nighlands,
      Long live our Gaelic ; Hurrah for the High-
      lands :

The flood-gate of English is open full wide,
And threatens our Gaelic to drown in its tide ;
    But we will stand true to the tongue we adore,
    And never forsake it till Time is no more.

Ye sons of the Highlands, your swords wave on high,
And shoulder to shoulder, we'll conquer or die ;
    "A suas leis a' Ghàidhlig " our slogan shall be,
    Now forward, my comrades, ye sons of the free.

Now bear up your banner full high in the breeze,
And here let us vow, as we bend on our knees,
    We ne'er shall desert the dear tongue of the brave
    Till, sleeping in death, we are laid in the grave.

A' CHOINNEAMH.

Rannan do Mhairearad Nic Ruiseirt nighean òg a bha chòmhnuidh ann am Fas. Bha i anabarrach cliùiteach air son a bhi diadhaidh, ged a bha i air a meas lag ann am buadhan na h-inntinn. Bhiodh i tric ag innseadh d'a càirdean gu'm biodh aice ri coinneamh a chumail ris na h-ainglean air mullach nam beanntan, is bhiodh i mar so a' toirt làithean air falbh bho a dachaidh. Mu dheireadh dh' fhalbh i mar a b' àbhaist dhi agus an ceann na h-uiread làithean fhuaireas marbh i air mullach Sìth-chaill-ionn. Tha mu thimcheall lethcheud bliadhna o'na thachair so.

Nuair bha'm feasgar fada, fann,
  'Dùnadh stigh air srath is gleann,
Agus trusgan ciar na h-oidhch'
  'G iathadh dlùth air àird nam beann,

Thuirt a' mhaighdeann mhaiseach òg,
  " Feumaidh mise triall do'n bheinn,"
Chumail coinneamh aig an sgòrr,
  Ris na slòigh tha'n sud a' seinn.

" Thig is aontaich leinn 'nar ceòl ;
  Thig is buail a' chlàrsach bhinn ;
Meal an sonas tha ri òl ;
  Ann ar còir, thig maille ruinn."

Chual i guth tighinn nuas o neamh,
  Labhairt caomh ri 'spiorad fann,
" Thig is blais de'n abhainn shèimh,
  Tha sruth mu'n chraoibh is àillidh th'ann.

Dhìrich i ri beinn nan sian ;
  Ghabh i cead do thìr is cuan ;
Chaidh i suas le siubhal dian
  Bho'n ait 's nach d' fhuair i sonas buan.

THE MEETING.

The following is a translation of some Gaelic verses written on Margaret Ritchie, a young woman who lived in Fass. She was held in high esteem for her piety, although she was believed to be a little weak in the mind. She often told her parents that she had to meet the angels on the mountain top, and would sometimes be days from home. At last she went away as usual, but was found dead a few days afterwards on the top of Schiehallion. It is over fifty years since the incident happened.

As the evening shadows closed
  O'er each fertile strath and glen,
And the night's dark shades reposed
  On the peak of yonder ben—

Said the maiden, young and fair,
  " I must climb the mountain heights,
And hold sweet communion there
  With a band of angels bright."

" Come and join our happy choir ;
  Come and strike our harps of gold ;
Here partake your heart's desire—
  Bliss no mortal can unfold."

Then a voice fell on her ear
  Full of sweetness and repose—
" Come and taste the water clear
  By the Tree of Life which flows."

Quick she climbed with footstep light ;
  Bade farewell to earth and sea,
And beheld a glorious sight
  Far above earth's misery.

Có iad sud tha teachd 'na còir,
   Troimh na neòil air sgiathan luath ?
Ainglean Dhé is iad 'nan glòir,
   Dealradh mar na reultan shuas.

Thog iad suas le iolach mòr
   Oran nuadh bha aoibhneach grinn ;
" Sìth do'n chinne-daonn, is glòir
   Gu h-àrd do Dhia o linn gu linn."

Thuit i air an làr 'na suain,
   'S fuaim a' chiùil bha binn 'na cluais ;
Cha dùisg i suas gu latha luain ;
   As a pràmh gu bràth cha ghluais.

Nuair chaidh 'n sealgair mach air tòir
   A' mhadaidh-ruaidh a bh' air a' bheinn,
Fhuair e'n ainnir aig an sgòrr,
   Far an cual' i 'n ceòl 'ga sheinn.

B'e sneachd nan sliabh a léine bhàis ;
   A marbhrann sheinn an osag ghrinn ;
Bha ghaoth a' giulan fonn an dàin
   Le fuaim bha gràdhach agus grinn.

DUAN DO CHLOINN DIARMAID.

AIR FONN—" *Is toigh leam a' Ghaidhealtachd.*"

Fhine mo shluaigh-sa bha buadhmhor is treun,
Tha dol an comh-bhoinn mar Chomunn leibh féin,
   Togaibh a' bhratach, is cumaibh a suas
   An cliù fhuair bhur sinnsir 's an tim a chaidh bhuainn.

Nuair chaidh Albainn a stéidheach le Raibeart an àigh,
'S gach nàmhaid 'na h-aghaidh chaidh leagail gu làr ;
   Earra-ghàidheal 'sa chuideachd bha'n toiseach na strì
   A bhuidhinn na buaidh ud bhios buan gus a' chrìoch.

Who are these now drawing nigh,
  Through the clouds with rapid flight ?
Angels from the heavens high,
  Shining mid the stars of night.

On their harps they sweetly play ;
  Hark the glorious refrain ;
" Glory be to God for aye,
  Peace on earth, goodwill to men."

Raptured by this lofty strain,
  To the ground she fainting fell,
Never to awake again
  Till she hears the judgment knell.

Roaming o'er the mountain steep
  There the wandering huntsman found
In a snowy winding sheet,
  Her fair form upon the ground.

As the gentle zephyrs blow,
  Soft they chant her requiem ;
Sighing winds in whispers low
  Love her virtues to proclaim.

ODE TO THE CLAN CAMPBELL.

O, clansmen beloved, victorious of old,
United by love cords that ever shall hold—
  Come raise up the standard, and seek to aspire
  To the fame of our fathers whose deeds we admire.

When Bruce raised his banner on Bannockburn's plain,
Our foes soon were scattered, nor rallied again ;
  Argyll and his clansmen were there in the van,
  Winning rights for the nation and fame for the Clan.

An linntibh na dhéidh sin 'n àm deuchainnean cruaidh,
Nuair bha feum aig an Rìoghachd air seasmhachd a sluaigh ;
   An coguis 'ga saltairt, an saors' ga toirt uap'
   Dhòirt Ceannaird ar fine an cridhe chum buaidh.

Nuair dh' éirich an Fhraing is a h-Iompaire suas,
Is Breatann a' tional 's a cruinneach a sluaigh
   Air thùs is air thoiseach bha cinneach mo ghaoil—
   Am Barrbreac 's Loch-nan-eala thog buidheann an t-aon.

'S aig Alma nuair ghlaodh Sir Cailean nam buadh
"An Gàidheal gu bràth cha till anns an ruaig,"
   Cha mhò a thill iadsan ach dhìr iad an àird
   'S am mach air a' mhullach fhuair buaidh anns a' bhlàr.

'S nuair thionndaidh na h-Innsean 's a miltean cho borb,
'S gach gnìomh a bha oillteil an-iochdmhor nan lorg,
   Ar luchd-dùthcha 's iad dùinte an Lucknow a' bhròin,
   Thug Sir Cailean am mach iad le caithream 's le ceòl.

Cha'n eil fios ciod bheir latha no oidhche mu'n cuairt,
Tha dleasdnais air thoiseach oirnn uile gach uair,
   Am beagan 's am mòran gu'n deanamaid strì
   Chum math ar luchd-dùthcha 's chum saorsa ar tìr.

Gach clachag 's an aitreabh co beag is gu'm bi,
Bheir taic do chloich eile is motha na i ;
   Mar sin biodh gach aon againn cumail an àird
   Ar dùthcha, ar canain is Comuinn ar gràidh.

In ages long after, with troubles on hand,
True courage was needed by all in the land,
    For conscience was outraged—our rights were ignored,
    Our Chiefs shed their heart's blood, and freedom re-
        stored.

When France and her legions sought Europe to wreck,
Britannia sent armies to hold them in check,
    Our kinsmen were foremost in battle array—
    Lochnell and Barbreck were the first in the fray.

At Alma, Sir Colin, when climbing that steep,
Cried, " Highlanders never were known to retreat,"
    Nor did they at this time, but soon reached the crown,
    And won for the regiment lasting renown.

When India's thousands in mutiny rose,
Dark deeds were then heard of, our heart's blood that
        froze,
    Our people in Lucknow's dark dungeons were found ;
    Sir Colin released them 'mid pibroch's sound.

To tell what is coming is not in our power,
And we all have life's battle to fight every hour ;
    But each may do something, whatever his sphere,
    For the land that we love and the name we revere.

Each stone in the structure, though ever so small,
May hold up a larger, and strengthen the wall ;
    So, shoulder to shoulder, united we stand,
    For kindred and language and dear fatherland.

AN GILLE DUBH CIAR DUBH.

Cha dìrich mi bruthach 's cha shiubhail mi mòinteach,
Gu'n d' fhalbh mo ghuth cinn-sa 's cha seinn mi òran ;
Cha chaidil mi uair o'n Luan gus an Dòmhnach,
    'S an gille dubh ciar-dubh a' tighinn fo m'ùidh.

Is truagh nach robh mise 's an gille dubh ciar dubh,
An aodann na beinne fo shileadh nan siantan ;
An lagan beag fàsaich no'n àit-eigin diomhair ;
    'S cha ghabh mi fear liath 's e tighinn fo m'ùidh.

Mo ghille dubh bòidheach, ge gòrach le càch thu,
Gu'n deanainn do phòsadh a dh' aindeòin mo chàirdean,
Is shiùbhlainn leat fada feadh lagan is fhàsach ;
    'S cha ghabh mi fear liath 's thu tighinn fo m'uidh.

Is luaineach mo chadal o mhadainn Di-ciadain ;
Is bruaileanach m'aigne mur furtaich thu, chiall, orm,
'S mi 'n raoir gun lochd cadail, cha 'n fhad gus an liath mi ;
    'S an gille dubh ciar dubh a' tighinn fo m'ùidh.

ORAN SEACHRAN SEILG.

LE DONNACHADH BAN MAC-AN-T-SAOIR.

SEIS :—Chunna mi'n damh donn 's na h-éildean,
        Dìreadh a' bhealaich le chéile :
    Chunna mi'n damh donn 's na h-éildean.

'S mi tearnadh á Coire-cheathaich,
'S mòr mo mhighean 's mi gun aighear
Siubhal frìthe rè an latha,
    Thilg mi na spraidhe nach d' rinn feum dhomh.

THE BONNIE DARK LADDIE.

I climb not the mountain, when dawn is awaking,
My heart filled with sorrow, is tuneless and aching,
I toss on my pillow, till daylight is breaking,
   In thoughts, my dear laddie, I'm ever with thee.

My bonnie dark laddie, O, could we but wander
In yonder green valley where streamlets meander ;
To rank or to riches I never will pander—
   My bonnie dark laddie's aye constant to me.

My gallant dark laddie, though others deride thee,
I'd choose not another, believe me, beside thee,
I'd wed thee to-morrow, though kinsfolk should chide me,
   O, take me, dear laddie, your darling to be !

Dejected with sorrow, I long for my dearie,
Alone I am pining, of life I am weary,
O, come then, dear laddie, to comfort and cheer me—
   There's naught in the wide world to live for but thee !

THE LUCKLESS HUNTER.

Chorus :—I beheld the deer and hinds
       Lightly climb the pass together ;
     How they sniffed the gentle wind,
     As they trod the purple heather.

  Great my grief and small my joy
  As I left the misty corry,
  Blazing powder in the air—
    'Twas, indeed, a luckless foray.

E

Ged tha bacadh air na h-armaibh,
Ghleidh mi'n Spàinteach thun na sealga,
Ged a rinn i orm de chearbaich,
    Nach do mharbh i mac na h-éilde.

Nuair a dh' éirich mi 'sa mhadainn,
Chuir mi innte fùdar Ghlascho,
Peileir teann is tri puist Shas' nach,
    Cuifean asgairt air 'na dhéidh sin.

Bha 'n spor ùr an déis a breacadh,
Chuir mi ùille ris an acfhuinn,
Eagal driùchd bha mùtan craicinn,
    Cumail fasgaidh air mo chéile.

Laigh an eilid air an fhuaran,
Chaidh mi farasta mu'n cuairt di,
Leig mi'n deannal ud m'a tuairmse,
    Leam is cruaidh gu'n d' rinn i éirigh.

Ràinig mise taobh na bruaiche,
'S chosg mi rithe mo chuid luaidhe ;
'S nuair a shaoil mi i bhi buailte,
    Sin an uair a b' àirde 'leum i.

'S muladach bhi siubhal frìthe,
Ri la gaoith', is uisg', is dìle,
'S òrdugh teann ag iarraidh sìthne,
    Cur nan giomhanach 'nan éiginn.

'S mithich tearnadh do na gleannaibh
O'n tha gruamaich air na beannaibh,
'S ceathaich dùinte mu na meallaibh
    A' cur dallaidh air ar léirsinn.

Bidh sinn beò an dòchas ro-mhath,
Gu'm bi chùis na's fhearr an ath la' ;
Gu'm bi gaoth, is grian, is talamh,
    Mar is math leinn air na sléibhtibh.

I my Spanish gun retain,
Despite those laws* which press us sadly.
Though to-day she proved untrue—
    Grieved my soul—she missed so badly.

In the morn I cleaned my gun
And with Glasgow powder loaded ;
Wad of tow, and bullet tight—
    Till the barrel nigh exploded.

Carefully I dressed the flint,
And the lock with oil anointed ;
For to keep my partner dry,
    A cloak of skin I then appointed.

Cautiously I stalked the hind,
As she lay by yonder fountain,
Fired my shot—when, lack-a-day,
    Up she rose to climb the mountain.

Yes, I spent on her my shot,
And I thought I saw her quiver ;
I had hoped to see her fall
    But she higher leaped than ever.

Sad to tread the forest drear
When the storm doth rain and rattle,
" Ordered " venison to find—
    Puts the hunter on his mettle.

But I now must seek the glen ;
Mountain paths grow grim and eerie,
And all the hills are robed in gloom,
    And with mist my eyes are bleary.

But we'll live this night in hope
Of a bright and better morrow—
Sun and wind—with better luck,
    Shall quickly banish all our sorrow.

* The Disarming Act of 1746, forbidding Highlanders to carry guns.

Bithidh an luaidh ghlas 'na deannaibh,
Siubhal reidh aig conaibh seanga ;
'S an damh donn a' sileadh fala,
    'S àbhachd aig na fearaibh gleusda !

MO NIGHEAN CHRUINN, DONN.

Dh' fhalbh mo nighean chruinn, donn,
    Uam, do'n Iùraidh ;
Dh' fhalbh mo nighean chruinn, donn,
Cneas mar eal' air bhàrr thonn,
Och is och ! mo nighean donn,
    Dh' fhàg mi-shùnnd orm.

'S truagh nach robh mi 's mo ghaol
    Ann an gleann cùbhraidh ;
'S truagh nach robh mi 's mo ghaol
Ri h-uisg' ann 's ri gaoith ;
'S fo shileadh nàn craobh
    Bhitheamaid sùnndach.

Na'm biodh agamsa spréidh
    Bhithinn glé chùirteil,
Na'm biodh agamsa spréidh
Feadh bheann is feadh shléibh,
B' ùr a gheibhinn thu féin,
    S' cha bu chéil' ùmpaidh.

Ged tha thusa an dràsd'
    Ann an gleann Iùraidh,
Ged tha thus' ann an tàmh,
Tha d' aigne fo phràmh,
Agus mise gun stàth,
    Le do ghràdh ciùrrta.

Then with hounds we'll chase the deer,
Every bullet death shall carry ;
And the deer's heart-blood shall flow
    Till the hunters all are merry.

MY NEAT AUBURN MAID.

Since my loved one has gone
    I am dreary !
Since my loved one has gone,
Who was sure as the swan,
Here I'm sighing all alone,
    Sad and weary.

Were I now with my love,
    Freely roaming ;
Were I now with my love,
'Neath the shade of the grove,
To hear the cooing dove
    In the gloaming.

Had I sheep on the hill
    I might woo thee ;
Had I sheep on the hill,
By each fountain and rill,
Then of thine own free will
    Thou would'st choose me.

Thou are now far away
    In Glen Iuray ;
Thou art now far away—
Sad by night and by day—
While here I pine alway,
    Naught can cure me !

Bheir mo shoraidh le gràdh
    Uam do'n Iùraidh ;
Bheir mo shoraidh le gràdh
Dh' fhios na h-òigh rinn mo chràdh ;
'S o nach math leath' mar thà
    Tha i féin tùrsach.

Cha 'n eil aice mar chéil'
    Ach am fior ùmpaidh,
Chan 'n eil aice mar chéil',
Ach sean bhodach gun spéis,
'S e mar ghearran o fhéill—
    Doirbh, breun, brùideil !

GRADH GEAL MO CHRIDH'.

From the " Songs of the Hebrides," by kind permission
    of Rev. Kenneth Macleod, Colonsay.

Bheir mi oro bhan ó,
Bheir mi oro bhan i,
Bheir mi oru o hó,
'S mi tha brònach 's tu'm dhìth.

'S iomadh oidhche fliuch is fuar,
Ghabh mi cuairt is mi leam fhin,
Gus na d' ràinig mi'n t-àit,
Far'n robh gràdh geal mo chrìdh'.

'Na mo chlàrsaich cha robh ceòl,
'Na mo mheoirean cha robh àgh,
Rinn do phògsa mo leon,
Fhuair mi Eolas an dàin.

Gur tu m'òige is mo rùn,
Mo ré-iùil thu anns an oidhch',
Tha mo dhrùidheachd ad' shùil,
Tha mo chiurradh ad' loinn.

Bear my love to the maid,
    Once so cheerful ;
Bear my love to the maid,
Whom I'll never upbraid,
For now she's lowly laid,
    Sad and tearful.

'Tis an old carl, I hear,
    Wooed my maiden ;
'Tis an old carl, I hear,
With his gold and his gear ;
And now he's left my dear
    Sorrow-laden.

FAIR LOVE OF MY HEART.

Bheir mi oro bhan o,
Bheir mi oro bhan i,
Bheir mi oru o ho,
Sad am I without thee.

Many a night both wet and cold
Did I go in search of thee,
Till I reached the abode,
Of my " gradh geal mo chridh."

In my harp there was no song,
And my fingers tuneless grew,
Thy false vow pierced my soul,
Lovely maid but untrue.

Thou wert once my guiding star,
All life's joys thou wert to me,
Thou bewitched me 'tis true,
Now my life rests with thee.

PART II.

ENGLISH-GAELIC.

O, WHISTLE AND I'LL COME TO YOU, MY LAD.

(By ROBERT BURNS).

O, whistle an' I'll come to you, my lad,
O, whistle an' I'll come to you, my lad,
Tho' faither an' mither an' a' should gae mad,
O, whistle an' I'll come to you, my lad.

But warily tent, when ye come to court me,
And come na unless the back-yett be a-jee ;
Syne up the back-style, and let naebody see,
And come as ye were na comin' to me.
　　　　　　　　　　O, whistle, etc.

At kirk or at market, whene'er ye meet me,
Gang by me as though ye car'd na a flee ;
But steal me a blink o' your bonnie black e'e,
Yet look as ye were na lookin' at me.
　　　　　　　　　　O, whistle, etc.

Aye vow and protest that we care na for me,
And whiles ye may lightly my beauty a wee,
But court na anither, though jokin' ye be,
For fear that she wile your fancy frae me.
　　　　　　　　　　O, whistle, etc.

" DEAN FEAD IS THIG MISE."

Dean fead is this mise ga d'ionnsaidh a luaidh,
Dean fead is thig mise ga d'ionnsaidh a luaidh,
Biodh m' athair 's mo mhàthair 's na càirdean an gruaim,
Dean fead is thig mise ga d'ionnsaidh a luaidh.

A' tarruing ga m' fhaicinn, bi faicilleach, ciùin
'S na tig nuair a chì thu a' chachleith dùint',
Gabh nìos am frith-rath'd is ceil air gach sùil
Gu 'm bheil thu a' tighinn ga m' fhaicinn-sa 'rùin.

Aig féill no 'sa chlachan ged chì thu mi ann,
Na seas rium a bhruidhinn, 's na crom rium do cheann,
Thoir sùil thar do ghualainn 's rach seachad le deann ;
'S na gabh ort gu 'n d' aithnich thu idir co bh' ann.

Gur coma leat mise, sìor àicheidh gu dlùth
'S ma 's fheudar e, labhair gu tàireil mu m' ghnùis,
Ach feuch ri té eile nach tog thu do shùil—
Air eagal 's gu'n tàlaidh i thusa a rùin.

JOCK O' HAZELDEAN.
(By Sir WALTER SCOTT).

Why weep ye by the tide, ladye ?
  Why weep ye by the tide ?
I'll wed ye to my youngest son,
  · And ye shall be his bride.
And ye shall be his bride, ladye,
  Sae comely to be seen—
But aye she loot the tears doon fa'
  For Jock o' Hazeldean.

Now let this wilfu' grief be done,
  And dry that cheek so pale ;
Young Frank is chief of Errington
  And Lord of Langlydale.
His step is first in peacefu' ha',
  His sword in battle keen—
But aye she loot the tears doon fa'
  For Jock o' Hazeldean.

A chain of gold ye shall not lack,
  Nor braid to bind your hair,
Nor mettled hound, nor managed hawk,
  Nor palfrey fresh and fair,
And you, the foremost o' them a',
  Shall ride our forest queen—
But aye she loot the tears doon fa'
  For Jock o' Hazeldean.

The kirk was decked at morning tide,
  The tapers glimmered fair ;
The priest and bridegroom wait the bride,
  The dame and knight are there.
They sought her both by bower and ha',
  The ladye was not seen—
She's ower the Border and awa'
  Wi' Jock o' Hazeldean.

FEAR LAG-NAN-CNO.

C'arson, a ghaoil tha 'n deur ad' shùil,
  'S thu tùrsach taobh na tràigh' ?
Do m' mhac is òige bheir mi thu,
  'S gu mùirneach gheibh thu 'làmh.
Gu mùirneach gheibh thu 'làmh gun dàil,
  'S air d' àilleachd cha tig sgleò ;
Ach thuit a deuraibh goirt gu làr,
  Air sgàth fear Lag-na-cnò.

Leig dhiot am bròn, a mhàldaig chaoimh,
  Is siab a thaobh do dheòir ;
Mo mhac tha 'n seilbh air fearann saor,
  'S tha aige maoin gu leoir ;
Ged tha e ciùin an talla sìth,
  'S an stri tha e mar leògh'n ;
Ach thuit a deuraibh goirt gu làr,
  Air sgàth fear Lag-nan-cnò.

Bidh agad airgiod agus òr
  Is steud-each bòidheach, treun ;
Bidh agad gille ni do dheoin
  Mar dh' òrduicheas tu féin.
Air reul nan òg bhan bheir thu barr,
  'Cur oirre sgàil le d' ghlòir ;
Ach thuit a deuraibh goirt gu làr,
  Air sgàth fear Lag-nan-cnò.

Gun dàil chaidh banais 'chur air bonn,
  'S bha fonn air sean is òg ;
Bha'm fiùran grinn an sin, 'sa chléir,
  Ach sgeul cha robh mu'n òigh.
Ged chaidh a h-iarraidh bhos is shuas,
  Gun bhuannachd bha an tòir ;
'Sa mhadainn mhoich rinn ise triall,
  Le 'ciall, fear Lag-nan-cnò,

THE MARINER, or WILLIE'S ON THE DARK BLUE SEA.

My Willie's on the dark blue sea,
   He's gone far o'er the main ;
And many a weary day will pass
   Ere he'll come back again.

Then blow gently, winds, o'er the dark blue sea,
   Bid the storm king stay his hand,
And bring my Willie back to me,
   To his own dear native land.

I love my Willie best of all—
   He e'er was true to me ;
But lonesome, dreary are the hours
   Since first he went to sea.

There's danger on the waters now,
   I hear the blond-bills cry,
And moaning voices seem to speak
   From out the cloudy sky.

I see the vivid lightning's flash—
   And, hark, the thunder's roar !
Oh, Father ! save my Willie from
   The storm king's mighty power.

And as she spoke, the lightning ceased,
   Hushed was the thunder's roar ;
And Willie clasped her in his arms
   To roam the sea no more.

Now blow gently, winds, o'er the dark blue sea,
   No more we'll stay thy hand,
Since Willie's safe at home with me
   In his own dear native land,

AM MARAICHE.

Mo ghaol tha 'n dràsd measg chaoiribh bàn
    Air bhàrr nan tonnaibh uain' ;
'S cha dhùisgear aiteas ann am chrìdh',
    Gu crìoch a thurais cuain.

A Righ-nan-dùl O, séid gu ciùin
    'S na siùil an oiteag chaoin,
A bheir mo leannan dhachaidh slàn
    Gu broilleach blàth a ghaoil.

Do 'n mharaich' thug mi gaol mo chrìdh,
    Bha daonnan dìleas dhòmhs' ;
Ach 's cianail airtneulach gach uair
    On chaidh mo luaidh air bòrd.

Tha cunnart air a' chuan an dràsd',
    Cluinn guileag àrd nan ian,
Tha borbhanaich nan speuran dubh
    'Co-fhreagairt guth nan sian.

An cluinn thu 'n tairneanach a nis,
    Faic dealan clis nan speur ;
O, Athair dion mo leannan bochd,
    Bi leis an nochd 'na fheum !

A thiota laigh na siantan garbh,
    'S air fairge cha robh greann,
Is phaisg am maraiche a ghràdh
    Ri bhroilleach blàth, gu teann.

Ged shéideas doineann air a' chuan,
    Cha ghluaisear mi na 's mò
Mo leannan thainig dhachaidh slàn
    'S cha 'n fhàg e mi ri 'bheò.

MARY OF ARGYLL.

By C. Jefferys.

I have heard the mavis singing
  It's love-song to the morn,
I have seen the dew-drops clinging
  To the rose just newly born.
But a sweeter voice has cheered me
  At the evening's gentle close,
And I've seen an eye still brighter
  Than the dew-drop on the rose :
'Twas thy voice, my gentle Mary,
  And thy winsome, winning smile,
That made this world an Eden,
  Bonnie Mary of Argyll.

Though thy voice may lose its sweetness,
  And thine eye its brightness too,
Though thy step may lack its fleetness,
  And thy hair its sunny hue ;
Still to me thou wilt be dearer
  Than all this world shall own,
I have loved thee for thy beauty,
  But not for that alone ;
I have proved thy heart, dear Mary,
  And its goodness was the wile
That has made thee mine for ever,
  Bonnie Mary of Argyll.

MAIRI EARRAGHAIDHEAL.

O, chualam smeòrach bhòidheach
  Ri ceòl air madainn Chéit,
Is chunnam driùchd a' tuirling
  Air ùr-ròs tlàth 'sa ghréin.
Ach 's tric a dh' éisd mi brìodal
  O bheul is mìlse ceòl,
Is chunnam sùil is àillidh
  Na 'n driùchd air blàth an ròis—
O, 's e do ghuth 's do ghàire,
  'S do chridhe blàth gun fhoill
Rinn dhòmhsa 'n saogh'l 'na Phàrras
  A Mhairi Earraghaidheal.

A'd' shùil ged thigeadh fàilinn
  'S ged dh' fhàgadh sgairt do cheum,
Ged liath'dh do chiabhan òr-bhuidh',
  'S ged thréigeadh ceòl do bheul,
Cha lughdaicheadh mo spéis dhuit
  'S cha tréiginn thus a rùin.
Cha mhaise, mhain a' Mhàiri,
  A thàlaidh mi riut dlùth ;
O, 's e do ghean 's do ghàire
  'S do chridhe blàth gun fhoill
Thug dhòmh-sa còir gu bràth ort
  A Mhàiri Earraghaidheal.

WAE'S ME FOR PRINCE CHARLIE.
By William Glen.

A wee bird cam' to oor ha' door,
  It warbled sweet and clearly,
And aye the o'ercome o' its sang
  Was, " Wae's me for Prince Charlie."
O, when I heard the bonnie, bonnie bird,
  The tears cam' drappin' rarely ;
I took my bonnet aff my head,
  For weel I lo'ed Prince Charlie.

Quo' I, " My bird, my bonnie, bonnie bird,
  Is that a sang ye borrow ?
Are these some words ye've learnt by rote,
  Or a lilt o' dool an' sorrow ? "
" Oh, no, no, no ! " the wee bird sang,
  " I've flown sin' morning early,
But sic a day o' win' and rain—
  Oh, wae's me for Prince Charlie !

" On hills that are by richt his ain,
  He roves a lonely stranger ;
On ilka hand he's pressed by want,
  On ilka side by danger.
Yestre'en I met him in the glen,
  My heart maist bursted fairly,
For sadly changed, indeed, was he—
  Oh, wae's me for Prince Charlie !

" Dark night cam' on, the tempest howled
  Loud ower the hills and valleys ;
An' where was't that our Prince lay down,
  Wha's hame should be a palace ?
He row'd him in a Highland plaid,
  Which covered him but sparely,
An' slept beneath a bush o' broom—
  Oh, wae's me for Prince Charlie ! "

MO THRUAIGH PRIONNSA TEARLACH.

Gu m' fhàrdaich thàinig eun beag, binn,
  Is sheinn e fonn bha àlainn,
'S b' i so an t-séis a bha e luaidh
  " Mo chreach 's mo thruaigh Prionns' Teàrlach ! '
Nuair chuala mi an ealaidh bhròin.
Ghrad bhrùchd mo dheòir 's mi cràiteach,
Toirt ùmhlachd, chrom mi sios mo cheann
  'S mo chrìdh' an geall air Teàrlach.

Is thuirt mi " eoin is bòidhche snuadh,
  O, c'àite 'n d' fhuair thu t-òran,
Am bheil do chrìdh' air chìnnt fo leòn,
  No 'n ceòl so rinn thu fhòghlum ? "
" Cha'n é, cha'n é," ghrad sheinn an t-eun,
  " Air sgéith 's glé mhoch a dh' fhàg mi,
B'e sin an là le uisge 's fuachd,
  Mo chreach 's mo thruaigh Prionns' Teàrlach ! "

" Air feadh nam beann 's leis fhéin mar chòir
  Tha e gun treòir 'na fhòg'rach,
Fo mhi-ghean 's chùram tha an triath,
  'S an nàmh gu dian an tòir air,
Nuair chunnaic mi e 'n raoir 'sa ghleann
  Bha aogasg fann le ànradh,
'S cha mhòr nach d' fhàg sud mi gun tuar,
  Mo chreach 's mo thruaigh Prionns' Teàrlach ! "

Nuair chiar an là 'sa shéid a' ghaoth
  Measg ghleannan caol is stùcan,
O, c'àite 'n d' fhuair an t-òigear tàmh
  'Bu chòir bhi 'pràmh 'na lùchairt ?
'Na bhreacan-guaille laigh an laoch,
  Air leabaidh fhraoich 'san fhàsach,
Fo sgàile faoin nam preas 's nam bruach
  Mo chreach 's mo thruaigh Prionns' Teàrlach !

But now the bird saw some red-coats,
  An' shook his wings wi' anger—
" Oh, this is no' a land for me,
  I'll tarry here nae langer ! "
A while he hovered on the wing
  Ere he departed fairly.
But well I mind the farewell strain,
  Was, " Wae's me for Prince Charlie ! "

FAR AWAY.

Where is now the merry party
  I remember long ago,
Laughing round the Christmas fire,
  Brightened by its ruddy glow.
Or in summer's balmy evening,
  In the fields among the hay ?
They have all dispers'd and wandered
  Far away, far away.

Some have gone to lands far distant,
  And with strangers found their home,
Some upon the world of waters
  All their lives are forced to roam,
Some have gone from us for ever—
  Longer here they might not stay,
They have reached a fairer region
  Far away, far away.

There are still some few remaining,
  Who remind us of the past,
But they change as all things fade her
  Nothing in this world can last.
Years roll on, and pass for ever,
  What is coming who can say ?
Ere this closes many may be
  Far away, far away.

An t-eun thug sùil, 's bha luchd-nan-lann
  A' dlùth'chadh teann mu 'n cuairt air,
Cha 'n àite so 's am faod mi tàmh,
  Is feàrr dhomh nis bhi gluasad,"
Ag éirigh chuartaich e mi dlùth
  Mu 'n tug e cùl ri m' fhàrdaich
'S b'e 'n caoidhrean brònach dh' fhag e'm chluais,
  " Mo chreach 's mo thruaigh Prionns' Teàrlach."

IS CAOCHLAIDEACH GACH NI.

C'àit' am bheil an comunn àbhach
  Leis am b' àbhaist dhuinn bhi òg,
Còmhla cruinn an tigh na céilidh.
  'G éisdeachd sgeulachdan gun ghò ;
No air feasgar cùbhraidh Céitein
  Ruith 's a' leum air feadh nan lòn ;
Chaidh an sgaradh is an sgaoileadh
  Mar a ruaigeas gaoth an ceò.

An dùthchaibh céin tha cuid a' còmhnuidh
  Am measg slòigh a tha gun bhàidh ;
'S tha cuid eile nis a' seòladh
  Air cuan mòr nan stuadhan àrd' ;
Chaill sinn buidheann dhiubh gu siorruidh
  Cha b'e 'm miann bhi'n saogh'l a' bhròin
Fhuair iad furan fialaidh, 's fàilte
  Ann an Aros Righ na Glòir.

Aon no dhà dhiubh tha air fhàgail
  Thoirt na bhà 'n ar cuimhne ris—
Ach cha 'n fhada théid ar caomhnadh,
  Leis gur coachlaideach nach ni ;
Tha gach bliadhna nis mar thiota—
  'S beag tha fhios dhuinn ciod tha 'n dàn
Oir mu'm faic sinn crìoch na té so
  Bidh na ceudan aig a' Bhàs.

OH! WHY LEFT I MY HAME?

(By ROBERT GILFILLAN).

Oh, why left I my hame,
  Why did I cross the deep?
Oh, why left I the land
  Where my forefathers sleep?
I sigh for Scotia's shore,
  And I gaze across the sea,
But I canna' get a blink
  O' my ain countrie.

The palm-tree waveth high,
  And fair the myrtle springs,
And to the Indian maid
  The bulbul sweetly sings;
But I dinna see the broom
  Wi' its tassels on the lea,
Nor hear the lintie's sang
  O' my ain countrie.

Oh, here no Sabbath bell
  Awakes the Sabbath morn,
Nor song of reapers heard
  Amang the yellow corn;
For the tyrant's voice is here,
  And the wail of slaverie;
But the sun of freedom shines
  In my ain countrie.

There's hope for every woe,
  And a balm for every pain;
But the first joys of our heart
  Come never back again.
There's a track upon the deep;
  And a path across the sea;
But the weary ne'er return
  To their ain countrie.

AIMHEAL AN EILTHIRICH.

C'uime dh' fhàg mi tìr an fhraoich,
  Nuair a thug mi'n saoghal fo 'm cheann
C'uime dh' fhàg mi tìr mo ghràidh,
  Is na càirdean bha 'sa ghleann.
Tha mi 'g ionndrainn tìr mo dhùthchais ;
  Tha mo dhùrachd thar nan tonn ;
Ach mo thruaigh cha'n fhaic mo shùil
  Albainn mhùirneach, tìr nan sonn.

'S lìonmhor lus tha 'n so a' fàs,
  Agus blàithean de gach lìth,
Tha eòin bhòidheach feadh nan geug
  A'ch cha ghleus iad sunnd am' chridh,
Oir cha'n fhaic mi cnò no caorann—
  Cha'n eil fraoch no roid air cluain,
Is cha chluinn mi 'n uiseag bhinn
  Bhiodh a' seinn taobh thall a' chuain.

Cha 'n eil suim de Latha Dhé,
  Is cha 'n éirich fonn nan Salm,
'S ionann Dòmhnach agus Luan,
  Dh' fhàs ar creideamh fuaraidh fann ;
'S ann tha daoine bochd 'nan tràillean,
  'S air an sàrachadh gach là,
Nuair tha saorsa bàidh is sìth
  Ann an tìr nam fuar-bheann àrd.

Gu 'm bheil leigheas air gach pian,
  Gheibhear iocshlàint, do gach cràdh ;
Ach an crìdh chaidh chiùrradh òg,
  Och mo leòn cha 'n fhàs e slàn !
Ged tha rathad réidh thar chuantan
  Air an gluais na luingis mhòr,
Chaoidh cha ruig mi féin gu bràth,
  Tìr mo ghràidh mu'n iath an ceò.

MY· HIELAN' HAME.

I canna leave my Hielan' Hame,
Nor a' the clans that bear my name,
I canna leave the bonnie glen,
Nor a' I lo'e, nor a' I ken,
For what would this poor heart then do,
Gin it would lose its worth I trow ?
Flowers may bloom fair yont the sea,
But oh ! my Heilan' Hame for me.

My faither sleeps beneath the sod,
My mither shares his cauld abode,
Yon sunny shielin' on the brae
Has oft heard sounds o' grief and wae,
And I its tenant, left alane,
Lamenting o'er the days lang gane ;
Flowers may bloom fair yont the sea,
But oh ! my Heilan' Hame for me.

They tell me I'll get wealth and ease,
Wi' nocht to vex but a' to please,
They tell me I'll get gold and fame,
They tempt me wi' a glorious name—
But what can a' their wealth impart
To me who has a broken heart ?
Flowers may bloom fair yont the sea,
But oh ! my Heilan' Hame for me.

Each flower that blooms on foreign fell,
Would mind me o' my heather bell,
Each little streamlet, brook or tarn,
Would mind me o' Glenorick's burn—
How can I leave a scene so dear
Without a sigh, without a tear ?
Flowers may bloom fair yont the sea,
But oh ! my Heilan' Hame for me.

TIR NAM BEANN.

O, 's mi nach fhàgadh Tir nam Beann
'S na càirdean gaoil tha chòmhnuidh ann!
O, 's mi nach fhàgadh gleann an fhraoich
Airson gach ni a tha 's an t-saoghal.
Mo chridhe bochd bhiodh briste, brùit',
Ri Tìr nam Beann na'n cuirinn cùl,—
Ged 's àlainn, cliùiteach dùthchaibh céin,
Thoir Tir nam Beann 's nan Gleann domh féin.

Tha m' athair sìnte, fuar 'sa chill,
'S mo mhàthair ri taobh, 's gu bràth cha till ;
Le m' chàirdean 's tric a bha mi bròn,
Na dream a dh' eug 's a tha fo'n fhòid.
Ach nis am aonar tha mi caoidh,
Nan laith'n a dh' aom 's nach till a chaoidh,
Ged 's àlainn, cliùiteach dùthchaibh céin,
Thoir Tir nam Beann 's nan Gleann domh féin.

'Ga m' mhealladh their iad rium gu dàn
Gu 'm faigh mi sòlas 's fois gach là,
'S gur leam gach nì is feàrr fo'n ghréin,
Ma sheòlas mi gu dùthchaibh céin ;
Bidh cridhe briste, brùit am chom
Ma 's fheudar dhomh dol thar nan tonn ;
Ged 's àlainn, cliùiteach dùthchaibh céin,
Thoir Tir nam Beann 's nan Gleann domh féin.

Gach lus a chì mi thar an tuinn,
'S ann bheir e 'm fraoch 'san roid am chuimhn',
Nuair chì mi 'n sud na h-uillt 's na cluain
'S ann dh' éireas Tir mo Ghaoil am smuain.
Cha 'n ioghnadh mi bhi tùrsach, fann
Ma bheir mi cùl ri Tir nam Beann.
Ged 's àlainn, cliùiteach dùthchaibh céin,
Thoir Tir nam Beann 's nan Gleann domh féin.

GAE BRING TO BE A PINT O' WINE.

(By ROBERT BURNS).

Gae bring to me a pint o' wine
  And fill it in a silver tassie,
That I may drink before I go
  A service to my bonnie lassie.
The boat rocks at the pier o' Leith,
  Fu' loud the wind blaws frae the ferry,
The ship rides by the Berwick Law,
  And I maun leave my bonnie Mary.
    Gae bring to me, etc.

The trumpets sound, the banners fly,
  The glittering spears are rankéd ready ;
The shouts o' war are heard afar,
  The battle closes deep and bloody !
It's not the roar o' sea or shore
  Wad mak' me langer wish to tarry,
Nor shouts o' war that's heard afar,
  It's leaving thee, my bonnie Mary.
    Gae bring to me, etc.

THOIR DHOMHSA CUACH.

Thoir dhòmhsa cuach a nis gu luath
  Is lìon i suas gu ruig a mullach,
'S gu 'n òl mi 'làn, 's mi triall gun dàil—
  Do m' rìbhinn mhàlda, Màiri lurach.
Tha nis am bàta 'n cois na tràigh,
  'S tha na siùil bhàn', 'gan càireadh rithe,
A' ghaoth le gàir 'gan lìonadh làn—
  Is fheudar d' fhàgail 'ghràidh mo chridhe !
    Thoir dhòmhsa cuach, etc.

Tha bhratach uaibhreach nis a suas,
  'S tha 'n trombaid chruaidh gu luath 'gar tional
A thriall gun dàil a dh' ionnsaidh 'bhlàir,
  'S gu buaidh no bàs gu làidir duineil,
Cha gheilt roimh stoirm no tonnan borb
  A bheireadh ormsa nis bhi fuireach ;
'S cha 'n eagal bàis a tha 'gam chràdh—
  Ach 's e bhi fàgail Mhàiri luraich.
    Thoir dhòmhsa cuach, etc.

WE ARE BRETHREN A.'
By Robert Nicol.

A happy bit hame
  This auld world would be,
If men, when they're here,
  Could make shift to agree,
An' ilk said to his neighbour,
  In cottage an' ha',
" Come, gi'e me your hand—
  We are brethren a'."

· I ken na why ane
  Wi' anither should fight,
When to 'gree would make
  A' body cosie an' right,
When man meets wi' man,
  'Tis the best way ava
To say, " Gi'e me your hand—
  We are brethren a'."

My coat is a coarse ane,
  An' yours may be fine,
And I maun drink water
  While you may drink wine ;
But we baith ha'e a leal heart
  Unspotted to shaw ;
Sae gi'e me your hand—
  We are brethren a'.

The knave ye would scorn,
  The unfaithfu' deride ;
Ye would stand like a rock,
  Wi the truth on your side ;
Sae would I, an' nought else
  Would I value a straw ;
Then gi'e me your hand—
  We are brethren a',

IS BRAITHREAN SINN UILE.

O, b'àlainn an dachaidh
    Bhiodh againn 's an t-saogh'l,
Na'n sguireadh-mid còmhla
    D' ar cònspuidean faoin',
'S gu'n abraidh gach duine
    Ri 'urra, le bàidh,—
" Is bràithrean sinn uile,
    Fair dhòmhsa do làmh."

Nach brònach an sgeul e,
    Gu'm feum sinn bhi strì,
Nuair dh' fhaodadh-mid còrdadh,
    'S tigh'nn beò ann an sìth ;
Le fàilte 's le furan
    Bu duineil bhi 'g ràdh,—
" Is bràithrean sinn uile,
    Fair dhòmhsa do làmh,"

Tha mo chòta-sa molach,
    'S tha d' éideadh-sa mìn,
Bidh mise 'g òl uisge,
    'S bidh tusa 'g òl fìon ;
Ach cridheachan tairis
    Tha againn a ghnàth ;
Is bràithrean sinn uile,
    Fair dhòmhsa do làmh.

Is beag ort an cealgair,
    Le feallsachd 'n a chrìdh'
'S tu sheasadh an fhìrinn
    'S nach géilleadh 's an strì ;
Bidh mise ri d' ghualainn,
    Gu buaidh no gu bàs ;
Is bràithrean sinn uile,
    Fair dhòmhsa do làmh.

Ye would scorn to do falsely
   By woman or man ;
I haud by the right aye,
   As well as I can ;
We are ane in our joys,
   Our affections, an' a' ;
Come gi'e me your hand—
   We are brethren a'.

Your mither has lo'ed you
   As mithers can lo'e ;
And mine has done for me
   What mithers can do ;
We are ane, hie an' laigh,
   An we shouldna be twa ;
Sae gi'e me your hand—
   We are brethren a'.

We love the same Simmer day,
   Sunny and fair ;
Hame !—Oh how we love it,
   An' a' that are there !
Frae the pure air o' heaven
   The same life we draw,
Come, gi'e me your hand—
   We are brethren a'.

Frail, shakin' auld Age,
   Will soon come o'er us baith,
An' creeping alang
   At his back will be Death ;
Syne into the same
   Mither-yird we will fa' ;
Come, gi'e me your hand—
   We are brethren a'.

Cha deanadh tu eucoir
  Air creutair fo 'n ghréin,
'S i slighe a' Cheartais
  A's taitnich' leam fhéin ;
Is aon sinn 'n ar sòlas,
  'N ar dòchas, 's 'n ar gràdh ;
Is bràithrean sinn uile,
  Fair dhòmhsa do làmh,

Mu'n ghaol thug do mhàth'r dhuit,
  Is gnàth leat bhi luaidh,
Fhuair mise 'n gràdh ceudna
  O 'n té tha 's an uaigh :
Eisd cagar na fìrinn
  Ri ìosal 's ri àrd,—
Is bràithrean sinn uile,
  Fair dhòmhsa do làmh.

Is ait leinn an Céitein,
  Is éibhinn a ghnùis ;
Is toigh leinn ar dachaidh—
  O, cagailt mo rùin !
'Sa ghrian, anns na speuran,
  Tha 'g éirigh gach là ;
Is bràithrean sinn uile,
  Fair dhòmhsa do làmh.

Gu luath thig an Aois oirnn,
  'S an t-Aog air a cùl,
'S gun dàil théid ar càireadh
  Gu sàmhach 's an ùir ;
'Sa chill ni sinn cadal
  Gu madainn là bhràth ;
Is bràithrean sinn uile,
  Fair dhòmhsa do làmh.

MY GUID AULD HARP,

OR, SCOTLAND YET.

BY H. S. RIDDEL.

Gae bring my guid auld harp ance mair,
  Gae bring it free and fast,
For I maun sing anither sang
  Ere a' my glee be past,
And trow ye, as I sing, my lads,
  The burden o't shall be—
Auld Scotland's howes, and Scotland's knowes,
  And Scotland's hills for me ;
I ll drink a cup to Scotland yet,
  Wi' a' the honours three !

The heath waves wild upon her hills,
  And foaming through the fells,
Her fountains sing of freedom still
  As they dash down the dells ;
And weel I lo'e the land, my lads,
  That's girded by the sea—
Then Scotland's vales and Scotland's dales
  And Scotland's hills for me ;
I'll drink a cup to Scotland yet,
  Wi' a' the honours three !

The thistle wags upon the fields,
  Where Wallace bare his blade,
That gave her foemen's dearest bluid
  To dye her auld grey plaid ;
And looking to the lift, my lads,
  He sang the doughty glee—
Auld Scotland's richt, and Scotland's micht,
  And Scotland's hills for me ;
I'll drink a cup to Scotland yet,
  Wi' a' the honours three !

MO SHEAN CHRUIT CHIUIL.

O, fair a nall mo shean chruit-chiùil,
    O, fair i dlùth gun dàil !
Oir 's fheudar dhòmhs' a cur an gleus,
    M' an triall gu lèir mo chàil.
'S air m' fhacal nuair bhios clìth am chom
    Gu 'n éirich fonn mo dhàin,
Mu thìr nam beann is tìr nan gleann,
    An tìr is anns' gu bràth ;
Nis òlaim cuach do thìr nan cruach,
    Le iolach uallach, àrd !

Tha 'm fraoch a' luasgadh air gach bruaich
    'S ri taobh nam fuar-bheann àrd ;
Am measg nan cluan tha 'h-uillt a' luaidh
    Air saorsa luachmhoir, àidh.
Thoir dhòmhsa thar gach tìr fo 'n ghréin,
    An té mu 'n iadh an sàil',
'S i tìr nam beann is tìr nan gleann,
    An tìr is anns' gu bràth ;
Nis òlaim cuach do thìr nan cruach,
    Le iolach uallach, àrd !

Tha 'n cluaran dosrach air an raon
    Far 'n robh na laoich a' strì ;
Air taobh a' cheartais is na còir'
    A' dhòirteadh fuil an crìdh'.
Ach fhuair iad buaidh le buillean cruaidh
    Is dh' éirich suas an dàn,—
" 'S i tìr nam beann is tìr nan gleann,
    An tìr is anns' gu bràth ; "
Is chuir iad cuach le seirc mu 'n cuairt
    Do thìr nam fuar-bheann àrd !

They tell o' lands with brighter skies
   Where freedom's voice ne'er rang :
Gi'e me the land where Ossian dwelt,
   And Coila's minstrel sang !
For I've nae skill o' lands, my lads,
   That ken na to be free ;
Then Scotland's right, and Scotland's might,
   And Scotland's hills for me !
We'll drink a cup to Scotland yet,
   Wi' a' the honours three !

THE MINSTREL BOY.
By THOMAS MOORE.

The minstrel boy to the war has gone,
   In the ranks of death you'll find him ;
His father's sword he has girded on,
   And his wild harp slung behind him.
" Land of Song ! " said the warrior bard,
   " Though all the world betrays thee,
One sword at least thy rights shall guard,
   One faithful harp shall praise thee ! "

The minstrel fell !—but the foemen's chain
   Could not bring his proud soul under ;
The harp he lov'd ne'er spoke again
   For he tore its chords asunder ;
And said, " No chains shall sully thee,
   Thou soul of love and bravery !
Thy songs were made for the brave and free,
   They shall never sound in slavery ! "

Gun cheò, gun neul, ged chithear speur
 An dùthchaibh céin nan tràill,
Thoir tìr a' cheò dhomh fhéin ri m' bheò
 'S na seòid nach géill gu bràth ;
An tìr a dh' éisd ri Oisein binn
 A' seinn an linn nam Bàrd,—
" 'S i tìr nam beann is tìr nan gleann,
 An tìr is anns' gu bràth " ;
Nis òlaim cuach do thìr nan cruach,
 Le iolach uallach, àrd !

AN GILLE-CLARSAIR.

Chaidh 'n Gille-clàrsair dh' ionnsuidh 'bhlàir,
 'S gu dàn do theas na tuasaid ;
Tha claidheamh athar aig' 'n a làimh,
 'S a chlàrsach thar a ghualainn.
"A thìr nam Bàrd ! " 's e thuirt an sàr,.
 " Ged bhrathas càch 's an uair thu,
Aon lann bidh dìleas dhuit gu bràth,
 'S aon chlàrsach bidh a' luaidh ort ! "

Ged thuit an clàrsair, 'chaoidh do nàmh
 A spiorad àrd cha ghéilleadh ;
A chlàrsach dh' fhàg e balbh gu bràth
 Oir gheàrr e aisd' na teudan,
Ag ràdh, " Cha deanar ort-sa tàir,
 O anaim gràidh is saorsa !
'S ann measg nan treun bha ceòl do theud,
 'S co ghleusadh thu an daorsa ! "

FLORA MACDONALD'S LAMENT,
By James Hogg.

Far over yon hills of the heather sae green,
  And down by the corrie that sings to the sea,
The bonnie young Flora sat sighing her lane,
  The dew on her plaid, and the tear in her e'e.
She looked at a boat, with the breezes that swung,
  Away on the wave, like a bird of the main,
And aye as it lessen'd, she sighed and she sung,
  Fareweel to the lad I maun ne'er see again,
Fareweel to my hero, the gallant and young,
  Fareweel to the lad I shall ne'er see again.

The moorcock that craws on the brow of Ben Connal,
  He kens o' his bed in a sweet mossy hame ;
The eagle that soars on the cliffs of Clanronald,
  Unawed and unhunted, his eyrie can claim ;
The solan can sleep on the shelve of the shore,
  The cormorant roost on his rock of the sea ;
But oh ! there is one whose hard fate I deplore,
  Nor house, ha', nor hame, in this country has he.
The conflict is past, and our name is no more ;
  There's nought left but sorrow for Scotland and me.

The target is torn from the arm of the just,
  The helmet is cleft on the brow of the brave,
The claymore for ever in darkness may rust ;
  But red is the sword of the stranger and slave.
The hoof of the horse, and the plume of the proud,
  Have trod o'er the plumes on the bonnet of blue.
Why slept the red bolt in the breast of the cloud,
  When tyranny revell'd in blood of the true ?
Fareweel, my young hero ! the gallant and good,
  The crown of thy fathers is torn from thy brow.

CUMHA FHLOIRIDH NICDHOMHNUILL.

Am measg an fhraoich uaine air gualainn a' mhonaidh,
  'S ri taobh nam bras allta tha ruith air a chùl,
Tha Flòiridh NicDhòmhnuill gu dubhach an còmhnuidh,
  An driùchd air a breacan 's na deura 'n a sùil ;
Sìor shealltainn air luingeis tha uaipe a' seòladh,
  'S mar eala air chuantan a' gluasad gu sàmh'ch
Tha i togail na séis so, 's am bàt' dol á sealladh,—
  O slàn leis an òigear nach faic mi gu bràth,
O slàn leis an àrmunn tha òg agus bòidheach,
  O slàn leis an òigear nach faic mi gu bràth !

An coileach tha dùrdail air stùcan Beinn-Chonuill,
  Tha brath aig 's an fheasgar air leaba bhios blàth,
Am fireun tha 'còmhnuidh an creagan Chlann-Raonuill
  Gheibh tàmh anns an oidhche gun chùram, gun sgàth.
Air broilleach a' chuain tha 'n sùlair gu seasgair,
  'S an sgarbh air a' chladach aig laighe na gréin',
Ach tha aon anns an tìr, is aig ciaradh an fheasgair
  Tha esan gun dachaidh 's an rìogh'chd is leis fhéin ;
Tha'n strì a nis seachad, 's tha crìoch air an deasbair,
  'S cha 'n fhaighear ach àmhghar an Albainn nan treun.

Tha n sgiath air a srachadh bho ghàirdean na gaisge,
  'S a chlogad tha sgoilte air malaidh an àill',
Tha'n claidheamh air meirgeadh 's tha bhratach nis paisgte,
  Ach dearg le fuil chàirdean tha làmhan nan tràill.
Le crudh an eich mharcaich, tha 'm breacan 'ga shracadh
  Is éideadh nan gaisgeach bha cliùiteach am blàr,
C'arson sin nach d' éirich an doineann g'am bacadh,
  Nuair bha ceartas 'g a shaltairt le ainneart gu làr
Ad' fhòg'rach gun fhasgadh, tha d' arm air a sgapadh
  S cha chrùnar am feasd thu an Albainn nan sàr.

THE FISHERMAN'S CHILD.

A baby was sleeping,
Its mother was weeping,
For her husband was far on the wild raging sea ;
And the tempest was swelling,
Round the fisherman's dwelling,
And she cried, " Dermot, darling, oh come back to me ! "

Her beads while she numbered,
The baby still slumbered,
And smiled in her face as she bended her knee ;
" O blest be that warning,
My child, thy sleep adorning,
For I know that the angels are whispering with thee ! "

"And while they are keeping
Bright watch o'er thy sleeping,
Oh, pray to them softly, my baby, with me !
And say thou would'st rather
They'd watch o'er thy father !
For I know that the angels are whispering with thee !."

The dawn of the morning
Saw Dermot returning,
And the wife wept with joy her babe's father to see ;
And softly caressing
Her child, with a blessing
Said, " I knew that the angels were whispering with thee ! "

LEANABH AN IASGAIR.

'N a shuain bha am pàisdean,
'S a mhàth'r bhochd gu cràiteach
A' caoidh cor a gràidh 's e measg ànraidh a' chuain,
'S nuair dh' éirich na siantan
Bha ise fo iargain
'S a smaointean air Diarmad 'bha triall nan tonn uain'.

Nuair theann i ri ùrnuigh
Bha 'pàisdean gun dùsgadh,
Is gàir air a ghnùis nuair a lùb i a glùn ;
" Do mhìog-shùilean bòidheach
Tha 'g innseadh nis dhòmhsa
Mu ainglean na glòire bhi còmhradh ri m' rùn ! "

" 'S nuair tha iad a' gluasad
Gu sàmhach mu d' chluasaig,
'S mar fhreiceadan uasal mu'n cuairt ort 'ga d' dhion ;
Dean iarraidh le dùrachd
Nach tréig iad an iùbhrach,
N' am fear tha 'g a stiùradh measg ùspairn nan sian ! "

Aig bristeadh na fàire
An t-iasgair thill sàbhailt',
'S o mhnaoi fhuair e fàilte, le bàidh agus mùirn ;
A pàisdean ghràd phòg i,
Is luaidh i le sòlas—
" Bha ainglean na glòire a' còmhradh ri m' rùn ! "

ANGUS MACDONALD.
By FRED. E. WEATHERLY.

O sad were the homes on the mountain and glen
When Angus Macdonald marched off with his men ;
Oh, sad was my heart when we sobbed our good-bye,
And he marched to the battle, maybe to die !

O Angus Macdonald, the loch is so drear,
And gloomy the mountains, for thou art not near ;
O Angus, my own, in the camps o'er the sea,
I'm waiting, and longing, and praying for thee.

Father of mercies, humbly I pray,
Thou see'st the fight and the camp far away ;
Oh, watch o'er my Angus and bring him to me,
For thou canst defend him where'er he may be.

Oh, hark ! there's a stir, there's a stir in the glen,
There's the call of the pibrochs, the marching of men ;
The echoes are waking on forest and scaur,—
'Tis Angus, my own, coming home from the war !

JAMIE'S ON THE STORMY SEA.
FROM " MINSTREL MELODIES."

Ere the twilight bat was flitting,
In the sunshine at her knitting,
Sang a lonely maiden sitting,
     Underneath her threshold tree ;
And ere daylight died before us,
And the vesper star shone o'er us,
Fitful rose her tender chorus,
     " Jamie's on the stormy sea."

AM FLEASGACH GUN TIOMA.

Bu chianail gach fàrdach 's bu chràiteach an gleann,
Nuair thriall uainn na h-àrmuinn 's mo ghràdh air an ceann ;
Aig dealachadh ris-san bha mise fo chràdh,
'Se mèarsadh do'n bhatailt gun athadh roimh nàmh.

A fleasgaich gun tioma ! tha'n linne fo bhròn ;
'S na beanntan fo mhulad gun thusa 'g an còir ;
'S tha mise fo smuairean bho'n ghluais thu thar sàil',
Le acain is dùrachd ag ùrnuigh gach là.

A Cheannard na Slàinte, is Àrd-rìgh na Sìth,
Tha faicinn na h-àraich 's nan sàr tha ri stri,
Bi'd dhidean do m' leannan is aisig e slàn :
'Stu tearmann na 's àill leat bho ghàbhadh a' bhlàir.

Ach éisd ! ciod an sùgradh th' air dùsgadh 'sa ghleann,
Le pìobairean spreigeil 's am feadain ri srann,
Mac-talla nan creagan a' freagairt gu cruaidh,
'Se fiùran mo chridhe th'air tilleadh le buaidh !

THA MO GHAOL AIR AIRD A' CHUAIN.

Feasgar ciùin an tùs a' Chéitein,
Nuair bha'n ialtag anns na speuran,
Chualam rìbhinn òg 's i deurach,
    Seinn fo sgàil nan geugan uain'.
Bha a' ghrian 'sa chuan gu sioladh,
'S reult cha d' éirich anns an iarmailt,
Nuair a sheinn an òigh gu cianail,—
    " Tha mo ghaol air àird a' chuain."

Warmly shone the sunset glowing ;
Sweetly breath'd the young flow'rs blowing ;
Earth, with beauty overflowing,
   Seem'd the home of love to be,
As those angel-tones ascending,
With the scene and season blending,
Ever had the same sweet ending,
   " Jamie's on the stormy sea."

Curfew bells remotely ringing,
Mingled with that sweet voice singing,
And the last red ray seem'd clinging
   Ling'ringly to tow'r and tree ;
Nearer as I came, and nearer,
Finer rose the notes, and clearer—
O ! 'twas Heaven itself to hear her—
   " Jamie's on the stormy sea."

How could I but list, but linger,
To the song, and hear the singer,
Sweetly wooing Heaven to bring her
   Jamie from the stormy sea ?
And, while yet her lips did name me,
Forth I sprang—my heart o'ercame me—
" Grieve no more, sweet ! I am Jamie,
   Home returned to love and thee ! "

Now those angel-tones ascending,
With the scene and season blending,
Ever had the same sweet ending—
   " Jamie's now come back to me."

Thòisich dealt na h-oidhch' ri tùirling,
'S lùb am braon gu caoin am flùran ;
Shéid a' ghaoith 'na h-oiteig chùbhraidh
    Beatha 's ùrachd do gach cluain.
Ghleus an nigh'nag fonn a h-òrain,
Sèimh is ciùin mar dhriùchd 'san òg-mhios,
'S bha an t-séis so 'g éirigh 'n còmhnuidh—
    " Tha mo ghaol air àird a' chuain."

Chiar an là is dheàrrs na reultan,
Sheol an ré measg neul nan speuran,
'S shuidh an òigh, bha 'bròn 'g a léireadh,
    'S cha robh 'déidh air tamh no suain.
Theann mi faisg air reult nan òg-bhean
'Sheinn mu 'gaol air 'chuan bha seòladh,
O ! bu bhinn a caoidhrean brònach,—
    " Tha mo ghaol air àird a' chuain."

Rinn an ceòl le dheoin mo thàladh,
Dlùth do ribhinn donn nam blàth-shul ;
'S i ag ùrnuigh ris an Ard righ
    " Dion mo ghràdh th' air àird a' chuain."
Bha a cridhe le gaol gu sgàineadh,
Nuair a ghlac mi fhéin air laimh i,—
" Siab do dheòir, do ghaol tha sàbhailt'.
    Thill mi slàn bhàrr àird a' chuain.

'S tric fo sgàil nan geugan bòidheach
Ghleusar duanag ghaolach, cheòlmhor,
'S bidh an t-séis so 'g éirigh 'n còmhnuidh ;
    " Thill mo ghaol bhàrr àird a' chuain."

THE BRAES O' MARR.

The standard on the braes o' Marr,
  Is up and streaming rarely ;
The gath'ring pipe on Lochnagar,
  Is sounding loud and sairly.
The Hielandmen frae hill and glen,
  Wi' belted plaids and glitt'ring blades,
Wi' bonnets blue and hearts sae true,
  Are coming late and early.

I saw our chief come o'er the hill
  Wi' Drummond and Glengarry,
And through the pass came brave Locheil,
  Panmure, and gallant Murray.
Macdonald's men, Clanranald's men,
  Mackenzie's men, Macgilvray's men,
Strathallan's men, the Lowland men
  O' Callander and Airlie.

Our prince has made a noble vow,
  To free his country fairly,
Then wha would be a traitor now,
  To ane we lo'e sae dearly ?
We'll go, we'll go to seek the foe,
  By land or sea, where'er they be,
Then man to man and in the van,
  We'll win, or dee for Charlie !

CRUINNEACHADH NAN GAIDHEAL.

Gu dosrach àrd air Bràighe Mhàirr
  Tha bratàch àlainn sgaoilte ;
S tha sgal na piob' aig Loch-na-gàir
  A' tional tràthail nan daoine.
Tha sliochd nam beann á monadh 's gleann,
  Le 'm breacain teann 's le deàrrsadh lann,
Le 'm boineid ghuirm a' tigh'nn le foirm,
  'S le neart mar stoirm a' tearnadh.

O, chì mi'n sonn tigh'nn thar nam beann,
  Le Drumann is Gleann-Garadh ;
'S troimh 'n ghlaic 'sa ghleann Lochiall 'na dheann,
  Panmùre, is smior Chlann-Mhoraidh.
Clann Dòmhnuill nam buadh, Clann Choinnich cruaidh,
  Clann Rao'ill mo chrìdh' nach géill 's an strì ;
Sliochd 'Illebhràith, is Gall no dhà,
  A Calasraid is Arladh.

'S i so a' bhòid a thug ar Prionns'—
  " Mo dhùthaich 's mi gu'n sàbhail."
Có iad a nis nach lean an sàr—
  Biodh iad gu bràth 'nan tràillean !
Théid sinn gun dàil air tòir ar nàmh,
  Air muir no tìr ged bhios an strì ;
'Sin làmh ri làimh théid sinne 'n sàs
  Gu buaidh no bàs le Teàrlach !

GOLDEN GLOAMIN'.

By R. Tannahill.

The midges dance abune the burn,
  The dew begins to fa' ;
The paitricks doun the rushy holm
  Set up their ev'ning ca'.
Now loud and clear the blackbirds' sang
  Rings through the briery shaw ;
While flitting gay the swallows play,
  Around the castle wa'.

Beneath the golden gloamin' sky,
  The mavis mends her lay ;
The redbreast pours her sweetest strains
  To charm the ling'ring day.
While weary yeldrins seem to wail
  Their little nestlings torn ;
The merry wren, frae den to den
  Gaes jinking through the thorn.

The roses fauld their silken leaves,
  The fox-glove shuts its bell ;
The honeysuckle and the birk
  Spreads fragrance through the dell.
Let others crowd the giddy court
  O mirth and revelry,
The simple joys that nature yields
  Are dearer far to me.

FEASGAR OIRDHEARC.

Gur mear na cuileagan mu'n allt,
 'S an dealt a' tuiteam dlùth ;
Chearc-thomain anns an luachair uain'
 Ri fuaim 's an fheasgar chiùin.
Nach cluinn thu òran an lòin-duibh,
 'S a ghuth cho bòidheach, binn ;
Mu'n tùr tha 'n gobhlan-gaoithe clis,
 Ag itealaich gu grinn.

Fo bhrat nan speur th'air dhath an òir,
 Tha 'n smeòrach aig a dàn ;
'S am brù-dheargan le cheilear àrd,
 Cur dàil an ciaradh là.
Tha bhuidheag bhochd a' caoidh 'sa ghéig,
 A h-àl a reub luchd-foill ;
'S an dreathan-donn bho phreas gu preas
 Ri cleasachd anns a' choill.

Nis dhùin an ròs a bhilean mìn,
 Chrom lus-ban-sìth a cheann ;
Tha lus-na-meala 's beithe ùr
 Cur fàile cùbhr' 'sa ghleann.
Roghnaicheadh càch an lùchairt mhòr
 Le 'gòraiche 's 'mi-chéill,
'S e m' annsachd féin gach gean gun ghò
 Tha'n glòir a' chruinne-ché.

LORD ULLIN'S DAUGHTER.
By Thomas Campbell.

A chieftain to the Highlands bound
　　Cries, " Boatman, do not tarry,
And I'll give thee a silver pound
　　To row us o'er the ferry."

" Now, who be ye would cross Lochgyle,
　　This dark and stormy water ? "
" Oh ! I'm the chief of Ulva's isle,
　　And this, Lord Ullin's daughter.

" And fast before her father's men,
　　Three days we've fled together ;
For should he find us in the glen,
　　My blood would stain the heather."

" His horsemen hard behind us rode ;
　　Should they our steps discover,
Then who will cheer my bonnie bride
　　When they have slain her lover ? "

Out spoke the hardy Highland wight,
　　" I'll go, my chief—I'm ready !
It is not for your silver bright,
　　But for your winsome lady !

And, by my word, the bonnie bird
　　In danger shall not tarry ;
So, though the waves are raging white,
　　I'll row you o'er the ferry."

By this the storm grew loud apace,
　　The water-wraith was shrieking,
And in the scowl of heaven each face
　　Grew dark as they were speaking.

NIGHEAN THRIATH UILINN.

Ghlaodh Gaisgeach Gàidhealach, 's b' àrd a ghuth
"A phortair furtaich sinne,
Is fichead tasdan bheir mi dhuit,
Gu'r cur 'taobh thall na linne."

" Có sibhse rachadh thar Loch-Goill
'S na siantan òillteil uile ? "
"Air Eilean Ulbha's mis is oighr'—
'S i 'mhaighdean nighean Thriath Uilinn.

" Luchd-tighe 'h-athar òirnn tha'n geall,
'S ruaig sinn gu teann dà latha ;
'S na'n d' rug iad oirnne anns a' ghleann,
Bhiodh m' fhuil 'na steall mu thalamh.

"A mharc-shluagh nis tha aig ar sàil,
Bidh iad gun dàil 'san t-sealladh ;
Is có bheir misneach do mo ghràdh
Ma mharbhas iad a leannan ? "

Fhreagair am portair le guth àrd—
Gun dàil tha mise 'tighinn,
Cha'n ann air son nan tasdan bàn
Ach 's ann air sgàth na h-ighinn !

"Air m' fhacal-sa cha bhi do luaidh
An cunnart cruaidh na's fhaide,
Oir ged a dh' éirich gàir nan stuadh—
Gheibh sibh gu luath an t-aiseag."

Nis bhòc an doineann—shéid a' ghaoth—
'S bha 'n caol 'na chaoiribh geala,
'S bhuail eagal orra air gach taobh
Mar dhaoin' a chunnaic tannasg.

But still, as wilder blew the wind,
  And as the night grew drearer,
Adown the glen rode armèd men !—
  Their tramping sounded nearer.

" Oh, haste, thee, haste," the lady cries ;
  " Though tempests round us gather,
I'll meet the raging of the skies,
  But not an angry father."

The boat has left a stormy land,
  A stormy sea before her,
When—oh ; too strong for human land—
  The tempest gathered o'er her.

And still they rowed amidst the roar
  Of waters fast prevailing ;
Lord Ullin reached that fatal shore—
  His wrath was changed to wailing.

For sore dismayed through storm and shade,
  His child he did discover ;
One lovely arm she stretched for aid,
  And one was round her lover.

" Come back ! come back ! " he cried in grief,
  "Across this stormy water ;
And I'll forgive your Highland chief,
  My daughter—O, my daughter."

'Twas vain ; the loud waves lashed the shore,
  Return or aid preventing ;
The waters wild went o'er his child,
  And he was left lamenting.

Ach ged bu ghàbhaidh gleachd na stoirm
    Os cionn gach toirm is farum,
A nuas an gleann gu'n cualas srann
    Luchd-lann a' teachd le starum !

" Greas ort, greas ort ! " gu'n d' ghlaodh an òigh,
    " Ged las na neoil 's an adhar,
Earbam á Freasdal 's á cuan mòr
    Seach dol an còmhdhail m' athar."

Fhuair iad 'sa bhàta—dh' fhàg i tir—
    Faic iad a' strìth 's an doineann,
Ach O ! tha gàirdean feòlmhor fann
    Nuair dh' éireas greann nan tonnan.

Is dh' iomair iad gu gaisgeil treun
    Measg thonnan breun na linne ;
Nuair ruig Triath Uilinn taobh a' chuain
    Ghrad mhùth a ghruaim gu tioma.

Oir chunn'e 'nighean b'áille snuadh,
    'Sa chuan, 's e ruith 'na ghleannan,
Ri cobhair sinnte bha aon làmh,
    'N té eile teann m'a leannan.

" O ! tillibh, tillibh ! " b' àrd a ghlaodh—
    "Air ais a ghaoil dean tighinn,
Dhuibh bheir mi maitheanas gu saor—
    Mo nighean chaoin, mo nighean ! "

Na tuinn neo-iochdmhor bhrist air tràigh ;
    Cha robh e'n dàn dhaibh tilleadh ;
Triath Uilinn chunnaic e mar bhà,
    'S a dheòir gu làr rinn sileadh.

AULD LANGSYNE.
By Robert Burns.

Should auld acquaintance be forgot,
   And never brought to mind,
Should auld acquaintance be forgot,
   And days o' langsyne.

Chorus :—For auld langsyne, my dear,
      For auld langsyne,
      We'll take a cup o' kindness yet,
      For auld langsyne.

We twa ha'e ran aboot the braes,
   And pu'd the gowans fine ;
But we've wandered mony a weary foot
   Sin' auld langsyne.

We twa ha'e paidl't in the burn
   Frae morning sun till dine ;
But seas between us braid ha'e roar'd,
   Sin' auld langsyne.

And here's a hand my trusty freen,
   And gie's a hand o' thine,
And we'll tak' a cup o' kindness yet,
   For auld langsyne.

NA LAITHEAN A DH'AOM.

'N còir seann luchd-eolais 'chur air chùl,
  'S gun sùil a thoirt 'nan déidh,
Air dhi-chuimhn' an bi cuspair gràidh,
  Na glóir nan làith 'n a thréig ?

SEIS :—Air sgàth nan làith 'n a dh'aom a ghràidh,
      Air sgàth nan làith 'n a dh' aom ;
      Le bàidh gu'n ol sinn cuach fo stràc
      Air sgàth nan làith 'n a dh' aom.

Le chéile ruith sinn feadh nam bruach,
  Is bhuain sinn blàth nan raon,
Air allaban thriall sinn ceum no dhà,
  O àm nan làith 'n a dh' aom.

Le chéil o mhadainn mhoich gu oidhch'
  'S na h-uillt ri plubairt fhaoin,
Ach sgarradh sinn le tonnan àrd
  O àm nan làith 'n a dh' aom.

So dhuit mo làmh a charaid ghaoil,
  Is sìn gu faoil do làmh,
'S le bàidh gu'n òl sinn cuach fo stràc,
  Air sgàth nan laith 'n a dh' aom.

LEAD KINDLY LIGHT.

By Cardinal Newman.

Lead, kindly Light, amid the encircling gloom,
    Lead Thou me on ;
The night is dark, and I am far from home,
    Lead Thou me on ;
Keep Thou my feet ; I do not ask to see
The distant scene ; one step enough for me.

I was not ever thus, nor prayed that Thou
    Shouldst lead me on ;
I loved to choose and see my path ; but now
    Lead Thou me on !
I loved the garish day, and, spite of fears,
Pride ruled my will : remember not past years.

So long Thy power has blest me, sure it still
    Will lead me on
O'er moor and fen, o'er crag and torrent, till
    The night is gone,
And with the morn those angel-faces smile
Which I have loved long since, and lost awhile.

SOILLSE 'N AIGH.

A Shoillse 'n àigh, 'sa cheò, le d' bhoillsge caoin
    Stiùir Thusa mi ;
Tha 'n oidhche dorch', 's mi fad' o m' dhachaidh ghaoil,
    O treòraich mi ;
Stiùir mi gach là, cha 'n iarr mi rathad réidh
Gu Tìr-an-àigh, is leòir leam ceum air cheum.

Cha robh mi ghnàth mar so, 's cha b'e mo mhiann
    Thu bhi 'd reul iùil ;
Do m' thogradh féin gu'n tug mi tric an t-srian,
    'S cha b' fhiù leam Thu ;
An geall air mùirn, 's mo chridhe uailleil, faoin,
A dh'aindeòin fiamh : na cuimhnich làith'n a dh'aom.

Gu ruige so a'd' thròcair bha Thu leam,
    O stiùir mi ghnàth ;
Feadh chreagan cruaidh is shloc gu ruig an t-àm
    'S am brist an là.
'S am faic ni gnùis nan càirdean a chaidh uam,
A chaill mi seal, 's d'an tug mi gaol bha buan.

THE REAPER.

(By H. W. LONGFELLOW).

There is a reaper, whose name is Death,
   And with his sickle keen
He reaps the bearded grain at a breath,
   And the flowers that grow between.

" Shall I have naught that is fair ? " saith he,
   " Have naught but the bearded grain ;
Though the breath of these flowers is sweet to me
   I will give them back again."

He gazed at the flowers with tearful eyes,
   He kissed their drooping leaves ;
It was for the Lord of Paradise
   He bound them in his sheaves.

" My Lord has need of these flowerets gay,"
   The reaper said, and smiled ;
" Dear tokens of the earth are they,
   Where he was once a child.

" They shall all bloom in fields of light
   Transplanted by my care ;
And the saints upon their garments white
   These sacred blossoms wear."

And the mother gave, in tears and pain,
   The flowers she most did love ;
She knew she would find them all again
   In the fields of light above.

Oh, not in cruelty, not in wrath,
   The reaper came that day ;
'Twas an angel visited the green earth
   And took the flowers away.

AM BUANAICHE.

Tha buanaiche d' an ainm am Bàs,
  Le fhàl ro ghuineach, geur,
A' toirt nan diasan garbh gu làr,
  'S gach blàth tha fàs mu 'm freumh.

"Am faigh mi," deir e, " nì a bhuain
  Ach diasan cruaidh gun bhrìgh ?
Ged 's toigh leam anail chaoin nam flùr,
  Liùbhram iad suas a rìs."

Thog e na flùrain, shil a dheòir,
  Is phòg e 'n duilleach uain' ;
Is ann do Thighearna nam Feart
  A thaisg e iad 'na sguaib.

" Mo Mhaighstir tha am feum nam blàth,"
  Gu'n d' rinn e ràdh le aoidh,
" Mar chuimhneachain air làithean 'òig,
  Nuair chòmhnuich e 'm measg dhaoin'.

"Ath-chuiream iad 's a' Phàrras Nuadh,
  'S gu buadhmhor ni iad fàs,
'S bidh iad mu thrusgan geal nan naomh,
  A' boillsgeadh mar an là."

Liubhair a' mhàthair 's deur 'na sùil,
  A flùrain lurach, òg,
An dùil ri 'm faicinn uile slàn,
  An àros Rìgh na Glòir'.

Am Buanaiche cha robh fo ghruaim
  A' buain nam blàthan sèimh ;
'S e aingeal glòrmhor 'thainig nuas,
  'S thug leis iad suas gu nèamh.

ETERNAL FATHER, STRONG TO SAVE.

Eternal Father, strong to save,
Whose arm hath bound the restless wave,
Who bidd'st the mighty ocean deep
Its own appointed limits keep,
  O hear us when we cry to Thee
  For those in peril on the sea.

O Christ, whose voice the waters heard,
And hushed their raging at Thy word,
Who walkedst on the foaming deep,
And calm amid the storm didst sleep.
  O hear us when we cry to Thee
  For those in peril on the sea.

O Holy Spirit, who didst brood
Upon the waters dark and rude,
And bid their angry tumult cease,
And give, for wild confusion, peace,
  O hear us when we cry to Thee
  For those in peril on the sea.

O Trinity of love and power,
Our brethren shield in danger's hour ;
From rock and tempest, fire and foe,
Protect them wheresoe'er they go ;
  Thus evermore shall rise to Thee
  Glad hymns of praise from land and sea.

IEHOBHA MHOIR, LE D'GHAIRDEAN TREUN.

———

Iehòbha mhóir, le d'ghàirdean treun,
A chuir fo smachd na tonnan breun,
'S a dh' òrduich do na cuantan mòr,
An àite chumail mar bu chòir—
    O éisd r' ar n-ùrnuigh 'g éirigh suas
    Air son na dream tha 'n gàbhadh cuain.

A Chriosd, a cheannsaich strìth nan dùl—
Aig d'fhacal bha iad tosdach, ciùin—
A choisich air a' mhuir gun fhiamh;
'S a chaidil dh' aindeoin gàir nan sian—
    O éisd r' ar n-ùrnuigh 'g éirigh suas
    Air son na dream tha 'n gàbhadh cuain.

A Spioraid Naoimh, aig breith an t-saogh'l,
'Laigh air na h-uisgeachan gu caoin,
A chronaich luasgan cuain is strìth,
'S a chuir 'nan àite clos is sith—
    O éisd r' ar n-ùrnuigh 'g éirigh suas
    Air son na dream tha 'n gàbhadh cuain.

A Thrianaid bheannaichte nam buadh,
Ar bràithrean dìon am measg nan stuadh,
Bho chladach salach, stoirm, is nàmh,
Cum iad, is stiùir gu cala tàimh ;
    Is èiridh dhuit gu siorruidh suas
    Ard-laoidhean ait air tir 's air cuan.

STAR OF PEACE.

Star of peace to wanderers weary,
　　Bright the beams that smile on me ;
Cheer the pilot's vision dreary,
　　　Far, far at sea.

Star of hope, gleam on the billow ;
　　Bless the soul that sighs for Thee ;
Bless the sailor's lonely pillow,
　　　Far, far at sea.

Star of faith, when winds are mocking
　　All his toil, he flies to Thee ;
Save him on the billows rocking
　　　Far, far at sea.

Star Divine, O safely guide him ;
　　Bring the wanderer home to Thee ;
Sore temptations long have tried him,
　　　Far, far at sea.

REUL NA SITHE.

Reul na Sìth do'n dream tha claoidhte,
  Tha do shoillse ghlòrmhor buan ;
Stiùir an seòladair le d' bhoillsgeadh
  Nochd dha coibhneas air a' chuan.

'Reul an Dòchais, deàrrs 's an iarmailt,
  Ciùinich iarganaich a' bhròin ;
Beannaich tàmh an fhir a thriallas
  Measg nan siantan, 's e gun treòir.

'Reul a' Chreidimh, nuair a dh' éireas
  Tonnan breun le 'n gàraich mhòir,
Riutsa bidh a' ghlaodh 'n a éiginn,
  Thoir dha éisdeachd 's air san fòir.

'Lòchrain Nèamhaidh, stiùir am fòg'rach,
  O, dean tròcair air 'n a fheum ;
Sheas e deuchainn ghoirt, is dòrainn,—
  Treòraich e ad' ionnsuidh fhéin.

HYMN.

Lord, while for all mankind we pray,
  Of every clime and coast,
O, hear us for our native land—
  The land we love the most.

Our fathers' sepulchres are here,
  And here our kindred dwell ;
Our children too—how should we love
  Another land so well ?

O guard our shores from every foe,
  With peace our borders bless ;
With prosperous times our cities crown,
  Our fields with plenteousness.

Unite us in the sacred love
  Of knowledge, truth, and thee !
And let our hills and valleys shout
  The songs of liberty.

Lord of the nations, thus to Thee
  Our country we commend ;
Be thou our refuge, and our trust,
  Our everlasting friend.

LAOIDH.

A Thighearn nuair ghuidheamaid le deòin
 Air son nan slògh gu léir,
Eisd ruinn is beannaich Tìr nam Beann,
 'S i 's annsa leinn fo 'n ghréin.

Ar n-aithrichean tha'n so 'sa chill,
 Ar dilsean tha aig laimh,
'S ar clann 'n am fiùrain fàs ri 'r taobh,—
 So tìr ar gaoil 's ar daimh.

O, dìon ar cladach o gach nàmh,
 Cuir sìth is bàidh measg sluaigh ;
Biodh lànachd anns na bailtean mòr,
 Is pailteas pòir 's gach cluain.

Riut Féin le eòlas, firinn 's gràdh
 O, tàlaidh sinn gu dlùth,
Is seinnidh beanntan agus glinn
 Le caithream bhinn do chliù.

A Dhé nan slògh, fo sgàil do sgéith
 Ar tìr féin earbaidh sinn ;
Bi Thus' ad' thearmunn dhi 'n a feum,
 'S 'nad' charaid ré gach linn.

PEACE.

(*From the Latin*).

Fierce was the wild billow,
  Dark was the night,
Oars laboured heavily,
  Foam glimmered white,
Trembled the mariners,
  Peril was nigh,
Then said the God of gods,
  " Peace ! it is I ! "

Ridge of the mountain wave,
  Lower thy crest,
Wail of Euroclydon,
  Be thou at rest.
Sorrow can never be,
  Darkness must fly,
Where saith the Light of Light,
  " Peace ! it is I ! "

Jesu, Deliverer,
  Come thou to me ;
Soothe thou my voyaging,
  Over life's sea.
Then, when the storm of Death
  Roars sweeping by,
Whisper, O Truth of Truth,
  " Peace ! it is I ! "

SÌTH!

Borb bha na garbh thonnan,
  Dorcha bha 'n oidhch',
Raimh bha gu farumach,
  'S caoir gheal toirt soills';
Fiamh air na maraichean,
  'S cunnart dhaibh teann,
Nuair thuirt an TIGHEARNA,
  " Sìth! 's mise th'ann!"

'Chìrean nan stuadhan àrd,
  Leig bhuait bhi crosd',
'Ghaoir chruaidh Euroclydon
  Bì-sa 'na d' thosd;
Bròn agus dorchadas
  Teichidh 'nan deann,
Nuair their an SOILLSE féin,
  " Sìth! 's mise th'ann!"

Iosa ar Slànuighear,
  Rium-sa thig dlùth,
Stiùir mi troimh 'n bheatha-so
  'S bì ad' reul-iùil;
'N sin nuair bhios stoirm an Aoig
  'G éirigh le greann,
Their cagar na FÌRINN rium
  " Sìth! 's mise th'ann!"

9

PART III.

ORIGINAL GAELIC POETRY.

AN RIBHINN ALAINN.

Ochòin a Rìgh, 's i mo rìbhinn donn,
Dh' fhàg mi fo mhìghean is m' inntinn trom !
　　Gur e a bòidhchead
　　A rinn mo leònadh,
'S cha bhi mi beò gun mo rìbhinn donn.

Is truagh an dràsda nach robh mi 'm bhàrd
A ghleusadh clàrsach 's a sheinneadh dàn,
　　'S gu 'n ìnnsinn buadhan
　　Na maighdinn uasail,
Mu 'm bheil mo smuaintean gach oidhche 's là.

Is tric a bha mi mu laigh gréin'
Le m' nìgheanaig àlainn fo sgàil nan geug,
　　Sinn ri sùgradh
　　Fo'n bharrach chùbhraidh,
Ach 's cianail tùrsach mi 'n diugh 'na déidh.

Nuair thig an Céitein do ghleann an fhraoich
Gu'n toir e fàs air gach blàth-lus raoin,
　　Is gheibh mi samhladh
　　An sin do m' annsachd,
Am flùran greannar a dh' fhàs cho caoin.

Mar chanach mòintich tha cneas mo luaidh,
Dearg mar chaorann tha dreach a gruaidh,
　　A beus 's a nàdur
　　Mar neòinean màlda,
No sòbhrag dh' fhàsas fo sgàil nam bruach.

Gur bòidheach dualach an cuailean mìn
A th'air a' ghruagaich a bhuair mo chrìdh',
　　Gur binne 'còmhradh
　　Na guth na smeòraich ;
'S tha mise brònach o 'n dh 'fhag i mi. .

THE CHARMING MAIDEN.
TRANSLATED BY THE AUTHOR.

Ochoin a ree ! my sweet auburn maid,
I'm daily pining, I quickly fade !
    Since first I knew thee
    Thy beauty drew me ;
I cannot live from my auburn maid.

Were I a bard I would tune the lay,
And raise a song to my maiden gay ;
    In accents tender
    Her praise I'd render ;
'T would be my burthen both night and day.

How oft at gloaming we loved to stray
In yonder green-wood 'neath budding spray,
    And heard the chorus
    Of songsters o'er us ;
But now, alas ! thou art far away.

When Spring returns to the heather dell,
And flowers awake by its fairy spell,
    I'll there find semblance,
    And fond remembrance,
Of that sweet floweret I love so well.

Like moorland canach my love is fair,
Her cheeks like rowans when ripe and rare ;
    My modest daisy,
    I'll ever praise thee ;
To dainty primrose I'll thee compare.

Like sunbeams dancing thy ringlets play ;
Thy countless charms stole my heart away ;
    If I were near thee
    Thy voice would cheer me—
Wilt thou be absent, sweet love, for aye ?

Nuair chì mi 'n iarmailt aig ciaradh là,
Gu'n iarr mo shùil-sa reul-iùil an àigh,
    A's grinne soillse,
    'S a's caoine boillsgeadh ;
Mar sud bha mhaighdean a rinn mo chràdh.

Ged tha mo ghrian-sa a' triall fo sgleò,
Is mise 'm bliadhna mar ian 'sa cheò,
    Togaidh 'n sgàile
    'S ni ise deàrrsadh,
'S gu 'm faigh mi slàinte gach là ri m' bheò.

ORAN MULAID.

SEIS—Hù o, tha mi tinn !
    Tha mi caoidh mo leannain,
    'S mòr a thug mi ghaol
    Do 'n té 's caoile mala,
    Hù o, tha mi tinn !

Thar gach té fo'n ghréin
    Thug mi spéis do m' chailin ;
Nis o'n fhuair i bàs,
    Chaoidh cha'n fhàs mi fallain,
    Hù o, tha mi tinn !

Bha thu màlda còir,
    Suairceil, òrdail, banail ;
Nàdur fialaidh, ciùin—
    Oiteag chùbhraidh d'anail.
    Hù o, tha, mi tinn !

When twilight closes I view the sky ;
  The guiding star soon attracts my eye,
    Its beams excelling,
    All clouds dispelling ;
Such was the Venus for whom I sigh.

My guiding star now is hid away,
And like a bird in a cloud I stray ;
    Soon reappearing,
    The clouds fast clearing,
Her beams shall cheer me on Life's dark way.

A SONG OF GRIEF.

Translated by Mr. L. MACBEAN.

CHORUS—Sick and sad am I,
    Sick and sorrow laden,
    For my love I sigh,
    For my dearest maiden.
      Sick and sad am I !

Over every maid
  Did I fondly love her ;
Now she's lowly laid,
  I shall ne'er recover.
      Sick and sad am I !

In my love combined
  Every gift that pleases—
Modest, sweet, and kind ;
  Breath like fragrant breezes.
      Sick and sad am I !

Ortsa bha gach buaidh,
  Bha thu uasal dreachmhor ;
B' àlainn thigeadh ceòl
  O d' bheul bòidheach, meachar.
     Hù o, tha mi tinn !

Anns a' chòisir bhinn,
  'N àm bhi seinn nan luinneag,
Thug thu bàrr gu léir
  Air na ceudan cruinneag.
     Hù o, tha mi tinn !

'S tric bha mi 's mo ghràdh
  Ann an sgàil na coille ;
Thogadh ise ceòl,
  'S dh' éisdeadh eòin na doire.
     Hù o, tha mi tinn !

Chuir iad thu 's an ùir,
  Socair, ciùin ad' laighe ;
'S mis' cha 'n fhaic mo rùn,
  Gus an dùisg mi 'm Flaitheas,
     Hù o, tha mi tinn !

Bhithinn-sa le m' luaidh
  Taobh nam bruach 's nan gleannan,
Tha i nis 'ɛ an uaigh—
  O, cha ghluais mo leannan !
     Hù o, tha mi tinn !

Dhòmhsa bha mo rùn
  Mar reul-iùil mo bheatha ;
Thug mi dhi mo ghràdh,
  'S dh' falbh mo shlàinte leatha.
     Hù o, tha mi tinn !

Every grace abode
  On my best and fairest ;
Mellow music flowed
  From her lips the rarest.
        Sick and sad am I !

In the tuneful choir
  When sweet strains were ringing,
Nought could I admire
  Save my darling's singing.
        Sick and sad am I !

Oft in greenwood shade,
  She sang as I lay near her ;
Birds from every glade
  Gathered, mute to hear her.
        Sick and sad am I !

Silent in the mould,
  Thou thy sleep art taking,
Ne'er may I behold
  Thee until thy waking,
        Sick and sad am I !

Often did we stray
  By each brae and river ;
Now she rests for aye—
  Motionless for ever !
        Sick and sad am I !

Life's bright star she shone,
  Shone to cheer and guide me ;
I must drift alone—
  Now Death's shadows hide thee.
        Sick and sad am I !

'S goirid bhios mi beò,
  'S mi ri bròn is mulad ;
Rinn do bhàs mo leòn,
  'S fòghnaidh dhòmhs' am buill' ud.
     Hù o, tha mi tinn !

D'àite-sa am chrìdh'
  Nì cha lìon air thalamh ;
Ann an tìr an àigh
  Dhòmhs' cum àite falamh.
     Hù o, tha mi tinn !

Dh' fhalbh mo leannan fhéin,
  'S tha mi deurach, dubhach
Tha mi triall 'na ceum,
  Ciod am feum bhi fuireach ?
     Hù o, tha mi tinn ?

AN GAIDHEAL AIR LEABA-BAIS.

Fad air falbh bho thìr nan àrd-bheann,
  Tha mi'm fhòg'rach an tìr chéin ;
Am measg choigreach 's fad o m' chàirdean,
  Tha mi'm laighe so leam fhéin.
Tha mo chridhe briste, brùite,
  Saighead bàis a nis am chom,
'N ùine gheàrr mo shùil bidh dùinte
  'S aig a Bhàs mi'm chadal trom.

'S tric ag éirigh suas am chuimhne
  Albainn àillidh, tìr nam beann ;
Chì mi 'n sud an lèanag uaine,
  Is am bothan anns a' ghleann.

Short my life must be,
 Now that she has left me ;
Love and grief for thee
 Have of health bereft me.
   Sick and sad am I !

Earth can ne'er supply,
 Aught to soothe or cheer me ;
Keep a place on high
 For thy lover near thee.
   Sick and sad am I !

Nought can ease my pain ;
 Now she is departed,
Why should I remain,
 Sick and broken-hearted ?
   Sick and sad am I !

THE GAEL ON HIS DEATH-BED.

Translated by the AUTHOR.

Far away from bonnie Scotland,
 On a restless bed I moan,
Far from friends, in midst of strangers,
 I am pining all alone.
O ! I'm sad and broken-hearted,
 With Death's arrow in my breast,
Now I feel my eyelids closing,
 And I soon shall be at rest.

In my memory oft arises
 Scotia, land of heath-clad ben,
Now I see its verdant pastures,
 And the cottage in the glen,

Tha gach nì fo bhlàth gu h-ùraidh,
    Aig an allt tha crònan fann,
Air a' ghaoith tha fàile cùbhraidh
    Tigh'nn o fhlùrain nach eil gann.

'S ann an sud a fhuair mi m' àrach ;
    'S mi neo-lochdach mar na h-uain ;
Ach 's lom a dh'fhàgadh nis an làrach
    Bho 'n a sheòl mi thar a' chuain.
Thar leam gun cluinn mi guth nan smeòrach,
    Seinn gu ceòlmhor feadh nan crann ;
'S òran binn nan uiseag bòidheach,
    Ard 's na speuran os mo cheann.

Chì mi chill aig bun a' bhruthaich,
    Taobh an uillt tha ruith gu lùgh'r,
'S tric a bha mi'n sud gu dubhach,
    Caoidh nan càirdean tha fo 'n ùir.
Mo mhàthair 's m' athair tha 'nan sìneadh,
    'N cadal sìorruidh anns an uaigh ;
'S chaidh mo chopan searbh a lìonadh
    Nuair a dh' fhàg mi an sud mo luaidh.

Nis cha léir dhomh tìr nan àrd-bheann,
    Air mo shùil tha ceò air fàs ;
Am measg choigreach 's fad o m' chàirdean,
    Tha mi feitheamh air a' bhàs.
Thusa spioraid bhochd, tha'n daorsa,
    Ach cha 'n fhada bhios tu ann ;
Thig, a Bhàis, is thoir dhomh saorsa,
    Beannachd leat, a thìr nam beann !

Nature there is sweet and lovely,
  Hark ! the burnie's rapid flow,
While the air is richly scented,
  By the flowers that yonder grow.

'Twas in yonder cottage humble
  I the light at first did see ;
Desolation there is reigning
  Since I sailed across the sea.
Methinks I hear the mavis singing,
  Perched upon the branches high,
And the lark now warbles sweetly
  From the blue ethereal sky.

Yonder is the churchyard lonely,
  And the streamlet as of yore ;
Often have I there been weeping,
  For the friends that are no more.
Both my parents there are sleeping,
  Precious gifts by heaven bestowed !
When my partner was laid near them,
  Then my cup of grief o'erflowed.

From my vision now is fading
  All that once was dear to me ;
Far from friends, in midst of strangers,
  I am longing, Death, for thee.
Thou, poor spirit, art in bondage,
  Come, O Death ! and set it free ;
Albion, land of early childhood,
  Oh farewell, farewell to thee !

DH' FHALBH MO LEANNAN FHEIN.

Dh' fhalbh mo leannan fhéin,
Dh' fhalbh mo chéile lurach,
Misneach mhath 'na dhéidh,
Dhòmhsa b' éiginn fuireach ;
Dh' fhalbh mo leannan fhéin !

Nuair a thog thu siùil
Bha mo shùil a' sileadh ;
Dhuit-sa ghuidh gach beul,
" Slàn gu'n dean thu tilleadh."
Dh' fhalbh mo leannan fhéin !

Ghoid thu leat mo shlàint',
'S rinn thu m' fhàgail dubhach ;
'S gus an till thu ghràidh,
Chaoidh cha 'n fhàs mi subhach—
Dh' fhalbh mo leannan fhèin !

Tha mi ghnàth 'ga d' chaoidh,
'S mi 'ga m' chlaoidh le fadal ;
Bho'n a sheòl thu, rùin,
Tha mo shùil gun chadal—
Dh' fhalbh mo leannan fhéin !

Thàinig sgeul gu tìr
Leòn mo chridh' mar shaighead,
Gu'n robh thusa, luaidh—
'N grunnd a' chuain ad' laighe ;
Dh' fhalbh mo leannan fhéin !

'S cianail leam an sgeul ;
Ciod am feum bhi fuireach ?
Bidh mi leat gun dàil,
'S gheibh mi fàilte 's furan—
Dh' fhalbh mo leannan fhéin !

MY OWN DEAR ONE'S GONE.

Translated by Mr. A. M. ROSE.

My own dear one's gone,
  My true love's departed,
Happy be his lot,
    Though I'm broken-hearted.
      My own dear one's gone !

When thy sails unfurled,
  I with tears had stayed thee,
While each friendly lip
    " Safe returning " prayed thee.
      My own dear one's gone !

All my weal went then,
  Naught remained but sadness,
Till thou come again
    I can ne'er know gladness.
      My own dear one's gone !

Wailing aye for thee,
  I'm heart-sick with sorrow,
Sleepless now my eyes,
    From the eve till morrow.
      My own dear one's gone !

Sad ! sad ! news I hear,
  Piercing like an arrow,
That beneath the wave
    Sleeps " my winsome marrow."
      My own dear one's gone !

Sad the tale to me,
  Need I longer tarry ?
Death, to rest, and thee,
    Soon my soul will carry.
      My own dear one's gone !

DEALACHADH LEANNAIN.

SEIS.—Dhealaich mise 'nochd ri m' leannan,
Dhealaich mi ri m' leannan fhéin ;
Dhealaich mise nochd ri m' leannan,
Mìle beannachd as a déidh !

Och mo thruaigh ! cha d' fhuair mi fanachd
Leis a' chaileig mheal gach buaidh,
Theich an uair air sgiath na cabhaig'
'S b' fheudar dealachadh ri m' luaidh.

Ceart mar thriallas sgàil an tannaisg,
No mar dhealan anns an speur ;
'S ann mar sin a chaill mi sealladh
Air an ainnir fhuair mo spéis.

O'n a chuir mi fhéin ort aithne
Bha thu beusach, banail, ciùin,
Chaoidh cha 'n fhaic mo shùil air thalamh
Té cho airidh air gach cliù.

Blàth-shuil chaoin is caoile mala,
Cuailean mìn nan camag donn ;
Deud geal, grinn fo bhilean tana,
Cneas mar eala bhàn nan tonn.

Cha téid mise chùirt nan gallan,
Cha 'n eil aighear dhomh fo'n ghréin ;
'S ann a bhios mo chrìdh' fo smalan
Gus an till mo leannan fhéin.

A LOVER'S PARTING.

Translated by the AUTHOR.

CHORUS.— I have parted with my lassie,
    Yester eve she went away ;
    Sad I parted with my lassie,
    Heaven's blessing with her stay !

I had scarce exchanged the greeting
    Of the maid I loved so well,
For the moments quickly fleeting
    Made us breathe a sad " farewell."

With a vision's rapid motion,
    Or like lightning in the sky,
Fled the dream of my devotion,
    Leaving me to weep and sigh.

Since I knew thee, dearest maiden,
    Thou wert faithful, kind, and free ;
Now I'm sad and sorrow-laden,
    For thy like I ne'er shall see.

Auburn maid so blithe and merry,—
    Would that I could see thee now,—
Cheeks that vie with rowan-berry ;
    White as snow thy gentle brow.

Naught on earth can give me pleasure,
    Mirth and music cause me pain ;
Never, till I see my treasure,
    Shall I be myself again !

GUR TROM, TROM MO CHEUM!

O, gur trom, trom mo cheum
O'n là chaill mi do spéis!
'S tric na deòir ann am shùil
'S mi gu tùrsach ad' dhéidh.

Gheall thu dhòmhsa, a luaidh,
Gaol bhiodh firinneach, buan,
Ach 's ann shearg e mar bhlàth
Dh' fhàgas fàl air a' chluan.

Thug mi gaol dhuit 's mi òg,
'S bhithinn dìleas ri m' bheò,
Chaidh na saighdean am' chrìdh'
'G éisdeachd brìodal do bheòil.

Bho nach d'fhuair mi do làmh,
O, cha dual dhomh bhi slàn!
Cuiridh 'm bròn mi do 'n chill
As nach till mi gu bràth.

Gus an dùinear mo shùil
Anns a' chlò as nach dùisg,
Bidh mo ghaol ort gach là
Fhir nam blàth-shuilean ciùin.

HEAVY-HEARTED I MOURN.

Translation by LACHLAN MACBEAN.

———

Heavy-hearted I mourn
Since thy love changed to scorn ;
Frequent tears fill mine eyes,
And my sighs are forlorn.

Thou didst pledge to thy maid
Love that never would fade ;
But it suffered a blight,
Like a bright flower decayed.

My young heart to thee drew
With a love long and true ;
For thy words thrilled my heart,
And love's dart pierced it through.

Since thou canst not be mine,
I must sorrow and pine ;
And my days shall in gloom
To the tomb fast decline.

Till mine eyelids shall close
In their lasting repose,
My fond love ever true,
For my blue-eyed youth flows,

FUADACH NAN GAIDHEAL.

AIR FONN—" *Lord Lovat's Lament.*"

Gur a mise tha tùrsach,
A' caoidh cor na dùthcha,
'S nan seann daoine cùiseil
    Bha cliùiteach is treun ;
Rinn uachdarain am fuadach,
Gu fada null thar chuantan,
Am fearann chaidh thoirt uapa,
    'S thoirt suas do na féidh.

'S e sud a' chulaidh-nàire,
Bhi faicinn dhaoine làidir,
"'G am fuadach thar sàile
    Mar bhàrrlach gun fheum ; "
'S am fonn a bha àlainn,
Chaidh chur fo chaoirich bhàna,
Tha feanntagach 'sa ghàradh
    'S an làrach fo fheur.

Far an robh móran dhaoine,
Le 'm mnathan is le 'n teaghlaich,
Cha'n eil ach caoirich-mhaola
    Ri fhaotainn 'n an àit',
Cha 'n fhaicear air a' bhuaile,
A' bhanarach le 'buaraich,
No idir an crodh guaill-fhionn,
    'S am buachaille bàn.

Tha 'n uiseag anns na speuran,
A' seinn a luinneig ghleusda,
'S gun neach ann 'ga h-éisdeachd,
    Nuair dh' éireas i àrd ;
Cha till, cha till na daoine,
Bha cridheil agus aoibheil,
Mar mholl air latha gaoithe,
    Chaidh 'n sgaoileadh gu bràth.

THE DISPERSION OF THE HIGHLANDERS.

TRANSLATED BY THE AUTHOR.

I mourn for the Highlands,
  Now drear and forsaken ;
The land of my fathers,
  The gallant and brave ;
To make room for the sportsman
  Their lands were all taken,
And they had to seek out
  New homes o'er the wave.

Where once smiled the garden
  Rank weeds have their station,
And deer are preferred
  To a leal-hearted race.
Oh, shame on the tyrants
  Who brought desolation,
Who banished the brave
  And put sheep in their place.

Oh ! where are the parents
  And bairns yonder roaming ?
The scene of their gladness
  Is far o'er the main ;
No blithe-hearted milk-maid
  Now cheers us at gloaming ;
The herd-boy no longer
  Is seen on the plain.

The lark still is soaring,
  And sings in his glory,
With no one to listen
  His sweet morning lay ;
The clansmen are gone—
  But their deeds live in story—
Like chaff in the wind,
  They were borne far away.

AN CLUINN THU MI MO NIGHEAN DONN ?

Seis.—An cluinn thu mi mo nighean donn ?
    Dean éisdeachd 's thoir an aire dhomh,
    Tha móran dhaoine am beachd an diugh,
       Gur òg an leannan dhòmhs' thu.

Is ged a liath mo chiabhagan,
  Na cuireadh sin fo iargain thu ;
Cha'n eil mi sean am bliadhnachan,
  'S bu mhiann leam a bhi d' chòir-sa.

Thar chuantan mòr gun seolainn-sa,
  Is bheirinn dhachaidh stòras dhuit.
Gu'm bitheadh tu gu dòigheil leam,
  Ri d' bheo ma tha thu deònach.

Gur tric mi ort a' smaoineachadh
  'S ag aisling nuair nach saoil mi e,
An gaol thug mi cha chaochail e,
  Do'm chruinneig chaoimh tha bòidheach.

Nis 's aithne dhuit mo dhòighean-sa
  Gu'n d' chuir mi cùl ri gòraiche :
O, thig a ghaoil 's dean còrdadh rium,
  'S le deòin gu'n teid sinn còmhla.

Nis, sguiridh mi bhi'm sheoladair,
  'S air tir gu'm fan mi còmhla riut ;
Is òg a bha mi eolach ort
  'S gur bòidheach leam do dhòighean.

O LIST TO ME, MY PRETTY MAID.

CHORUS.— My pretty maid, thy pity share,
　　　And list to me attentively,
　　　" Thou'rt far too young, the folk declare,
　　　To be an old man's darling."

Although my locks are white as snow
　It was not age that left them so ;
That I'm not old in years, you know,
　So come and be my darling.

I'd sail across the stormy sea,
　And bring rich treasures home to thee,
Then be my mate and sail with me
　Upon life's sea, my darling.

I think of thee the live-long day,
　And dream of thee when far away,
My love for thee shall not decay,
　For long I've loved my darling.

My life and ways you know full well,
　My love for thee I cannot tell,
But come and ever with me dwell
　And be my own—my darling.

I'll cease to sail the ocean tide,
　At home with thee I'll ever bide,
And naught but good shall thee betide,
　For oh ! I love my darling.

HO-RO, MHAIRI DHUBH.

Cha dean mi car feum ma thréigeas mo leannan mi
  Ho-ro, Mhàiri dhubh, tionndaidh rium,
A bhean a chul dualaich's nan cuachagan camagach ;
  Ho-ro Mhàiri dhubh, tionndaidh rium ;
A Mhàiri na'n tigeadh tu, thaitneadh tu rium,
A Mhàiri na'n tigeadh tu, thaitneadh tu rium,
    Sa Mhàiri na'n tigeadh tu,
    B'e do bheath, againn thu
  Ho-ro Mhàiri dhubh tionndaidh rium.

Ma chaill mise m' eudail 's neo-eibhinn a bhitheas mi ;
  Ho-ro Mhàiri dhubh, tionndaidh rium,
Ag ionndrainn na h-òighe bha bòidheach 's sgiobalta,
  Ho-ro Mhàiri dhubh, tionndadh rium ;
O tarruing an taobh so a ghaoil tha mi 'g ràdh
O tarruing an taobh so—cha 'n fhaod mi bhi slàn.
    Na'n tilleadh mo leannan-sa
    'S mise bhiodh aighearach,
  Ho-ro Mhàiri dhubh, tionndaidh rium.

An cuala sibh 'n sgeula gu'n tainig mo leannan-sa,
  Thainig mo Mhàiri is tionndaidh i rium,
Tha mise làn éibhneis—cha tréig ise tuille mi
  Ho-ro Mhàiri dhiubh thionndaidh thu rium !
A Mhàiri o'n thainig thu tha mi làn mùirn,
A Mhàiri dhubh bhanail 's tu m' aighear 's mo rùn,
    Og-chuspair mo leannanachd,
    Dh'aisig dhomh fallaineachd,
  Màiri, mo Mhàiri dhubh, thionndaidh i rium !

HO-HO, MHAIRI DHUBH.

Translation by HECTOR MACDOUGALL.

All hope would depart were my love to forsake me,
    Ho-ro Mhairi Dhubh, turn ye to me,
Maid with the tresses so rich and so wavy,
    Ho-ro Mhairi Dhubh, turn ye to me ;
O, Mary, return, and how happy I'd be,
O, Mary, return, and how happy I'd be.
      I'd welcome my dear.
      Would she only come near,
    Ho-ro Mhairi Dhubh, turn ye to me.

Should I now lose my darling, my days would be weary,
    Ho-ro Mhairi Dhubh, turn to ye me,
Mourning the rare one that aye was so cheery,
    Ho-ro Mhairi Dhubh, turn ye to me ;
O, Mary, just come and forsake me no more,
My Mary, return my heart's blood to restore,
      If Mary would turn to me,
      Ne'er would I mourning be,
    Ho-ro Mhairi Dhubh, turn ye to me.

O, heardst thou the tidings ? My love and my treasure,
    Mary, my Mary, at last turned to me,
No more to forsake me, my life is one pleasure,
    Ho-ro Mhairi Dhubh, you've now turned to me ;
O, Mary, since now you have turnèd this way,
My youthful companion so sweet and so gay,
      My health is amending,
      My pleasure unending,
    For Mairi Dhubh bhòidheach has now turned to me !

A' MHAIGHDEAN ALAINN.

AIR FONN—" *Slan gu'n till na Gàidheil ghasda.*"

SEIS.—Seinneam duan a nis do 'n mhaighdinn,
A tha aoibheil, cridheil, coibhneil,
'S lìonmhor fear a' bheireadh oighreachd
Air son roinn do ghràdh a crìdh'.

Tha mo leannan dreachmhor, dìreach,
Is 'na gluasad socair, sìobhalt',
Cha 'n eil maighdean anns an sgìreachd,
Thig a nìos riut ann an gnìomh.

'S ann fo sgàile nam beann-àrda,
Dh' fhàs an rìbhinn a tha àlainn,
Labhraidh i gu blasda 'Ghaidhlig
'Chainnt is feàrr a tha 's an tìr.

Dh' fhàs i suas mar shòbhraig bhòidhich,
Modhail, màlda mar an neòinein,
Cha d' fhuair amaideachd no gòraich
Aite-còmhnaidh riamh 'na crìdh'.

Tha mo ghaol-sa cridheil, ceòlmhor,
Có 'na cuideachd a bhiodh brònach ?
Nuair a theannas i ri òrain
Faodaidh 'n smeòrach a bhi bìth.

Falt a cinn 'na dhualan òrdail,
Dhe cha 'n ioghnadh i 'bhi spòrsail,
Ceum gu bràth nach dochainn feòirnein,
Meòir is bòidhche air an sgrìobh'.

Cha 'n eil maighdean anns an dùthaich
Tha cho measail no cho cliùiteach,
'S iomadh h-aon a thug dhuit ùmhlachd,
Is a lùb dhuit anns gach nì.

THE PEERLESS MAIDEN.

Translation by MALCOLM MACFARLANE.

Sing the praises o' my dearie,
Aye sae winning, blithe, and cheerie ;
In her presence wha wad wearie ?
 For her a' wad riches gi'e.

In her figure, straight and slender ;
In her manner, kind and tender ;
Nature's sel' could hardly mend her ;
 In her movements, neat and free.

She was reared amang the Hielans',
Land o' crofts and summer shielins' ;
How it charms and warms the feelins'
 When she Gaelic speaks to me.

Like the daisy bloomin' bonny,
Like the primrose lo'ed by mony ;
She grew fairer far than ony
 And nae senseless ways had she.

When she sings there's nane sings sweeter,
E'en the mavis canna beat her ;
Wha'd be dowie ga'in tae meet her ?
 Wha could pairt frae her wi' glee ?

Doun her gracefu' shouthers flowing,
Her rich curls are golden glowing ;
Scarce her footsteps, lightly going,
 Bends the flow'ret on the lea.

Liked by ilka ane comes near her ;
And the langer kenned the dearer ;
North or South there's nane can peer her ;
 And she's a' the warld tae me.

O'n a chuir mi fhéin ort eòlas,
   'S tric a bha sinn cridheil còmhla,
Ach tha mis' an diugh am ònar
      Dubhach, brònach, is thu 'm dhìth.

'S ged a tha mi fad' air faontradh,
Thall 's a bhos air feadh an t-saoghail,
Air mo spéis dhuit cha tig caochladh,
      Thug mi gaol dhuit bhios gun chrìch.

CAISTEAL A' GHLINNE.

Chuir iad an Caisteal a' Ghlinne mi,
   'S an t-seòmar ìosal cho fuar ;
Chàirich iad mis' ann am prìosan,
   'S an fhìrinn agam 'ga luaidh ;
Creideas cha'n fhaighinn no éisdeachd
   Do'n sgeul a dh' fhàg mi fo ghruaim ;
'S ged ni iad mise a cheusadh,
   Cha'n éirich thus' as an uaigh.

Cadal cha tig air mo shùilean,
   'S gur tùrsach m' aigne gach là,
Cuimhneachadh maise mo rùin-sa,
   'S a ghnùis bha coibhneil a ghnàth,
Cridhe bha blàth agus mùirneach,
   Seinn ciùil mar uiseig 'sna neòil ;
'S truagh nach robh sinne le chéile,
   'S mi 'g éisdeachd briodal a beòil.

Thusa cha tig ann am ionnsaidh,
   'S cha dùisg thu á cadal a' bhàis ;
Ach tachraidh mise ri m' ùidh-sa
   An dùthaich bheannaicht' an àigh.
Mo leannan bheir maitheanas dhòmhsa,
   Ged leòn mi ise gu bàs ;
Crìoch cha tig air ar sòlas,
   Is bròn cha chluinnear gu bràth.

Though afar frae her I wander,
On my dear ane still I ponder ;
Ilka day but makes me fonder—
    Love like mine can never dee.

From the day when I first met her,
My desire has been to get her ;
Come what may I'll ne'er forget her
    Until death shall close my e'e.

THE CASTLE OF THE GLEN.
(Translated by HECTOR MacDOUGALL).

I'm placed in a dungeon so dreary,
    A chamber surrounded with gloom ;
My days in this prison are weary,
    Awaiting my dark day of doom.
No words of regret can avail me :
    My tale is unheeded by all,
And though death now so soon must assail me,
    Yet that cannot my dear one recall.

No sleep can respond to my sobbing ;
    I'm weary awaiting the dawn,
With fevers my brows are a-throbbing ;
    My thoughts by that grave near the lawn,
On that heart that was always so cheery,
    Those lips so enthralling in song—
O, that I were enclasped with my dearie,
    With love thoughts to guide us along.

Though nought may redeem that sad story,
    Nor from death can my loved one return ;
Yet, soon I shall meet her in Glory,
    The land where no more we can mourn.
I know that my dear will forgive me,
    Though in death I have wounded her sore,
There, together, our pleasure unending,
    We love, but we sorrow no more.

MAIRI OG.

Air Fonn—" *The Lass o' Ballochmy'e.*" *

O, 'm faca sibh an ribhinn og—
 Tha chòmhnuidh ann an tìr nam beann'!
Is deirge gruaidh na lith an ròis,
 'S a guth mar smeòrach ait nan crann.
O b'e mo mhiann, is grian mo shaogh'l,
 Bhi 'n gleann an fhraoich 's am bi na h'eòin
A' seinn gu tric na duanaig ghaoil
 Do m' rìbhinn aobhaich Mairi òg.

O, 's ann an uair a bha sinn òg
 'S gu h-aotrom gòrach taobh nam bruach
A rinn thu, ghraidh air tùs mo leòn
 Le gaol, ri m' bheò, nach fhaod mi luaidh.
A' buain nan ròsan air an raon,
 Ri cleasachd fhaoin am measg nan lòn,
'S ag éisdeachd ceòlraidh bhinn nan craobh
 Le m' ribhinn ghaolaich Mairi òg.

Ach b' fheudar triall gun dàil o taobh
 Gu cùl an t-saogh'l, air àird a' chuain,
'S gur tric a chualaim guth mo ghaoil,
 'San oiteig fhaoin a' tigh'nn o'n tuath ;
Is ghleusainn duanag do 'n té bhàin,
 'S mo chridh'-sa làn de ghaol gun ghò,
Is ann am bruadair tha mi ghnàth
 Le m' ribhinn mhàlda Màiri òg.

O, 's e thu bhi cho fad o m' thaobh
 A dh' fhàg an saogh'l cho faoin anı shùil ;
Ach thig thu òirnn mar ghrian fo aoidh,
 Is bheir sud faochadh dhòmhsa, rùin.
Grad-phillidh mi, a luaidh, thar sàil
 A mhealtainn gràidh do chruth ri m' bheò ;
Is O, cha tréig mi féin gu bràth
 An rìbhinn àlainn Màiri òg.

* If sung to the modern set of this melody, the chorus or refrain will run :—
An rìbhinn òg, an rìbhinn aobhach òg,
An ribhinn aobhach, àlainn Màiri òg.

PART IV.

GAELIC READINGS.

SEUMAS CUBAIR

Bhuineadh Seumas Cùbair, no "Seumas nan Gogan," mar a theireadh daoine ris, do Cheannloch Chille-Ciarain. Anns an àm sin cha robh soithichean creadha cho cumanta 'sa tha iad an diugh, agus mar sin cha robh teaghlach aig nach robh dhà no trì ghogain a réir meudachd an teagh-laich. 'S ann as na gogain so a bha chlann a' faotainn am brochain gach latha. Mar so bha Seumas Cùbair air a chumail ag obair gu dil ré a' Gheamhraidh, agus nuair thigeadh an Samhradh b' àbhaist do Sheumas nan Gogan dol mu thuath thun iasgach an sgadain, a dheanamh 's a chàireadh bharaillean sgadain ; agus thigeadh e dhachaidh le tagan math airgid. Theireadh daoine—ach 's iomadh rud a their daoine nach 'eil fìor—nach robh an t-ochdamh àithne a' cur móran dragh air Seumas Cùbair, gu sònraichte nuair a bha e bho'n tigh, agus nuair a chitheadh e fiodh freagarrach air son deanamh ghogan gu'n deanadh esan dòigh air an fhiodh sin a thoirt dhachaidh do Cheannloch.

Bliadhna bha sin thuit dha bhi mu thuath ; is faicear teann air tigh duin'-uasail craobh eireachdail a bhiodh anabarrach freagarrach air son gogain a dheanamh na 'n robh i aige an Ceann-loch. Chual e gu'n robh esan leis am bu leis an oighreachd o'n tigh ; agus thàinig thusa, Sheum-ais, agus gheàrr thu a' chraobh 'na mìrean freagarrach air son a giùlan air bòrd. Tha e coltach gu'n do thill an t-uachdaran air ais mu'n do sheòl am bàta-sgadain mu dheas ; dh' ionndrainn e a' chraobh, is leag e amharus air sgioba "Oigh na Mara," am bàta air an robh Seumas nan Gogan 'na chùbair. B'e an lagh anns an àm ud neach sam bith a bha ciontach de bhi gearradh chraobhan gun chead an uachdarain gu'n rachadh an làmh a ghearradh

H

dheth bho chaol an dùirn. Chaidh h-aon an déidh aoin de sgioba "Oigh na Mara" a chur air am mionnan, is dh' àicheidh iad gun do bhean iad do chraoibh no do shlait air an oighreachd. Mu dheireadh chaidh Seumas Cùbair a ghairm. Bha fhios aig Seumas gu 'm b 'esan an ciontach, agus bha e sgàthach mionnan-eithich a thabhairt ; aig a' cheart àm cha robh toil sam bith aige dol dhachaidh leis an leth-laimh ; agus 's e rinn e : gabhail air gu'n robh e faoin—tur mearanach.

Nuair a chuir iad 'na sheasamh anns a' chrò bheag e mu choinneamh an t-Siorraim, spleuchd e mu 'n cuairt air a' chùirt, is air an t-Siorram, cho neo-chiontach coltas ri aon duine a sheas riamh air bonn bròige.

Nis, cha robh Gàidhlig an t-Siorraim ro mhath—an robh innte ach seòrsa de Ghàidhlig-Ghallda—agus le dìth cleachdaidh bha i meirgeach gu cùl a droma, agus cha b' fhada bha Seumas Cùbair gus an do thuig e so ; agus rinn a feum math de 'n eòlas sin. So mar chaidh an ceasnachadh air aghaidh :—

AN SIORRAM.—De'n t-ainm th' air thusa ?

AN CUBAIR.—Dé b' àill leibh a dhuine choir ? Tha mise car maol 'sa chlaisdeachd.

S.—De 'n t-ainm th' air thusa ?

C.—Ma tà, dhuine chòir, their mise ainm cuimseach sam bith an Gàidhlig : taing do Ni Math cha 'n eil mi aona chuid liotach no gagach.

S.—'Se tha mise 'g ràdh, Có an t-ainm tha ortsa ?

C.—'Ne sin tha sibh ag ràdh—nach mi tha fàs bodhar—tha ormsa, le'r cead, m'ainm fhéin.

S.—Cha 'n e sin tha mi smaoineachadh idir, ach de an t-ainm tha ort ?

C.—Ma ta, tha ainm math gu leòir—Seumás.

S.—Ach có an t-ainm eile th' ort ?

C.—Cha 'n eil ainm eile orm, no ionndrainn air ; tha mi làn-thoilichte le m' ainm 's le m' shloinneadh,

S.—Sin e, sin e, thubhairt thu fhéin e. Is e tha mi 'g ràdh, Ciod an sloinneadh tha ort?

C.—Tha dìreach an sloinneadh a bh' air m' athair 's mo sheanair romham. Buidheachas do Ni Math, cha deachaidh mi fhéin as àicheadh m' ainme no mo shloinneidh riamh—buinidh mise do shliochd nan Rìgh 's nan cèard— na Stiùbhartaich. Sin agaibh-sa an fhìrinn, smior na fìrinn.

S.—Ceart, fìor. Fhuair mi t' ainm uile, agus a nis, feumaidh tu mionnachadh.

C.—'Dhia gléidh sinn! Có tha mi ri mhionnachadh?
S.—Feumaidh tu mionnachadh mar a ni mise.

C.—Seadh, seadh ma ta. Is fhada o'n a chuala mi an seanfhacal—" An ni nach dean cron do bhàillidh Dhiùra, cha chiùrr e Rùsgan Mac Phàil." Rachaibh ris na mionnan.

S.—Cha'n eil thu tuigsinn nam mionnan agamsa.

C.—Theagamh nach eil, gu sònraichte gus an cluinn mi iad. Am bheil feadhainn ùra agaibh?

S.—Tog a suas do làmh cheart is abair na mionnan so as mo dhéidh-sa.

C.—An i mo làmh dheas a tha sibh a' ciallachadh? Tha mise deas, rachaibh ris an lughadaireachd.

S.—Abair so as mo dhéidh-sa—" Tha mi a' bòideachadh gu'n innis mi an fhìrinn mar ann an làthair Dhé."

C.—Ubh, ubh! An iad so na mionnan is' reasgaiche th'agaibh? Cha chuir iad sin cualag orm.
Is dh' aithris e briathran an t-Siorraim gu fileanta.

S.—Nis tha thu réidh.

C.—Tapadh leibh. Beannachd leibh. Latha math dhuibh. Is rinn an Cùbair gu falbh.

S.—Stad, stad. Cha d'innis thu dhomh de cho sean 's a bhitheas tu.

C.—Ma ta, le'r cead cha d'innis. Is ceist sin dà-rìreadh. Fhuair na daoine d'am buin mise aois mhór. Bha m'athair

a' streap ris a' cheud mu'n d'fhalbh e, agus bha mo mhàthair
—stadaibh sibhse nis gus an cuimhnich mise—

S.—Stad. Cha 'n è sin tha mise 'g ràdh, ach dé cho
sean 'sa tha thu nis ?

C.—Och mo chreach ! Is ceist eile sin, ach bheir mise
dhuibh m' aois gus an latha. Innsidh mise 'n fhirinn. Is
mi fhéin agus Mór Bhàn Nic Dhùghaill na comhaoisean—
eòin an aon earraich.

S.—Is dé cho sean 's a tha ise ?

C.—Ma ta, ma chreideas sibh i fhéin, cha 'n eil i sean
idir.

S.—So, so, dé cho sean 's a tha thu ? Cuin a chaidh do
bhreith ?

C.—Socair bhòidheach, is gheabh sibh-se sin gus an
latha. Rugadh mise Di-màirt Inid a' bhliadhna dh'
fhalbh am buntàta, is cunntaibh fhéin sin o'n is sgoilear sibh.
Buidheacheas do Ni Math, cha d' fhuair mi fhéin a' bheag
de'n sgoil riamh, 's e's lugha dragh.

S.—Am bi thu trì fichead is deich ?

C.—Tha mi 'n dochas gu'm bi 's an còrr, mar a dh'innis
mi dhuibh cheana ; fhuair an teaghlach d' am buin mise—

S.—An abair mi gu'm bheil thu leth-cheud ?

C.—Faodaidh sibh sin gu teàrainte. Is fada ghabh
sin o dheich is trì fichead. " Is mór òirleach bhàrr sròin
duine."

S.—Nis fhuair mi t' ainm, is dé cho sean 's a tha' thu.

C.—Fhuair sibh sin facal air an fhacal á beul na fìrinn ;
's ann a tha sinn a' tighinn air a chéile gu h-éibhinn, " ged
a b' fhada bho chéile crodh-laoigh ar dà sheanar."

S.—Seadh, ma ta. Innis dhomh ciamar tha thu tighinn
beò ?

C.—Aig Dia tha fios ? Tha gu math meadhonach
iomadach uair, cead dhuibhse.

S.—Cha 'n è sin tha mi 'g ràdh ; ach ciod a tha thu
dèanamh an *so* a *nis* ?

C.—Ma ta, le 'r cead, 's ann agaibh fhéin is fheàrr tha
fhios air a sin. Cha b'e mo roghainn tighinn.

S.—Tha thu tighinn beò ann an soitheach sgadain.

C.—Cead dhuibhse, cha 'n eil, 's ann tha mise seòladh
air iùbhraich dharaich d'an ainm " Oigh na Mara."

S.—A nis eisd so. Am bi thu gearradh coille ?

C.—Dhia gléidh sinn ! Cha do ghèarr mise coille
riamh. Cha bhuin mise do na coillearan idir.

S.—Is ciod do dhreuchd ?

C.—Mo dhreuchd ! Cha lighich 's cha Phears' eaglais
mi ; ach dìreach cùbair bochd a mhuinntir Chinn-tìre.

S.—Am bi thu cùbaireachd sgadain an Cinn-tìre ?

C.—Ma tà, le 'r cead, a dhuine chòir, cha'n eil an sgadan
againne am feum na cùbaireachd.

S.—Agus ciod a chumas beò thu fad a' gheamhraidh an
Cinn-tìre ?

C.—Aig na ròin tha brath ! Ach a dh' innseadh na
fìrinn dhuibhse, cha'n eil mi fhéin trom air an annlann, 's
tha 'm brochan saor, 'sam Freasdal a' cur oirnn.

Bha an Siorram a' fàs sgìth de 'n chonaltradh, ìs e a'
faicinn gu'n robh a' chuid a b' fheàrr aig a' Chùbair daonnan.
Bha na sgaoimearan òga Gaidhealach a bha 'sa chùirt 'nan
sreadanan a' gàireachdaich air Gàidhlig an t-Siorraim 's
mar a bha an Cùbair 'ga thoirt dheth. Mu dheireadh chuir
an Siorram a' cheist so air—

S.—Amhairc orm le d' dhà shùil agus freagair a' cheist
so gu fìrinneach—

'An do bhuain thusa, Di-luain so chaidh, coille Fear a'
Ghlinne ?

C.—Cha do *bhuain* mise, le'r cead, coille riamh, le Fear
a' Ghlinne, no le fear eile.

S.—Ni sin feum. Tha a' chùirt a nis seachad.

Nuair a thachair an Cùbair air a' chòrr de 'n sgioba,
thuirt Eóghan Breac ris—" Nach b'uamhasach dhuit
mionnan-eithich a thoirt aig a' chùirt."

"Cha tug mise mionnan-eithich," ars' an Cùbair. "Dh'
fheòraich an Siorram dhiom an do *bhuain* mise coille Fear
a' Ghlinne, is thuirt mise nach do *bhuain*. Cha bhi iad a'
buain nì is àirde na raineach no luachair 'san dùthaich
againne ; 's e gearradh a nì iad air coille."

Goirid 'na dhéidh so sheòl " Oigh na Mara " dhachaidh·:
agus is iomadach gogan a rinn an Cùbair á craoibh Fear
a' Ghlinne, ré a' gheamhraidh.

Bha nighean eireachdail aig a' Chùbair, aig an robh
uiread leannan 's a bh'aig " Nighean bhuidhe Choire-
buidhe." Cia mar so tha 'n rann ?

" Nighean bhuidhe Choire-buidhe,
　　Sè-deug leannan air a tòir ,
　　H-uile fear dhiubh 'bristeadh chridhe
　　Gu bhi oirre faighinn còir.
　　Dh' fhàg sud Nighean Choire-buidhe
　　Air a milleadh le meud-mhòr.

" Mo thruaighe Nighean Choire-buidhe,
　　'Se bu deireadh d'a cuid tàir ;
　　I bhi, gun aon neach 'ga faighneachd,
　　'Na sean-mhaighdinn leis am b' fhèarr
　　Na bhi tuilleadh tìm 'san t-sealbh ud,
　　Ruith air falbh le balach ceàird , "

Cha b'e so idir a bu deireadh do nighean a' Chùbair.
Nuair a thuig esan mar a bha cùisean, thuirt e gu'n tugadh
e i do 'n fhear a b' fheàrr a chuireadh cearcal air gogan.
Thàinig an latha is thàinig na suirghich. Dh' fheuch fear
is fear ris a' chearcal a chur air a' ghogan, ach bhrist iad e leis
a' bhuille mu dheireadh. Nuair a bha leannan a cridhe
dol a dh' fheuchainn a' ghnothaich, chuir i 'n cagar so 'na
chluais—

　　" Nuair a sguireadh an cearcal a dhol,
　　　　Sguireadh m' athair d'a chur."

Thuig am fear eile ciod a bha i a' ciallachadh, agus rinn e da réir, is bhuidhinn e Màiri nighean a' Chùbair.

Phòs iad goirid 'na dhéidh so, 's mur do shiubhail iad bho sin tha iad beò fhathast.

OIGHREACHD NAN GAIDHEAL.

CHAIDH AN ORAID A LEANAS A LIUBHAIRT LE " FIONN " AIG MOD A' CHOMUINN GHAIDHEALAICH AM BAILE-BHOID, 1908.

A LUCHD-DUTHCHA.—Ceadaichibh dhomh anns an dol a mach, taing a thoirt dhaibh-san a thug an cothrom so dhomh air labhairt ruibh ann an cànain aosda ar dùthcha— a' chainnt sin ris an dean cridhe a' Ghàidheil sodan ; oir is fuar da-rìreadh cridhe a' Ghàidheil nach beothaich nuair a chluinneas e pongan na Gàidhlig.

A nis, a chàirdean, cha mhinistear 's cha mhac ministeir mi, 's cha mhò tha iarraidh agam air searmoin a thoirt dhuibh ; aig a cheart àm tuigidh sibh cho feumail 's a tha e do dhuine ceann-teagaisg a bhi aige. Air an aobhar sin roghnaich mi beagan fhacal a ràdh air " Oighreachd nan Gàidheal "—'s e sin na sochairean a bhuineas dhuinn mar iarmad Thìr nam Beann.

A nis, tha cho dual gu bheil cuid an so an diugh aig nach 'eil breithneachadh ceart mu lànachd na h-oighreachd so, no fios cinnteach co aige tha còir seilbh oirre. Tha e bhuam an dà ni sin a dheanamh soilleir.

Thàinig Oighreachd nan Gàidheal a nuas mar dhìleab luachmhoir bho na daoine bho'n d'thàinig sinn—siol nan sonn—agus, eu-coltach ri oighreachdan eile, cha 'n eil i ri bhi air a buileachdadh air aon oighre a mhàin, chum a

chead a dheanamh leatha—mar is aithne dhuibhse is
iomadh oighre chuir e fhéin 's an oighreachd a dholaidh ann
an aona bhliadhna—'s ann a tha i air a solaradh air sliochd
nam beann mar oighreachan ann an co-roinn, chum i bhi
air a cur gus a' bhuil is feàrr ré am beatha ; agus, an sin,
ri bhi air a liubhairt dhoibhsan a thig 'nar déidh, air a
h-àrdachadh ann an luach agus ann am maise leinne—
oighreachan eòlais agus ealdhain nan linntean a chaidh
seachad.

Agus a nis, ciod i an oighreachd so, an dìleab phrìseil, a
bhuineas do na Gàidheil ? Thar leam gu'm faod sinn a
ràdh gu'm bheil i a' co-sheasamh ann an ceithir nithean a
ghabhas paidhreachadh mar so—

1. Tìr agus Teanga.
2. Ceòl agus Cleachdainnean.

Facal no dhà, ma tà, air " Tir agus Teanga."

Is fìor an ràdh so : gu'm buin fearann dùthcha do
nàisinn na dùthcha sin. Is fìrinn i a chaidh a dhearbhadh
do na Gàidheil mar nach deachaidh a dearbhadh do chinn-
eadh eile air uachdar an domhain ; agus sin anns na làithean
deireannach so, am measg Ghàidheal na h-Eireann an tois-
each, agus an sin do Ghàidheil na h-Alba nuair a fhuair sinn
Achd nan Croitearan.

Tha an t-Achd sin air a stéidheachadh air an fhìrinn so
gum bheil còir nach gabh sgaradh aig Gàidheil air am
fearann dùthchais. Mar dhearbhadh air an so tha sinn a'
faicinn gur iad na siorramachdan sin a mhàin anns am bheil
Gàidhlig air a labhairt leis an tuath, a tha mealtainn
sochairean luachmhor Achd nan Croitearan. Tha so a'
dearbhadh gur ann an Gàidhlig a tha còir nan Gàidheal air
am fearann dùthchais air a sgrìobhadh. Thar leam gu 'n
tig e dhuinn fheòraich ciamar a thachair e nach 'eil tuath
bheag an eilein so a' mealtainn sochairean Achd nan
Croitearan. An ann a chionn gu'n do leig iadsan leis a

Ghàidhlig dol a dhìth, a chaill iad na sochairean luachmhor
a bhuineas dhaibh-san a lean ris a' Ghàidhlig? Ach, a
chàirdean, thar leam gu'n cluinn mi sibh ag aithris an
t-seanfhacail—"Cha 'n ann am Bòd uile tha 'n t-olc; tha
cuid dhe 'n Arrainn." Tha sibh ceart. Chaill, cha 'n
e mhàin Airrainn le a Gàidhlig, ach siorramachd Pheairt
cuideachd, na sochairean a bhuilich Achd nan Croitearan
air a' chòrr de'n Ghaidhealtachd, a chionn gu 'n robh iad
coma co dhiùbh nuair a bha strith an fhearainn a' dol air
aghaidh—a chionn nach do thog iad Bratach na Gàidhlig
ri crann, 's nach do sheas iad gualann ri gualainn leòsan a
bha cathachadh air son an còirichean dligheach, agus a
choisinn troimh chruadal na sochairean sin a tha iad a nis
a' sealbhachadh ann an sìth. Ach theagamh gu 'm faigh
iad so àm gu aithreachas; oir tha Achd nan Croitearan air
a stéidheachadh air an fhìrinn shuidhichte so gu 'm buin
fearann an Gàidhealtachd do na Gàidheil—is cha 'n eil anns
an Achd, mar so, ach eàrlas air na bhios fhathasd air a
strìochdadh do shliochd nam beann ma bhitheas iad aon-
sgeulach, seasmhach agus duineil, agus ma leanas iad air
labhairt na teanga sin anns am bheil an còirichean dligheach
air an tasgadh.

Tha sinn a' faicinn a nis gur iad Tìr agus Teanga roinn
mhòr de dh' oighreachd nan Gàidheal. Nis, tha fhios
agaibh mu'm faigh neach sealbh air oighreachd, gu'm feum
e a chòir air an oighreachd sin a dhearbhadh. Buinidh an
oighreachd so do Chlanna nan Gaidheal—is nach iad sin
iarmad nan daoine calma a bh' ann, a tha nis a chòmhnaidh
ann an Tìr nam Beann, 's a tha labhairt cànain aosda an
sìnnsire.

Tha so uile a' nochdadh dhuinn cho feumail 's a tha e
a' Ghàidhlig a chumail suas a dhearbhadh ar còir air an
oighreachd luachmhoir so. Nis cha 'n mhàin gu'm bheil
e feumail gu'm biodhmaid a' labhairt na Gàidhlig cho tric
's is urrainn sinn, ach gu'm biodhmaid 'ga leughadh is 'ga

sgrìobhadh. Tha e mar fhiachaibh oirnn so a dheanamh chum còirichean na h-oighreachd a shìneadh sìos dhaibhsan a thig 'nar déidh. Dh' fhalbh làithean nan seanchaidh, is cha 'n eil meomhair againn a nis mar a bh'aca o sheañ. Is i so linn an sgrìobhaidh agus a' chlo-bhualaidh. Nis, an ni a labhrar théid e as cuimhne ann an tiota ge b'e cho taitneach 's a bha e ; ach an ni sin a sgrìobhar no a théid a chlobhualadh mairidh e do'n linn a thig 'nar déidh. Air an aobhar sin bu chòir do gach Gàidheal bhi comasach air a chànain dhùthchasach a leughadh 's a sgrìobhadh ; agus thigeadh e dhaibhsan is urrainn Gàidhlig a leughadh cheana, gach leabhar Gàidhlig a cheannach mar mhisneach dhiabh-san tha gabhail an t-saothair leabhraichean Gàidhlig a sgrìobhadh. Na cuireamaid seachad ùine, is na cosdamaid sgillinn ruadh air gnothaichean faoine nach eil a chum feuma dhuinn is nach cuidich leinn anns an obair so. Is i a' Ghàidhlig a' cheist air am bheil ar beatha mar Ghàidheil an crochadh. Ma théid againn air a cumail beò, gheabh sinn gu cinnteach a' bhuaidh ; ach ma leigear bàs i caillidh sinn gach buaidh a tha 'gar comharrachadh mar shluagh air leth, agus a thug dhuinn an ceum-toisich gus a nis, oir is i a Ghàidhlig an iteag is àirde 'nar boineid.

Ach, a luchd-dùthcha, tha 'n seanfhacal ag ràdh : " Far nach bi nì caillidh an Righ a chòir." Nis cha toigh leam a bhi cur an uilc air mhanadh ; ach mur éirich na Gaidheil a dh' aona bheum 's a dh' aona bheachd, bithidh a' Ghàidhealt-achd an ùine ghoirid, 'na fàsach, 's na Gàidheil, a h-oighre-achan dligheach,

> " Air am fuadach thar sàile
> Mar bhàrrlach gun fheum,"

a dheanamh àite do bheathaichean ceitheir-chasach. Nuair a thachras sin caillidh na Gàidheil an còir ; oir cha bhi iad idir ann !

"Tha sìol nan sonn 'gan cur air chùl,
'S am fearann 'ga chur fàs ;
Tha féidh is caoirich air gach stùc
Far'n robh na laoich a' tàmh ;
Tha cinneach eil' air teachd do'n ùir
'S ag éirigh suas 'nan àit,
Tha toirt am bòidean air gach dùil
Gu'm faigh a' Ghàidhlig bàs.

An leig sinn eachdraidh chaomh ar tìr
A sgrìobadh de gach clàr,
'S a' Ghàidhlig chòir a chur a dhìth
Le linn nach tuig a gnàths ?
A' chànain aosda, ghlòrmhor, bhinn,
A dhùisgeadh fuinn nam Bàrd,
Am fan sinn dìomhanach gun suim
Is daoi 'ga cur gu bàs.

Dùisg suas, a Ghàidhlig, 's tog do ghuth,
Na biodh ort geilt no sgàig ;
Tha ciadan mìle dìleas dhuit
Nach dìobair thu 'sa bhlàr ;
Cho fad 's a shiùbhlas uillt le sruth
'S a bhuaileas tuinn air tràigh,
Cha'n aontaich iad an cainnt no'n cruth
Gu 'n téid do chur gu bàs."

Facal no dhà, a nis, air an dàrna earrainn de dh' Oighreachd nan Gàidheal—Ceòl agus Cleachdainnean.

Is fìor thaitneach an ni an ceòl ; agus cò a b'fheàrr a b'aithne sin na na Gàidheil ? Cha robh suidheachadh anns an do chuireadh an Gàidheal riamh nach robh ceòl freagarrach aige air a shon. Ma bha e dubhach, brònach bha gu leòir de phuirt thiamhaidh aige—mar a bha cumhachan agus marbh-ruinn ; ma bha e cridheil, sunndach bha

rogha is tagha nam port iollagach, ealanta aige ; 's ma bha
a chridhe 'mireag ris, is fonn dannsaidh air, nach robh na
puirt-a-beul aige ; oir, mar a thuirt am fear eil' e—

" Is tric a bha sinn, fhir mo chridhe,
    Gun phìob, gun fhidhill a' dannsadh."

Nis, tha e mar fhiachaibh oirnn a' chuid so de'n dìleib
luachmhoir so a shìneadh, cha'n e mhàin gun bheud gun
smal, do 'n linn a thig 'nar déidh, ach air a deanamh nas
maisiche is nas luachmhoire leinne, oighreachan nan
iomadh linn. Rinn an Comunn Gàidhealach cuid mhath
ann a bhi tional Ciùil nan Gàidheal, ged nach do rinn e
mòran chum a chraobh-sgaoileadh. Cha deachaidh esan
a mholadh air son a chùraim, a cheangail a thàlant gu
sàbhailt an nèapaicinn—ni mò a gheabh sinne cliù air son
a bhi leanailt cleas an spìocaire, a nì prìosanach de gach ní
a théid 'na mhàileid. C'ar son nach bitheadh an ceum-
toisich aig a' Chomunn anns an ni so, ma tha iad murrach
air a ghleidheil, seach a bhi leigeil le Goill is Sasunnaich ar
ceòl bòidheach a mhilleadh le bhi 'ga chlo-bhualadh ann
an dòigh tha leigeil ris gu soilleir nach eil iad a'tuigsinn na
cànain no gnàthas a' chiùil. Is chuirinn clach an càrn a'
Bhàird Dhiùraich nach maireann, le bhi 'g aithris rann no
dhà a rinn e air " Na Seann Orain "—

" O, creid gur fìrinn a tha mi 'g ìnnseadh ;
  Is ionmhas prìseil do thìr, a h-òrain ;
  Cha dìleab shuarach o'n bhàrd, a dhuanag,
  Ged 's beag, mo thruaighe ! chuir i 'na phòca.

O, ceòl ar dùthcha, is spiorad iùil e
  A tha 'gar stiùradh air cùrsa mòrachd—
  An cumail ùrail nam beusan fiùghail
  A choisinn cliù dhuinn an cùis na còrach,"

Agus ciod a their mi nis mu na cleachdainnean a bh' aig
na Gàidheil o shean, air am bheil am bàrd a' deanamh
aithris nuair tha e a' seinn—

" Is toigh leinn na cleachdainnean ceanalta bh'ann ;
Na biodh iad air dhì-chuimhn' a nis aig a' chloinn :
An coibhneas, an càirdeas, am bàidh is an t-eud,
Thug cliù dhaibh 's gach dùthaich fo chùirtean nan
speur."

Is e fàth mo mhulaid gu'm bheil móran de na seana
chleachdainnean ceanalta a bhuineas dhuinn mar Ghaidheil,
cha 'n e mhàin air an leigeil air dhi-chuimhne, ach gu'm
bheil na Gàidheil ag altrum agus ag àrachadh 'nan àite
cleachdainnean truaillidh, dìblidh, Gallda, a bhuineas do
dhruaip a' bhaile mhóir. Nis, cha 'n eil mise dol a dhean-
amh droch dhuine dhiom fhéin le bhi 'g aithris nan cleachd-
ainnean mi-cheanalta sin air leth, a' cuimhneachadh firinn
an t-sean-fhacail : " Tuigidh gach cù a chionta ; " agus air
eagal gu'n abair daoine : "An innisg 'ga cur 's a bun aig
a' bhaile ; " ach their mi so, a dh'aindheoin is co dhiùbh,
gur tàmailteach an nì e ri fhaicinn gur e Gàidheal anns an
deise Ghàidhealaich suaicheantas nan grùdairean is nan
òsdairean.

Nis, tha cagar beag eile agam ri chur 'nur cluais—o'n
is anns a' Ghàidhlig a tha mi bruidhinn, is nach tuig na
Goill sinn—is e sin an droch chleachdainn so, eud á cach a
chéile. Ma thuiteas gu'm faigh Gaidheal urram air son a
thapachd, no ma dh' éirich e an inmhe is an cliù beagan nas
àirde na chompanaich, an àite pròis a bhi air a luchd-
dùthcha as a thapachd, 's ann a dh' fheuchas iad ri thoirt
gu leathad ; agus ma tha urram no onair aca ri bhuileach-
adh air neach, siùbhlaidh iad seachd sgìreachdan an tòir
air Gall no Sasunnach is bheir iad dhàsan an t-urram seach
a thoirt d' am fear-dùthcha féin. Is ma dh' fhairtlicheas

orra Gall no Sasunnach fhaotainn, bheir iad an t-urram do 'n fhear-dùthcha sin is lugha gnìomh 's is lugha am bheil de fhearalas an fhìor Ghàidheil, ach is mò a chleachdas de chainnt bhrosgullaich, bhaoith, gun seadh, gun stéidh, anns a' chànain choimhich.

Tha ni eile ann, is tha na Goill fhéin a' toirt an àire dha, is e sin : an déidh na their na Gàidheil mu an spéis do 'n cànain féin—a' Ghàidhlig—gur e fìor bheag dhiubh a tha comasach air a' chànain sin a leughadh, gun ghuth air a sgrìobhadh. Ciod is aobhar dha so ach an dearg leisg. Na 'n robh iad cho déidheil air a' Ghàidhlig 's a tha iad a cumail a mach, ghabhadh iad an dragh iad féin fhòghlum anns a' chànain so.

Faodaidh sinn a bhi ag éigheach " Suas leis a' Ghàidh-lig " gus an tig tùchadh 'sa mhuineal againn ; ach cha bhi e chum stàth air bith mur cleachd sinn a bhi labhairt, a' leughadh agus a' sgrìobhadh na seana chànain mhàthaireil.

Ach, a luchd-dùthcha, nach mithich a bhi sgur de 'n trod, agus a bhi teannachadh mo ròpain.

Tha mi 'n dòchas gu'n do rinn mi soilleir dhuibh uile gu'm bheil oighreachd luachmhor air a fàgail mar dhìleab aig na Gàidheil ; agus, a nis, ciamar a tha sinne ris an oighreachd so a shealbhachadh 'na h-uile lànachd ? Ann a bhi tagradh air a son cuimhnicheamaid gur e " bhi modh-ail, dàna lagh na cùirte." Ma théid againn air a dhearbh-adh gur sinne fìor Chlanna nan Gàidheal, is gur i a' Ghàidhlig ar cànain, is leinne gu cinnteach an oighreachd. Mar na h-oighreachan dligheach air dìleab cho luachmhor, thig e dhuinn sinn féin a ghluasad gu h-uasal, glic, stuama, tuigseach, a' cuimhneachadh an t-seanfhacail : " Cha 'n fhaigh amadan oighreachd."

Is tric a tha e air a sparradh air a' Ghaidheal : " Cuimh-nich air na daoine o'n d' thàinig thu ; " is cha 'n eil teagamh nach faod so sparradh a thoirt dhà air an t-slighe cheart ; ach is e their mise aig an àm so : cuimhnich orrasan a thig 'nad dhéidh, is dean buil cheart de na fhuair thu ; oir ma leigeas tu a dholaidh an oighreachd luachmhor so, éirigh ginealach eile as do dhéidh a mhallaicheas thu air son mar a chuir thu a dhìth oighreachd Chlanna nan Gàidheal.

Bho shean, nuair a bha na Gàidheil a' gabhail seilbh air fearann, bha e 'na chleachdadh aca a bhi losgadh "sop-seilbh" air earrainn dhe. Nach faod mi ràdh gu'm bheil sinne an so an diugh ag athnuadhachadh ar bòidean a bhi dìleas do ar Tìr is do ar Teanga, ar Ceòl is ar Cleachdainn-ean, is a' cur teine ri ar sop-seilbh aig a' Mhòd, mar dhearbhadh gur sinne Clann nan Gàidheal is gu'm bheil sinn ag gabhail seilbh air oighreachd phrìseil iarmaid Thìr nam Beann.

Ma bhitheas sinne dìleas d'a chéile, dìleas d'ar dùthaich, is dìleas d'ar cànain, 's a' cumail suas seana chleachdainnean nan Gàidheal, chì sinn a' Ghaidhealtachd fhathast 'na dachaidh ghreadhnaich aig na Gàidheil, is iad uile gu seasgair sona ag àiteachadh Tìr nam Beann ann Gleann 's nan Gaisgeach.

DOMHNULL-NAM-PRAT AIR A' GHALLDACHD.

Tha an sean-fhacal ag ràdh. "Am fear a bhios carach 'sa bhaile so bidh e carach 'sa bhail' ud thall"; agus dhearbh Dòmhnull-nam-Prat fìrinn an t-sean-fhacail ; oir bha na pratan 'na lorg thall 's a bhos. Bliadhna bha sud, air do rathad do 'n Eaglais Bhric, thug thusa, Dhòmhnuill, siab do Ghlascho. Latha bha sin, thuit dha bhi ag amharc a stigh air uinneig bùth tàillearachd anns an robh clò eireachdail, agus deiseachan snasmhor ri'm faicinn. Anns an uinneig, air sorchan am measg a' chlò, bha an sanas so ann an litrichean òir—"*Thig a stigh agus laimhsich an*

*clò air do shon féin ; gabhaidh sinn do thomhas air son deise ;
bithidh i deas ann an cóig uairean an uaireadair ; agus mur
a freagair i, gheabh thu nasgaidh i.*"

"Cha 'n eil sin gu h-olc idir," arsa Dòmhnull ris fhéin ;
"b' àbhaist do 'n Tàillear Chrùbach a bhi brag gu 'n
deanadh e briogais an ùine a bhiodh poit-bhuntàta 'goil ;
ach bhiodh a' bhriogais mar sin fhéin—' greimeannan fada
'n tàilleir leisg '—có nach cuala iomradh orra. Is math a
laigheadh deise chlò orm fhéin 's mi air mo rathad do 'n
Eaglais Bhric. Ach 's ann *a nasgaidh* a dh' fheumas mi
a faotainn. Agus is mairg a theireadh Dòmhnull-nam-
Prat rium mur téid agam air a' char a thoirt as an tàillear
spaglainneach so.

Ag ràdh so thog thusa, a Dhòmhnuill, a suas do ghualann
chlì mar gu 'm biodh pait oirre, is ghabh thu stigh. Chuir
e fàilte air an tàillear—duine caol, àrd, làn modh—is thòisich
e air a' chlò a thaghadh 's a sheòrsachadh. An uair a thagh
e eige a bha a réir a mhiann, dh' fheòraich e de 'n tàillear,
saoil an rachadh aige air deise a dheanamh ann an cabhaig,
a fhreagradh dhàsan. "Is ann againn a théid," ars an
tàillear—"nach do leugh thu an sanas anns an uinneig—
mur a freagair i, gheabh thu nasgaidh i."

"Chunnaic mi sin," arsa Dòmhnull gu miodalach,
"ach cha 'n eil duine pongail 'sam bith nach b' fheàrr leis
pàigheadh air son deise a fhreagradh dha, na té nach
freagradh dha a ghabhail a nasgaidh."

"Tha sin mar sin gun teagamh ; ach na gabh cùram
nach dean sinne deise a laigheas ri d' chorp mar gu 'm biodh
triubhas ann ; dheanamaid deise Ghàidhealach dhuit na 'n
togradh tu."

"Cha 'n eil mi 'g ràdh nach deanadh," fhreagair Dòmh-
null ; "ach cumaidh sinn ris a' bhriogais liath-ghlais an
dràsd."

Cha robh tuilleadh mu 'n chùis ; ach ghabh an tàillear
a chrios-tomhais, agus ghabh e tomhas Dhòmhnuill-nam-

Prat gu cùramach—gu sònraichte a' phait a bh' air a ghual-ainn chlì.

"Ni sin an gnothach a nis," ars an tàillear, 's e cur a chrios-tomhais seachad. "Thig air t' ais mu chóig uairean is gheabh thu 'n deise, bho na tha cabhag ort. Théid mise an urras gu 'm freagair i."

Dh' fhalbh Dòmhnull agus thaghail e air fear-eòlais no dhà; 'nam measg Seumas Mór, mac an Drobhair Ruaidh, aig an robh tigh-òsda teann air an "Each Odhar." Co thachair a bhi a stigh ach An Gàidsear Ruadh, Iain Dhòmh-nuill Bhàin, agus Teàrlach Bàn, mac do dh' Fhear "Thigh-na-Fead." An déidh leth-bhodach no dhà bha na fir a fàs blàth, is thòisich a' bhòilich. Chunnaic Dòmhnull-nam-Prat mar a bha cùisean a' seasamh, agus arsa esan ris A' Ghàidsear Ruadh—"Bha mi oidhche bha sud ann an Tigh-an-Droma agus bha seòid a staigh a cònsachadh mu roinn uisgebeatha. B' fheudar dhòmhsa falbh mu 'n do shocraich iad cùisean; ach tha cuimhne agam gu gasda air a' cheist; agus cha 'n eil teagamh agam nach téid agadsa air a fuasgladh, bho na tha thu daonnan am measg dìbhe."

"Cluinneam i," arsa an Gàidsear, "agus bithidh i doirbh mur a téid agam air a fuasgladh."

"So mar a bha cheist a' dol," arsa Dòmhnull-nam-Prat:—"Fhuair dà fhear ochd galain uisgebheatha—ceithir galain am fear. Cha robh aca gu roinn ach buideal ochd, buideal cóig agus buideal trì. 'S i cheist: ciamar a chaidh aca air a roinn?"

"Cha 'n eil an sin ach ceist air son nam pàisdean beaga," ars an Gàidsear; "is mairg a theireadh ' gàidsear ' rium mur fuasglainn a' cheist taobh a stigh de cheithreamh na h-uaire."

"Chuala mise a' cheist roimhe so," arsa Teàrlach Bàn "agus chunnaic mi mi-fhéin agus m' athair a' feuchainn leis na buideil ris a' cheist fhuasgladh, agus dh' fhairtlich oirnn. Is e mo bheachd nach gabh i fuasgladh. Cuiridh mi geall leth-bhodach nach fuasgail an Gàidsear i an taobh a staigh de dh' uair."

"Cuiridh mi geall leth-chruin gu 'm fuasgail," arsa an Gàidsear.

"Is cuiridh mise geall crùin nach fuasgail an Gàidsear a' cheist," arsa Fear an tighe-òsda.

Chuir so an Gàidsear 'na chabhaig ; thug e mach leabhar a bha 'na phòca is thòisich e ri cunntas gu dil. Chùrnaich e duilleag an déidh duilleig, ach cha robh dol aige air. Bha an ùine ruith, is bha geall an déidh gill 'ga chur, 's an Gàidsear 'na fhallus a' cur ri cunntas. Mu dheireadh thall, thog an Gàidsear a cheann agus arsa esan—

"Cha ghabh a' cheist fuasgladh, feumaidh e bhi gu 'n do thog thu ceàrr i, a Dhòmhnuill."

"Is mi nach do thog. Tha an dà chuid a' cheist agus a freagairt agam ann am leabhar-pòca, agus nuair a shocraicheas sinn ciamar a tha na gill a' seasamh leughaidh mi an fhreagairt," arsa Dòmhnull-nam-Prat.

Chuir na seòid an òrdugh na gill agus leugh Dòmhnull-nam-Prat an fhreagairt mar a leanas :—

Lìon iad buideal nan trì galan, agus chuir iad sin ann am buideal a cóig. Lìon iad buideal a trì a rithis, agus an sin chuir iad dà ghalan ann am buideal a cóig leis an trì a chaidh ann cheana. Bha a nis aon ghalan air fhàgail ann am buideal a trì. Chuir iad an sin na cóig galain air ais ann am buidheal nan ochd galan, agus chuir iad an aona ghalan a bha air fhàgail ann am buideal a trì ann am fear nan cóig galan. Lìon iad an sin fear nan trì á fear nan ochd, agus chuir iad sin ann am fear nan cóig leis an aon a bh' ann. Bha an t-uisge-beatha a nis air a roinn aca, le ceithir galain ann am buideal nan cóig galan, agus ceithir eile ann am buideal nan ochd.

"Theagamh gu bheil sin ceart," arsa an Gàidsear, "ach cuiridh mise gu dearbhadh e am màireach."

Nuair a chaidh na gill a réiteach bha dà thasdan aig Dòmhnull-nam-Prat ri fhaotainn, a bharrachd air na dh' òl e de na chaidh òrdachadh le càch. Thog e air ann an cabhaig is thug e bùth an tàilleir air. Nuair a bha e dlùthachadh air a' bhùth, arsa esan ris fhéin—"Co so 'ghualainn air an robh a' phait nuair a ghabh an tàillear mo thomhas? Tha e agam a nis, bha i air a' ghualainn chlì; cuiridh sinn car tacan air a' ghualainn eile i; is thug e sùil eile air an t-sanas a bha an uinneig a' bhùth, mu 'n deachaidh e stigh.

"Am bheil sibh deas air mo shon?" arsa esan, 's e cur fàilte air an tàillear.

"Tha, làn deas," arsa an tàillear, "so agad do chòta; feuch ort e."

Thilg Dòmhnull dheth a bhreacan 's a chòta, is dh' fheuch e air an-còta ùr—an tàillear 'ga chuideachadh.

"O, leth na truaighe," arsa an tàillear, "chi mi gu 'n do chuir mi a' phait air a' ghualainn cheàrr. Nach mi-fhortanach mar a rinn mi; ach ni mi còta ùr dhuit am màireach agus bheir mise m' fhacal gu 'm bi e ceart."

"Cha 'n eil ùine agam feitheamh gus am màireach; feumaidh mi bhi aig faidhir na h-Eaglaise-Brice mu 'm blais an t-eun an t-uisge," fhreagair Dómhnull." Bheir mi leam an deise mar tha i, agus cuiridh Dùghall Tàillear againn fhéin ceart i; tha e eòlach gu leòir air a' phait agamsa."

"Tha mi duilich mu 'n mhearachd a rinn mi; ach ni mi còta ùr dhuit moch air mhadainn."

"Cha 'n fhaod mi feitheamh," arsa Dòmhnull, "cean-gail a suas an deise mar tha i is bheir mi leam i."

"Cha 'n fhaod e bhi nach pàigh thu airson a' chòrr de 'n deise, co dhiùbh," arsa an tàillear, is e ceangal a suas na deise.

"Cha 'n e sin tha an sanas san uinneig ag ràdh," fhreagair Dòmhnull; ach ' *Mur a freagair i, gheabh thu nasgaidh i.".* Latha math leat an dràsd," is dh' fhalbh thusa, Dhòmhnuill-nam-Prat, 's an deise fo d' achlais.

Moch air madainn chuir Dòmhnull air an deise eireachd-ail a rinn an tàillear Gallda. Ged a bha mothas aodaich anns a' ghualainn chlì thilg Dòmhnull a bhreacan thar na gualainn sin, agus cha tug duine a bh' aig an fhaidhir an aire dé bha ceàrr ; 's ann a bha eud air an dròbhairean eile á deise Dhòmhnuill.

TAIGH LACHAINN FHAOIN.

Fhir a th'ann. Tha fhios nach b' aithne dhuit-se Lachann Faoin, leth-dhuine truagh a bha san sgireachd so ri linn do sheanar ; ged tha cuimhne agam-sa air an latha a chaidh a chàireadh fo'n fhòid an Cnoc-Aingeal. A chuid de Phàrras dha ! Ged a bha Lachann bochd cho faoin ris na feannagan, bha e gun lochd, is théid mise 'n urras gu'n robh ionndrainn mhòr air fad iomadh latha. Mus innis mi breug, cha 'n eil mi cinnteach có b'athair dha, no ciod bu shloinneadh dha ; ach ciod dheth sin ? An innis duine dhòmh-sa ciod bu shloinneadh do Abram no do na fàidhean ? Tha fhios aig an t-saoghal gu léir gu'n robh an duine ainmeil sin, Melchìsedec, gun mhàthair, gun athair 's gun sloinneadh; is an innis thusa dhòmhsa, ge eòlach thu am measg nan uaislean, ciod shloinneadh do 'n Rìgh a th' againn an dràsd fhéin ? 'S e mo bheachd fhéin nach robh sloinneadh aig Rìgh o'n a chaill sinn " Rìgh nan Gàidheal, Teàrlach Stiùbhart." Ach tha mi dol troimh m' naidheachd'; is fheudar tionndadh gu Lachann Faoin bochd. Bha e air an sgìreachd o'n is cuimhne leamsa, 's a' fuireach le Mòir Bharraich, aig an robh na h-uiread 'sa mhios o'n sgìreachd a chumail Lachainn seasgair, glan. Cha robh lòn Lachainn a' cosd mòran dhi ; agus idir cha robh e cur dragh air

fhéin ; oir cha robh tigh anns an sgìreachd nach tugadh
tràth do Lachann. Bha Fear a' Ghlinne fuathasach math
dha; bha e toirt deise ùr agus paidhir bhròg do Lachann
h-uile Samhainn; agus cha robh seachdain nach robh
Lachann a' taghal 'san Taigh Mhór. Dh' fhàs e cho
bochail mu'n Taigh Mhòr, gu'n do bhuail e 'na inntinn gu'n
togadh e fhéin tigh—tigh air am bitheadh turraidean
àrda—gu math na b' àirde na 'n turraid a b' àirde air tigh
Fir a' Ghlinne.

Nuair a bha'n latha fliuch no fuar gheibhteadh Lachann
a' gabhail fasgaidh 'sa cheàrdaich, oir bha e fhéin agus an
Gobhainn ro-mhór aig a chéile, agus cha 'n iarradh e ni
b' fheàrr na bhi séideadh a' bhuilg. Latha bha sud, fhuair
e cheàrdach falamh, agus dh' innis e an cagar do 'n ghobh-
ainn gu'n robh e dol a thogail tighe—tigh mór le turraid a
ruigeadh na speuran agus coileach gaoithe oirre.

" Glé cheart, a bhalaich ! " arsa an Gobhainn ; " 's ann
tha thu gleusda. Is có tha ris a' chlachaireachd a dhèan-
amh ? "

" Cha 'n e sin tha cur dragh orm idir an drásd," arsa
Lachann bochd, " ach c'áite 'm faigh mi coileach-gaoithe
air son na turraid."

" Ma ta, bhalaich," arsa an Gobhainn, " cha 'n e
h-uile fear a sheallas cho fada roimhe."

" Cha bhuidhinn mi clach," arsa Lachann, " gus am
faigh mi 'n coileach-gaoithe."

" Ma ta, Lachainn," arsa an Gobhainn, 'ga chumail air
a shaod 's e séideadh a' bhuilg dha, " tha thu cho comh-
stadhach a shéideadh a' bhuilg dhomh na'n d' fhuair mi
trainge an Earraich seachad, 's ann is fheudar dhomh
fhéin coileach-gaoithe a dheanamh dhuit, agus leigeil leat
tòiseachadh air togail. Ach cha d' innis thu dhomh c'àite
bheil thu dol a thogail an tighe."

" Innsidh mi dhuibhse an t-àite an cagar, ach cha 'n
innis sibh do dhuine beò an iomachd, oir cha 'n eil anail

bheò ris an tigh fhaicinn gus am bi e réidh ; tha mi dol g'a
thogail fo sgàile Thorr-a'-cheip, 's tha 'n coileach-gaoithe
ri bhi dìreach cho ard ris an Tòrr—ruigidh mi air le dol
air mo bheul, 's air mo shròin air bile na creige."

" Ma ta, a laochain, cha 'n innis mise facal mu'n chùis :
agus cha 'n fhaic duine beò an tigh gus am bi e réidh, mar
tha thu ag ràdh," fhreagair an gobhainn gu stòlda.

Cha robh an còrr mu'n chùis aig an àm ; ach an àm
dùnadh na ceardaich, thuirt an gobhainn ri Lachann—
" Thig thusa nall 'sa mhadainn a thoirt tacan air sèideadh
a' bhuilg, agus mu'n tig am feasgar, cuiridh sinn troimh
ar làmhan gach crann is cliath chliata a tha air urlar na
ceàrdaich."

An ath mhadainn, bha Lachann bochd a' breabadh a
chasan aig dorus na ceardaich mu'n robh a' ghrian ach a'
faoisneadh as a mogull. Dh'fhuirich e leis a' Ghobhainn
fad an latha, 's gun aige ach " faochadh gille 'ghobhainn :
bho na h ùird gus na builg : " agus chum e'n Gobhainn ag
obair gu dìl rè an latha ; oir cha luaithe bheireadh an
Gobhainn soc as an teine na sparradh Lachann coltar 'na
àite ; agus b'eudar do 'n Ghobhainn a bhi èasgaidh, air neo
bhiodh cuid dhiubh air an losgadh. Is e bh'ann aig crìoch
an latha gu'n tugadh lomadh math air ùrlar na ceardaich.
A' dealachadh ri Lachann, thuirt an Gobhainn—" Cha
chreid mi fhéin, a Lachainn, na'n robh aon latha eile againn
nach fhaodamaid tacan a thoirt air a' choileach ghaoithe."
Chuir so saod anabarrach air Lachann, agus gheall an duine
bochd a bhi nall 'sa mhadainn nuair a shluigeadh e bhrochan.

Chaidh cùisean leis na fearaibh gu gasda an ath latha,
gus an d'thàinig Dòmhnull an Achaidh mu mheadhon
latha, le each 's le cairt làn de threalaich de gach seòrsa,
a bha toil aige an Gobhainn a chàireadh gun mhòille. Cha
do chòrd so idir ri Lachann bochd air bha fios aige nach
biodh guth air a' choileach ghaoithe cho fad 's a bha'n
trealaich so air ùrlar na ceardaich. An dèidh do Dhòmh-

null an Achaidh falbh, có thàinig a stigh ach seann Eóghan-Ruadh ; Chunnaic e nach robh gean-math idir air Lachann, ged a bha e sèideadh a' bhuilg.

"An robh Dòmhnull an Achaidh a' tarraing conais asad, a Lachainn, nuair a tha thu cho neo-shunndach ? "

"Cha robh, ach dh' fhaodadh e fuireach aig an tigh leis an trealaich so gus an d' fhuair mise mo choileach-gaoithe."

"Do choileach-gaoithe : Dé 'n truaigh tha thusa dol a dheanamh le coileach-gaoithe ? " arsa Eóghan.

Chrom Lachann bochd a cheann is thàinig na deòir 'na shùilean. "An innis mi dha ? " arsa an gobhainn, "cha ghabh Eóghan diog air."

"Stadaibh, ma ta, gus an dùin mi dorus na ceardaich," arsa Lachann bochd.

Dh'innis an Gobhainn gu ciallach stòlda mu'n tigh a bha Lachann a' brath thogail.

"Ma ta " arsa Eóghan Ruadh gu coibhneil, "is bochd an gnothach gu'm feum cùisean seasamh gus an càirich an Gobhainn trealaich Dhòmhnuill an Achaidh. Fuirich ort, 'ille, tha fhios agamsa far am faigh thu coileach-gaoithe le sgiathan òir. Bithidh cuimhne aig a' Ghobhainn gu'n do bhuail an dealanach Eaglais an Torrain-Uaine an uraidh, is b' fheudar dhaibh an stìoball a leagail gus an anainn. Cha 'n eil iad dol 'ga thogail cho àrd an dràsda ; agus an aite coileach-gaoithe 's e crois a tha iad dol a chur air a mhullach. Tha an seann choileach-gaoithe aig Iain Bàn Clachair, is tha mi cinnteach, ma bhruidhneas an Gobhainn ris, gu'm faigh thu e ma thèid thu air a shon, a Lachainn."

"Tha thu ceart " arsa an Gobhainn. "Chi mise Iain Bàn Clachair an nochd fhéin aig Bòrd na Sgoile agus bruidhnidh mi ris. Thig thusa a nall 'sa mhàdainn, a Lachainn, agus innsidh mi dhuit ciamar a chaidh dhomh. Cha 'n eil fhios agam nach ann a gheabh thu e am màireach fhéin."

Chunnaic an Gobhainn Iain Bàn Clachair, agus dh'innis e dha mar a bha e air a shàrachadh le Lachann Faoin, is e an geall air coileach-gaoithe.

"Matà, 's e làn a bheatha an coileach a bh'air Eaglais an Torrain-Uaine a thoirt leis, ma bheir e fhéin dachaidh e, cha leigeadh an leisg leam-sa a ghiùlan dachaidh. Cuir thu-sa Lachann air a shon am màireach, agus chi mise gu'm faigh e e."

Bha Lachann a' feitheamh a' Ghobhainn anns a' mhadainn, agus nuair chuala e gu'n robh e ri coileach-gaoithe eaglais an Torrain Uaine fhaotainn, cha bu ruith ach leum leis. Thog e air gu sùrdail air tòir a' choilich-ghaoithe; gabh e rathad an fhraoich, is ràinig e an eaglais mu'n robh a' ghrian an àirde nan speur. Thug Iain Bàn Clachair an coileach-gaoithe dha, agus arsa esan ri Lachann, "Tha mi cinnteach gu'm faigh mi clachaireachd an tighe air son a' choilich-ghaoithe."

"Gheabh, gheabh, arsa Lachann, " ach chi sinn an toiseach ciamar fhreagras an coileach-gaoithe; cha 'n eil duine ris an tigh fhaicinn gus am bi e réidh."

"Nach eil, nach eil," fhreagair an clachair. " Is fhada o'n a chuala mi ' Sealladh nach fhaic '—ach cha 'n fhaca mi fhathast e."

Thog Lachann air gu sunndach 's an coileach 'na achlais. Shuidheadh e an dràsd 's a rithis a leigeil analach, agus a bhruidhinn ris a' choileach. Ràinig e a' cheàrdach, ach cha rachadh e a steach gus an tug e sùil nach robh duine a steach ach an Gobhainn. Leig e fhaicinn an coileach do'n Ghobhainn, is e cho mór as fhéin is ged a gheibheadh e damh air adhairc.

"Nach ann a tha e grinn," arsa an Gobhainn. Cuin, a nis, a tha thu dol an cinnseal togaidh ? "

"Am màireach 'sa mhadainn," fhreagair Lachann gu foirmeil ; " bha mi bruidhinn ri Dùghall amadan, agus tha e tighinn leam moch 'sa mhadainn."

" An esan tha ri bhi leat ? " arsa an Gobhainn.

" Is e," arsa Lachann : " tha e cho fada 'sna casan."

" Tha, gu dearbh, ged nach eil e fada 'sa cheann," fhreagair an Gobhainn.

" Chì sibh-se an tigh nuair bhitheas e réidh,"

" Chi, chi," fhreagair an Gobhainn ; is dh'fhalbh Lachann dachaidh 's an coileach-gaoithe 'na achlais.

Thàinig an ath latha, 's an latha 'na dhéidh—ach cha d'thàinig Lachann a chòir na ceardaich. Bha an Gobhainn a' gabhail fadail nach robh e faicinn Lachainn, no a' cluinntinn ciamar a chaidh dha féin is d'a chompanach, Dùghall amadan. Bha a' mhadainn so fliuch, is có a shèap a steach do'n cheardaich ach Lachann. Thuit do'n Ghobhainn a bhi leis fhéin, agus thuirt esan ri Lachann. " Thig a steach, a laochain ; 's ann a bha eagal orm gu'n d'éirich sgiorradh dhuit. Tha mi cinnteach gu'n do chuir an t-uisge so stad air a' chlachaireachd."

Rinn Lachann bochd gàire faoin, agus arsa esan " Nach cuala sibh mar a dh'éirich do Dhùghall amadan ? Cha mhór nach do mharbh mi e," is rinn e gàire eile.

" Nach mi tha duilich àir son Dhùghaill. Gabh t'ùine, is innis dhomh mar a dh'éirich dhuit o'n oidhche chaidh tu dhachaidh 's an coileach-gaoithe 'nad achlais, an tug thu an coileach a laidhe leat ? "

" Cha d'thug," fhreagair Lachann gu neo-chiontach. Cha leigeadh Mór Bharrach leam a thoirt fo'n aodach. Chuir i fo m' leapaidh e ; ach nuair a chuir i as an crùisgean, dh'éirich mise, chuir mi orm, mo bhriogais, is chaidh mi stigh fo'n leapaidh is chaidil mi leis a' choileach."

" Seadh," arsa an Gobhainn, 's e tarraing á Lachann. " Is cuin a thàinig Dùghall ? "

" Rinn e fead-ghlaic aig cóig uairean anns a' mhadainn ; dh'éirich mi 's thug mi leam an coileach, is chaidh mi fhéin is Dùghall gu Tòrr a' Cheip. Bha e car dorcha ; ach chunnaic mi ged a bha Dùghall glé fhada 'sna casan, nach robh e idir cho àrd ri Tòrr a' Cheip."

'San do thill sibh dhachaidh ? " dh'fheòraich an Gobhainn gu stòlda.

" O, cha do thill," fhreagair Lachann. " Streap mise suas astar math, 's an coileach a'm làimh gus an d'ràinig mi sgeilp, agus an sin ghlaodh mi ri Dùghall clach-mhulaich na turraid a thogail agus a cur fo'n choileach-ghaoithe. Rinn Dùghall so, ach nuair a bha mise tighinn a nuas a chur na dàrna cloiche fo'n chloich a bha Dùghall a' cumail suas, dh'fhàs Dùghall sgith, is leig e as do'n chloich is thuit an coileach-gaoithe air cas Dhùghaill, is chaidh e buralaich dhachaidh."

" Is ciod a dh'éirich do'n choileach-ghaoithe ? " dh'fheòraich an Gobhainn.

" Thug mi dhachaidh e, 's tha e agam fo'n leapaidh."

" 'Snach eil thu dol a thogail an tighe idir ? "

" Tha 's mi tha ; ach toisichidh mi an ath uair aig bun Tòrr a' Cheip, is togaidh mi 'n turraid clach air muin cloiche gus am bi i cho àrd ri seilleanan Tir-Cheàrdaidh."

" Is dé cho àrd 's a bha sin, a Lachainn ? " dh'fheoraich an Gobhainn.

" Cho àrd 's nach cuireadh an diabhol saighead annta," fhreagair Lachann, is rinn e gàire. " Bha mi bruidhinn an diugh ri Iain Bàn Clachair, agus thubhairt e gu'n tigeadh e g'am chuideadhadh nuair a bhiodh ugh aig a' choileach Fhrangach."

" Bha sin glé laghach dha—feuch gu'n cum thu ri ghealladh e," arsa an Gobhainn.

Is iomadh fichead uair a dh' fheòraich Lachann bochd de 'n chlachair an robh ugh aig a' choileach Fhrangach, agus is iomadach leisgeul a bh' aig a' chlachair dha. Mu dheireadh, thuirt an clachair, is Lachann 'ga shàrachadh, " Tha eagal orm gur h-ann tha 'n coileach Frangach a' breith a mach. Dean thusa a bhuachailleachd, is nuair a gheabh thu ugh coilich, théid mise leat gu togarrach a thogail an tighe."

Is iomadach latha fada, fuar a thug Lachann bochd a' buachailleachd a' choilich Fhrangaich, gus mu dheireadh, an do dhi-chuimhnich e gu buileach mu'n tigh a bha e brath thogail. Is ann goirid 'na dheidh so a chaochail Lachann.

Nis, their thu-sa, agus daoine glice eile, "nach b'e Lachann bochd a bha faoin." Tha mise ag ràdh riut gu'm bheil mòran dhaoine anns an t-saoghal so—seadh agus Comuinn cuideachd—a tha 'gam meas féin cho fada 'sa cheann is a bha Fionn 'sna casan, a tha ri obair a' cheart cho faoin is a bha Lachann ris—a' feuchainn ri tigh a thogail leis a' chloich-mhullaich a leagail an toiseach, an àite na cloich stéidh. Tha Lachann Faoin no dhà 'san t-saoghal fhathast ; cha 'n eil teagamh nach aithne dhuit cuid dhiubh.

Is mise do charaid dìleas.

FIONN.

DA MHINISTEIR MAIDE.

LITIR A CEANN-AN-TUILM.

FHIR MO CHRIDHE,

Thoir dhomh do làmh aon uair eile. Is fhada o'n dà latha sin. Na bitheadh eagal ort gu'm bheil mi dol a thòiseachadh air na leisgeulan. 'S mi nach eil. Is fior an sean-fhacal, 'Cha leigheis bròn breamas,' ged nach abair mi nach eil firinn anns an ràdh, 'Thig math á mulad.' Ged nach robh thu faotainn fios á Ceann-an-tuilm cha bu mhòr do chall, oir 'Is math an naidheachd a bhi gun naidheachd,' agus gus a so fhéin cha robh ni ùr no annasach ag gabhail àite anns an sgìreachd, ré an t-Samhraidh. Ach

a mhic chridhe! ma bha sinn sìtheil, sàmhach roimhe
so cha 'n ann mar sin a tha sinn a nis; 's ann a tha 'n
sgìreachd air ghoil, a' toirt am chuimhne Coire-bhreacain.
Cuiridh mi mo bhoineid ùr an geall ('s cha 'n e gu'm bu
mhath leam a call) nach tomhais thu ciod is aobhar do'n
bhuaireas so a tha cur campar air gach darna duine 's an
sgìreachd, 'An galar 'sa bhuntàta.' Taing do 'n Fhreasdal
cha 'n è. " Pòsadh mac Eòghain Chiotaich ri Màiri Chaluim
Chrotaich." Cha 'n è idir, ged a bha uair 's chaidh gu leòir
a ràdh mu 'n phòsadh neònach sin ; ach chuir Calum Ruadh
a' chlachmhullaich air a' ghnothach nuair a thubhairt e,
" Ma phòsas mac an fhir chiotaich nighean an fhir chrotaich
ciamar a nis a bhios an t-isean, ach gu misgeach, ciotach,
crotach ? " Coma leat cha 'n è sin is aobhar seanachais
aig an àm so ach na ministeirean. Tha dhà no trì dhiubh
am beul an t-sluaigh an dràsd agus théid mise 'n urras
gu'm faod an cluasan a bhi teth. Tha beachd agad gu'n
do chaochail am Minister Mòr a bha 'san Tom-uaine,
deireadh an Earraich. Mo bheannachd leis ! B'e sin an
duine còir. Is math a bha fios agamsa nach bitheadh e
furasda fear fhaotainn a lìonadh 'àite, agus tha bhlàth 'sa
bhuil sin air cùisean an diugh. Ré an t-Samhraidh cha
robh Dòmhnach nach robh ' Rìgh ùr air a' chathair,' mar
a b' àbhaist dhuinn a ràdh anns a' chluich,—sgaoimire ùr
anns a' chrannaig, gun fhios có bu leis e, no cia as a thàinig
e ; ach 's mòr m' eagal gur e

> " Beannachd Chaluim Ghobha leat—
> Ma thogair gar an till thu,"

a fhuair neart aca, agus cha 'n eil iongantas orm dhe sin.
A nis ged nach toigh leam fhéin a bhi tabhairt breith air
daoine airson an coltais,—mar a bha Eachann Mór ag
ràdh. 'A' faotainn coire do dh'obair a' Chruthachaidh,'
cha 'n abair mi nach math leam duine sultmhor mar mhinis-
teir, fear a lìonas a' chrannag ; ach 's iad sud fir cho meanbh

's a chunnaic mo dhà shùil riamh ; am bheil ach an troich-lean bochd anns an fhear is coltaiche dhiubh. Cha robh ach an fhìrinn aig' Seumas Og nuair a thubhairt e, " Sìochairean gun mhath gun rath, frabhas gun fhiach, dhìrinn a' Bheinn Mhòr 's am fear is fheàrr dhuibh air mo mhùin." Ach cha 'n e an còltas idir cuid is miosa. Droch Ghàidhlig aig an dàrna fear, 's droch Bheurla aig an fhear eile, agus a' h-uile h-aon diubh cho leibideach 's a chuala tu riamh.; an àite an darna fear a bhi na 's *fearr* na 'm fear eile, 's ann a tha 'n darna fear na 's *miosa* na 'm fear eile. Coma leat chaidh ' seotachan ' is ' tapachan ' a dheanamh de na chuala sinn agus cha 'n eil againn a nis ach ar roghainn de dhithis a ghabhail. Tha fhios agam gu'm bi iongantas ort nuair a chluinneas tu có iad so.

Tha fear dhiubh á Muile, ged is ann an I a rugadh e,—Dùghall Phara-nan-corp ; agus Nì-Math 'ga chuideachadh, Iain Chaluim, mac do Sheònaid-nan-uighean a bha 'san Oban Lathurnach. Nis tha 'n sgìreachd gu léir air a roinn mu'n dà ghiollan so, gus am bheil daoine a bha 'nan dlùth chàirdean air fàs 'nan dian naimhdean, agus cha 'n eil fear a thachras ort nach eil 'g a mheas féin làn chomasach air an fhear is feàrr a thaghadh, ma tha feàirrd orra. Ma théid thu do mhuilleann no do cheàrdaich cha chluinn thu guth air ni.ach ministeirean an Tuim-uaine, agus tha daoine nach do chuir dragh air Eaglais o'n is cuimhne le duine, ann an teas na cònspaid, mar a tha Calum Braoisgeach nach robh an Eaglais o'n a chaidh a bhaisteadh, ma chaidh riamh uisge air 'aodann, 's gu dearbh cha 'n eil móran d' a choltas air. Thuit dhomh a bhi 'sa Cheàrdaich an latha roimhe 's co thàinig a stigh ach Eachann Ruadh agus Para Mòr. Is gann a fhuair sinn fàilte chur air a chéile nuair a thòisich an consachadh mu na ministeirean. Feumaidh tu a thuigsinn nach buin an Gobhainn do dh' Eaglais na sgìreachd, ach tha e na dhuine geur, cùiseil, agus dh' fheòraich mi féin deth ciod a bheachd air na

ministeirean òga a bha fa chomhair an t-sluaigh. "Cha 'n
eil" ars esan, "ach 'a' bharail a bh' aig a' bhroc air a
ladhran, barail bhochd.' Tha 'Dùghall cho math ri Iain,
agus Iain cho math ri Dùghall,' cha 'n eil ann am fear air
bith dhiubh ach an 'daor dhrolabhan,' mar a thuirt Niall
Neònach ri reul na smùide a bh' againn am bliadhna,
nuair a bha daoine 'ga coimeas ris an tè mhòir a bha ri
fhaicinn fhichead bliadhna an ama so." "An e sin do
bharail orra," arsa Eachann Ruadh, "shaoil leam gu'm
bitheadh taobh blàth agad ri d' fhear-dùthcha." "Na'm
b' airidh air e bhitheadh," arsa an Gobhainn, "ach ge
nàrach ri ìnnseadh e, cha 'n eil Gàidhlig fhéin aige. Is
fhada o'n a chuala mi 'Sasunnach a mhuinntir Mhuile,'
ach cha 'n fhaca mi gus a' so e." "Is rìgh am Muileach
làmh ris an Lathurnach," arsa Para Mòr. "Cha 'n eil
mi cho cinnteach as a sin," ars Eachann, "an cuala tu
fhéin riamh fear is miosa leughas am Biobull na 'm Muil-
each." "Dé tha ceàrr air an leughadh aige?" fhreag-
air Para Mòr. "A dhuine, dhuine, nach tu a chaill do
chluasan 's do thuigse," arsa Eachann; "am bheil cuimhne
agad air an t-searmoin a thug e dhuinn air 'dà ré gun
ghoid' an àite 'da reithe gun ghaoid' (Ecsodus, xxix-i).
"Tha gu math," fhreagair Para Mòr, "ach thuig a h-uile
duine ciod a bha 'n a bheachd; ach ciamar thug an Lathur-
nach a mach an rann ud anns an dara-salm-deug thar an
fhichead? "Na bi mar Mhuileach, no mar each," an àite
'muileid.'" "Ghabhainn a leisgeul air a shon sin," arsa
Eachann, "bu mhath a laigh e air a' Mhuileach, ach tha
bhochdainn uile air an Lathurnach anns a' Bheurla; tha
Seònaid Ghòrach cho math ris." "Cha b' uilear ach dhuitse
bruidhinn mu Bheurla, 's gun agad dhi na dh' iarradh
deoch-an-uisge," fhreagair Para Mór. "Am bheil beachd
agad air an latha a bha 'm Muileach a' bruidhinn air Iònah,"
arsa Eachann, nuair a theirig a' Ghàidhlig 's a thug e
dhuinn an colamadh mosach?—'A! mo chàirdean,' arsa

esan, 'nuair a bha Iònah ann am brù na muice-mara
cha robh e idir seasgair, oir bha, mar their sinn 'sa Bheurla
stagnant water 'na broinn.' Nis nach bu bhòidheach a'
chainnt sin á beul ministeir ? " " Thuigeadh daoine sin,"
arsa Para Mòr, " na's feàrr na Bheurla Mhòr a chluinneas
sinn aig cuid ; ach 's fhada mu'n urrainn do d' charaid-
sa móran d'a Bheurla a sheachnadh do mhuinntir na
Gàidhlig."

Cha d' éisd mi ri tuille, ach chuala mi 'n déidh laimh
gu'n do theab na seòid leum air a chéile mu na ministeirean.
'S ann mar so a tha cùisean anns gach oisinn de'n sgìreachd.
Cha 'n eil fhios agad cò a chreideas tu na cò as a dh'
earbas tuas, mar a bha Niall Neònach ag ràdh " Cha'n
fhaod thu earbsa chur ann an duine beò, *even* eadhoin do
bhràthair fhéin." Nach bochd an gnothach gu'm feum
daoine a bhi strì 's a' cònasachadh mu chùisean de 'n
t-seòrsa so, agus gu 'n tòisich iad air bàrdachd a sgrìobhadh
mu na gnothaichean ud. Nach eil ' hùg ó ' aca air òran mu'n
Mhuileach bhochd,—so agad rann no dhà dhe—

O, dhuine thàin' á Muile,
O, dhuine thàin' á I ;
O, dhuine thàin' á Muile,
    Fuirich ann ad eilean fhìn.

Mur dean thu searmoin gun am paipear,
B' fheàrr dhuit a bhi' n arm an Rìgh,
    O, dhuine thàin' á Muile, etc.

B' fheàrr dhuit a bhi 'g iasgach bhradan,
Seadh no sgadan an Loch-fin'.
    O, dhuine thàin' á Muile, etc.

Sasunnach a' tigh'nn á Muile—
Leth-na-dunaich air an tìr !
    O, dhuine thàin' á Muile, etc.

Cha 'n eil fios aig duine ciamar a théid cùisean, ach
cha sheas an strì so fada ; agus cò air bith a gheabh àite
a' Mhinisteir Mhòir cha bhi farmad agam ris, oir cha bhi
e furasda dha dol am measg an t-sluaigh. Cha 'n eil mise
ag ràdh gu'm bheil na ministeirean òga uile air an aon ruith,
chionn tha fhios agam air atharrachadh. Is aithne dhomh
na h-uiread dhiubh tha glé ghleusda an dà chuid ann am
Beurla agus ann an Gàidhlig.

Gabh mo leisgeul aig an àm so, agus cha'n abair mi
nach cluinn thu uam gu goirid a rithist. Tha sinn uile
beò slàn. Ag guidhe d' fhaicinn slàn, is mi do charaid
dìleas.

FIONN.

Oidhche Shamhna, 1881.

FAR AM BI AN TOIL BIDH AN GNIOMH.

RUAIRIDH MOR.—Madainn mhath dhuit, a Cholla ; tha
toil agam turas a ghabhail an diugh, agus thàinig mi a
dh' iarraidh tacain d' an làir bhàin agad.

COLLA BAN.—Gheabhadh tu sin le deadh dheòin agus
le m' uile chridhe, ach tha agam fhéin ri dol an mhuileann
air tòir mine do 'n mhnaoi.

RUAIRIDH.—Cha 'n eil am muileann a' dol an diugh ;
chuala mi fhéin am muillear ag ràdh gu'n robh an t-uisge
ro iosal.

COLLA.—Is ceàrr an gnothach sin. Feumaidh mi falbh
do 'n bhaile-mhargaidh cho luath 's is urrainn domh, oir
chuireadh mo bhean a mach as an tigh mi na 'm biodh an
geàirneal falamh.

RUAIRIDH.—Caomhnaidh mise an dragh sin duit, oir
tha pailteas mine agam ; bheir mi dhuit an coingheall na

chuireas seachad sibh gus an atharraich an t-sìd, agus am bi uisge ann air son a' mhuilinn againn fhéin.

COLLA.—Cha chòrdadh a' mhin agadsa ri m' mhnaoi-sa ; tha i ro dhuilich a toileachadh ann am min.

RUAIRIDH.—Biodh i cho àilleasach 's a thogras i, còrdaidh i rithe ; nach ann bhuait féin a cheannaich mi an sìol, agus thuirt thu rium nach robh na b'fheàrr riamh agad.

COLLA.—Ma's ann bhuamsa a fhuair thu an sìol feumaidh e bhi math ; cha robh droch shìol riamh am shabhal. Cha 'n eil duine air an t-saoghal, fhir mo chridhe, do 'm bu luaithe a nochdainn coibhneas no do'n deanainn comhstadh na dhuit fhéin ; ach dhiùlt an làir bhàn a ceannag fheòir an diugh 's a' mhadainn, agus is mòr m' eagal nach eil i comasach air falbh leat.

RUAIRIDH.—Na biodh eagal ort ; bheir mi fhéin dhi gu leòir de shìol air an rathad.

COLLA.—Tha choltas air an latha a bhi ceòthar ; bidh an rathad sleamhainn, agus cha 'n eil fhios agam nach rachadh tu fhéin agus an làir as an amhaich.

RUAIRIDH.—Cha 'n eagal dhuinn ; tha an làir bhàn math a chumail a cas—thoir a mach i.

COLLA.—Nach mi-fhortanach an gnothach gu'm bheil an diollaid air dol á sgaid ; agus tha an t-srian air falbh 'ga càireadh.

RUAIRIDH.—Tha an dà chuid diollaid agus srian agam fhéin.

COLLA.—Cha fhreagair do dhiollaid-sa do 'n làir bhàin.

RUAIRIDH.—Mur freagair gheabh mi coingheall diollaid Iain Thòmais.

COLLA.—Cha fhreagair diollaid Iain Thòmais na 's fheàrr na do dhiollaid fhéin.

RUAIRIDH.—Théid mi a suas do 'n tigh-mhòr ; is aithne dhomh fhéin an gille-stàbuill, agus tha fhios agam gu 'm faigh mi té am measg nam ficheadan a tha an sin a fhreagarras do 'n làir bhàin.

I

COLLA.—Cha 'n eil teagamh nach fhaigh, a charaid ; cha 'n eil duine fo 'n ghréin do 'm bu deise mi gu comhstadh a dheanamh na thu féin, agus gheabhadh tu an làir bhàn le m' uile chridhe, ach cha deachaidh cìr air a gathmuinge o chionn mios, agus na 'm faiceadh daoine i anns a' bhaile mar tha i, bheireadh e a nuas a prìs gu mòr na 'n rachainn 'ga reic.

RUAIRIDH.—Cha 'n fhada ghabhas duine a' cur eich an òrdugh. Ni an sgalag agam fhéin a h-uidheamachadh ann am beagan ùine.

COLLA.—Cha 'n eil teagamh air sin, ach ma 's math mo chuimhne tha i am feum a cruidheidh.

RUAIRIDH.—Cha 'n eil a' cheàrdach fad as.

COLLA.—An e gu 'n leiginn-sa leis a' ghobhainn mhòr an làir bhàn a chruidheadh ! Cha 'n earbainn m' asail ris. Cha leig mi le gobhainn sam bith ach fear an Tuimuaine an làir bhàn a chruidheadh.

RUAIRIDH.—Nach fortanach gu'm bheil agam ri dol seachad air dorus na ceàrdaich sin ; gheabh mi a cruidheadh 's an dol seachad.

COLLA (*Agus e a' faicinn a ghille-stabaill aig ceann an t-sabhail*).—An cluinn thu, Iain.

IAIN.—Tha mi a' cluinntinn ; 'd é b' àill leibh ? (*Agus e a' tighinn a dh' ionnsuidh a mhaighstir*).

COLLA.—So agad Ruairidh Mór ag iarraidh coingheall d' an làir bhàin ; tha fios agad gu'm bheil creuchd air a druim cho mór ri m' bhois. (*Chaog e ri Iain*). Seall an do leigheis i. (*Thuig Iain ciod a bu chiall do'n chaogadh agus dh' fhalbh e*). Tha mi a' smuaineachadh gu 'm bu chòir do 'n chreuchd a bhi slàn a nis. Tha mi toilichte gu'm bheil e am chomas comhstadh a dheanamh dhuit ; feumaidh daoine a chéile a chuideachadh anns an t-saoghal so. Is briagh leam fhéin daoine fhaicinn càirdeil agus comhstach; Na 'n do dhiùlt mi thu an toiseach theagamh gu'n deanamh tusa a' cheart leithid ormsa aig àm eile.

Tha mise de nàdur cho soirbh nach urrainn domh caraid a dhiùltadh. (*Iain a' tilleadh as an staball*). Am bheil a' chreuchd air leigheas ?

IAIN.—Air leigheas ! Cha bhi craiceann slàn oirre an ceann mios. Thuirt sibhse gu 'n robh an lot mu mheud ur boise ; cho mòr ri beantaig a bu chòir dhuibh a ràdh. Cha chuir an làir bhàn cas foidhpe air a' mhios so.

COLLA.—Tha mi ro dhuilich, a charaid, gum bheil gnothaichean mar tha iad, oir bheirinn an saoghal air son do sheirbhiseachadh aig an àm so ; ach tha thu fhéin a' faicinn nach eil e am chomas.

RUAIRIDH.—Tha mi ro dhuilich a chluinntinn air do sgàth fhéin. Bha litir agam bho 'n àrd mhaor-choille ag iarraidh orm tighinn a stigh do 'n bhaile 'na choinneimh ; tha e dol a shuidheachadh gearradh na coille orm. B' fhiach so cuid mhiath dhòmhsa, agus bha mi an dùil a' chairteireachd a thoirt duitse, agus b'fhiach sin leth do mhàil dhuit ; ach—

COLLA—Leth mo mhàil ! a dhuine chridhe !

RUAIRIDH.—Theagamh tuilleadh is sin ; ach bho nach urrainn duit an làir bhàn a thoirt dhomh is feàrr domh tadhal air Iain Mòr a dh' fheuchainn an toir e dhomh an t-each glas.

COLLA.—Nàraichidh tu mise ma ni thu sin ; stad, stad, agus gheabh thu an làir bhàn. An e gu 'n diùltainn an caraid is fheàrr a th' agam !

RUAIRIDH.—Ciod a ni thu air son mine do'n mhnaoi ?

COLLA.—Tha 'sa gheàirneal na dh' fhòghnas dhi gu ceann ceithir là deug fhathast.

RUAIRIDH.—Ach nach eil do dhiollaid á sgaid ?

COLLA.—Is i an t-seann té a tha mar sin. Tha té ùr agam air nach do shuidh duine riamh, agus gheabh thu a' chiad latha dhi le m' uile chridhe.

RUAIRIDH.—An cruidh mi an làir bhàn aig ceàrdach an Tuim-uaine anns an dol seachad ?

COLLA.—Cha robh cuimhne agam gu 'n d' fhuair mi a cruidheadh aig a' ghobhainn mhòr a dh' fhaicinn ciod an dreach a chuireadh e oirre, agus, a dh' innseadh na firinn, rinn e an gnothach na b' fheàrr na shaoil mi a dheanadh e.

RUAIRIDH.—Nach d' thuirt Iain riut gu 'n robh creuchd air a druim cho mòr ri beantaig?

COLLA.—Cha 'n eil annsan ach an t-abharsair breugach. Cuiridh mi geall nach eil a' chreuchd na 's mò na ionga d' òrdaig.

RUAIRIDH.—Feumaidh i a cìreadh co dhiubh; nach d' thuirt thu nach deachaidh cìr oirre o chionn mios?

COLLA.—Mu thruaigh an gille-stàbaill mur cìreadh e i na h-uile latha!

RUAIRIDH.—Thoir dhi siol, ma ta; nach do dhiùlt i a boitean maidne?

COLLA.—Ma dhiùlt is ann bho 'n fhuair i gu leòir de shìol. Na biodh eagal ort; falbhaidh i mar a' ghaoth. Tha an rathad math; cha 'n eil coltas uisge no ceò air. Turas sàbhailte dhuit, agus soirbheachadh math dhuit fhéin agus do 'n mhaor-choille. Tog ort; leum a suas!

AM FEAR A GHOID A' MHUC.

Bha ochd teaghlaichean a' fuireach anns a' Chlachan ri m' chiad chuimhne-sa. 'Nam measg so, bha Seumas Gobhainn, duine dàicheil, pongail, aig an robh bean bheag agus teaghlach mòr; Calum Tàillear, seana-ghiollan cridheil, gleusda—òranaiche fonnar, agus fidhleir barraichte—'na làn dhearbhadh air firinn an t-sean-fhacail—" Ciad tàillear gun bhi sunndach;" Dùghall Ruadh Greusaiche, duineachan geur, sgairteil, gu math fada 's a' cheann;

's cho làn phratan is feala-dhà 's a tha 'n t-ugh dhe'n bhiadh.
Ged a bha ceum-crùbaich an Dùghall,

" Bha aigne cho reachdmhor ri breac ann am bùrn,"

agus bha e cho lùthmhor, làidir, ri duine gun ghaoid gun
ghalar.   Na 'n robh Dùghall cho teòm' air na *brògan* 's a
bha e air na *breugan*, dh' fhòghnadh sin, oir bhiodh neach
gu math fada air a chur chuige air son " ciad greusaiche
gun bhi breugach," a stiùradh a cheum an taobh a bha
Dùghall Ruadh. Ach, mar a thuirt Seumas Mòr, " Tha
na 's miosa na Dùghall ri fhaotainn, na 'n robh fhios c'àite
'm faighear iad."   Bha aon fhear eile anns a' Chlachan air
am feum mi iomradh a thoirt agus cha b'e bu chòir a
bhi air dheireadh. Is e so Donnachadh Tiorram, dreangan
de bhodachan crion crosda, peallach, cho seòlta ris an
t-sionnach, agus cho splocach 's gu'n reiceadh e a sheana-
mhathair air bonn-a-h-ochd, mar a chì sinn mu'n tig
crioch air mo sgeul. A thuilleadh air a' cheathairne so a
dh' ainmich mi, bha beagan theaghlaichean eile anns
a' Chlachan—daoine còire, cneasda, le òigridh shunndach,
thapaidh, agus iad gu léir fialaidh, càirdeal, 'nan dòigh.
   Ri m' cheud-chuimhne cha robh teaglach dhiubh so
nach robh a' cumail muice ; agus bha e na chleachdadh
ionmholta 'nam measg, an uair a mharbhteadh muc, gu'n
robh sgonn math de'n mhuic-fheòil air a bhuileachadh
air gach tigh ; agus leis nach robh teaghlach gun mhuic,
bhiodh iad uile air an aon ruith aig ceann na bliadhna,
chionn bha sùil gu'n deanadh gach neach na àm féin, mar
a rinn a choimhearsnach air thoiseach air.
   Bliadhna bha sud—ma 's math mo bheachd is i a'
bhliadhna thàinig an galar 'sa bhuntàta—cha robh e
comasach do 'n chuid a bu mhò de na coiteirean muc a
chumail, leis mar a ghrod am buntàta, agus cha robh ach
ceithir mucan ri fhaotainn 'sa Chlachan.   Bha té aig
Dùghall Ruadh ; té aig Donnachadh Tiorram ; té aig Calum

Tàilleir ; agus seòrsa do mhuic-bhioraich gun earball, aig Seumas Gobhainn. Mar a bha bhochdainn 'sa chùis, bhàsaich muc an Tàilleir leis a' ghort, agus air madainn Latha Nollaig, bhàsaich muc bhiorach a' Gobhainn, le galar a' mhairt a bha 'm Port-Ascaig—"Am fuachd 's an t-acras còmhla." Cha robh, mar so, a nis ach dà mhuic 'sa Chlachan—té Dhùghaill Ruaidh agus té Dhonnachaidh Thiorraim. Mu'n Fhéill-Brìghde bha gach buntàta-carrach a bh' aig Donnachadh Tiorram a' fàs gann, 's mar bu dual, bha mhuc a' fàs reamhar. Chuireadh e a' chorc innte latha air bith, ach bha e ann an iomagain chruaidh ciamar a gheibheadh e thairis air an t-seana-chleachdadh a dh' ainmich mi. Cha robh toil idir aige a' mhuc a roinn air teaghlaichean a bha eu-comasach air a' phàigheadh air ais, ach bha eagal air mur cumadh e suas an seana chleachdainn mar bu nòs, gu 'n abradh daoine, gu'n robh e spìocach, neo-chàirdeil—rud a bha.

Bha e cho crìon cruaidh, 'na dhòigh 's gu 'n robh roinn na muice a' dol eadar e 's a chadal—bha i air inntinn ré an latha 's 'na aisling ré na h-oidhche. Cha robh madainn nach ruigeadh e fail na muice ; dh' amhairceadh e oirre gu geur 's thilleadh e dhachaidh. Madainn a bha sud, leum e fail na muice 's dh' fheuch e ri h-aisnean a' chunntas ; ach leis an t-saill a bh'air a' bhéisd cha'n amaiseadh e ach air a dhà no trì. "Th'air leam," arsa esan 's e bruidhinn ris fhéin, "gur e trì aisnean a b' àbhaist do gach teaghlach fhaotainn. Cha 'n eil fhios cia meud aisne a tha ann am muic ? Tha e agam a nis ; tha beachd agam air Para-nan-each a bhi 'g ràdh gu'n robh suaip mhòr aig taobh-stigh muice ri taobh-stigh duine " ; 's le so a ràdh, leum e mach á fail na muice ; dh' fhosgail e bhroilleach agus thòisich e air aisnean féin a chunntas gu stòlda. Dh' amais e air dusan air gach taobh. "Ma gheabh seachd teaghlaichean " arsa esan, "trì aisnean an t-aon, bidh an sin aisne-air-fhichead. Mo chreach 's mo sgaradh !

bheir sin bhuam an tromlach de'n mhuic. Gu dearbh
b'e sin e ! dol a thoirt seachad an rud ris nach urrainn
sùil a bhi agam air ais—'s mi nach bi cho gòrach ! Théid
mi's gabhaidh mi comhairle a' ghreusaiche ; bidh e fhéin
'sa cheart chur-chuige gu goirid." Thog e air gu tigh
Dhùghaill Ruaidh, agus 's ann a bha e coltach ri fear air
an robh na maoir an tòir—dh'amhairceadh e air gach
taobh an dràsd 's a rithist; 's an sin bheireadh e sùil thar
a ghualainn, feuch an robh duine air a luirg—mar thuirt
an sean-fhacal, "tuigidh gach cù a chionta"—gus ma
dheireadh, an d' ràinig e Dùghall Ruadh, 's leig e ris rùn
a thurais. Ged e dh' fheuch e ri snas na fìrinn a chur air
a' bhrèig thuig Dughall Ruadh an seud a bh' aige gu
math, agus chuir e roimhe gu 'm biodh an spiocaireachd
daor do Dhonnachadh Tiorram. " 'S mi tha toilichte gu'n
d' thàinig thu," arsa Dùghall ; " tha mi faicinn gu soilleir
nach bi ann ach gòraiche dhuinne aig am bheil mucan, an
fheòil a roinn orrasan a the gun mhuic. Bha an riaghailt
math gu leòir cho fada 's a bha muc aig gach teaghlach,
ach dh' fhalbh sin is thàinig so, agus tha e mar fhiachaibh
air gach duine a bhi dluigheil, cùramach m' an cuid féin.
Air eagal 's gu 'n abair daoine gur e an cruas 's an spio-
caireachd a thug ort an t-seana chleachduinn a leigeil gu
tur air dhì-chuimhn', feumaidh sinn seòl a dheanamh air
a' mhuc a chur as an rathad an latha théid a marbhadh."
" Cuiridh mi 'falach i," arsa Donnachadh Tiorram, " agus
their mi gu 'n deachaidh a goid." "A cheart nì," arsa
Dùghall Ruadh ; " nach tu tha fada 'sà cheann ! Gheabh
mise mo sgonn féin de'n mhuic àm sam bith." " Gheabh,
gheabh," arsa Donnachadh Tiorram. " So agad mar théid
thu mu'n chùis," arsa Dùghall Ruadh ; " crochaidh tu
closach na muice ann an tigh-nan-cairtean ré na h-oidhche ;
aig beul an là éirich agus cuir falach i, agus bòidich gu 'n
deachaidh a goid á tigh-nan-cairtean." " Fòghnaidh sin a
Dhùghaill," arsa Donnachadh Tiorram, " 's tu fhéin gille-

nan-car ; nach sinn a thachair air a chéile ! Bhọ 'n fhuạ
mi an gnothach so socraichte a réir mo mhiann, chạ b
saoghal na muice fada a nis, 's bidh i againn uile dhuiı
fhéin—" Is feàrr eun 's an làmh na dhà air iteig." Slị
leat a Dhùghaill ; leigidh mi fios dhuit nuair a mharbh
mi a' mhuc."

Is gann a bha Donnachadh Tiorram a mach air an dor
nuair a thòisich Dùghall Ruadh—crùbach 's mar bha
—air Righle Thulachain a dhannsadh, gus an do theạ
e e-féin a chur as an amhaich am measg na bha do ch
's do sheana-bhrògan air an ùrlar ; oir bha de bhrògan ạ
ùrlar Dhùghaill a' feitheamh càraidh, gu 'n saoileadh 1
gu 'n robh ceithir chasan air a h-uile duine 's an sgìreach
" Mac an fhir ud," thuirt Dùghall, an déidh dha dol troiɲ
cheithir-chuir-fhichead Righle Thulachain, " creanaiᴄ
esan air a splocaireachd ma bhois Dùghall Ruadh bɩ
gu Diluain so tighinn, rud a bhitheas. Théid mise
urras gu 'n tuig Donnachadh Tiorram ciod is ciall do bhi cạ
nam boitean agus a' trusadh nan siobhag. 'S fheudạ
dhomh Calum Tàilleir fhaicinn mu 'n gnothach so."

An uair a bha 'obair latha seachad, thog Dùghall Ruaᴄ
air gu tigh Chaluim Thàilleir, 's dh' innis e dha mar a bɭ
cùisean a' seasamh. " An cealgair dubh," ars' an Tàillea
" tha mi tuigsinn a nis ciod am feum a bh' aige air ɲ
chrios-tomhais an latha roimhe, na 'ɲ robh fhios agamι
gur ann a' dol a thomhas na muice a bha e le m' chrios cɭ
d' fhuair e òirleach dhe ; ach, fuirich ort—bidh ' car ei
an adharc an daimh ' 's 'car ùr an Righle 'bhodaicɭ
ma 's fhiach sinne ar brochan, a Dhùghaill." Gun tuil
eadh air no dheth, shocraich na seòid gu 'm bruidhneaᴄ
iad ri dhà no trì do dḥ' òigridh a' Chlachain agus gu
goideadh iad muc Dhonnachaidh Thiorraim á tigh-naι
cairtean.

Thàinig Di-luain ; mharbh Donnachadh Tiorram a' mhu
chroch e i an tigh-nan-cairtean, agus chuir e fios ạ d

ionnsaidh Dhùghail Ruaidh mar a gheall e. An déidh beul na h-oidhche, thàinig Dùghall Ruadh an taobh a bha Calum Tàilleir, agus goirid as a dhéidh, thàinig na seòid a bha ri dol leò a ghoid na muice, 's iad cho àrd-inntinneach agus toilichte 's ged a bhiodh iad dol gu banais. Nuair shaoil leò Donnachadh Tiorram a bhi 'na shuain chadail, thog iad orra gu sèimh, socair, ghoid iad a' mhuc á tighnan-cairtean 's thug iad i gu tigh an Tàilleir, " Ciod a ni sinn ris a' bhéisd mhòir, reamhair ? " arsa Seumas Gobhainn. " Ciod " arsa an Tàillear, " ach a roinn air muinntir a' Chlachain mar is còir. Mur leig an spìocaireachd le Donnachadh Tiorram an t-seana chleachdainn ionmholta a chumail air aghaidh, ni sinn e ge b' oil leis." • " Glé mhath," arsa Dùghall Ruadh ; " cha 'n eil beul 'sa Chlachan nach gabh dùnadh le slios de mhuic-fheòil. Moire, 's math a laigheas i air cuid aca an dràsd fhéin, 's an t-annlann cho gann." " Tha thu ceart," arsa Seumas beag-nam-breug, " 's math an glomhar aisne de mhuic mhòir Dhonnachadh Thiorraim." Cha robh tuilleadh air ; chaidh closach na muice a ghearradh 'n a piosan agus a roinn an oidhche sin fhéin air teaghlaichean a' Chlachain, agus an earaileachadh gun diog a ghabhail orra gu 'n d' fhuair iad a leithid. Nuair a bha a' mhuc roinnte, chaidh na seòid dhachaidh gu modhail, siobhalta.

Aig bristeadh fàire, mu 'n do bhlais an t-eun an t-uisge, dh' éirich Donnachadh Tiorram agus a mhac, a chur na muice am falach; mu 'm biodh duine 'sa Chlachan air an cois. Ged a bha mac Dhonnachaidh a h-uile buille cho crion, spìocach ri 'athair, cha robh e idir toilichte a bhi air a dhùsgadh am meadhon na h-oidhche mar so, 's ged a dh' éirich e cha robh e idir fonnmhor. Nuair a dh' fhosgail iad dorus tigh-nan-cairtean cha robh a' mhuc ri fhaicinn. " Leith na Truaigh ! " arsa Donnachadh Tiorram, " Thàinig an fheala-dhà gu da-rìreadh—tha mhuc air a goid gun teagamh. Co air an t-saoghal a dheanadh so ? " " Nach deanadh na ceàird a tha 's an Uaimh Mhòir," arsa Donn-

achadh òg ; " cha 'n e h-uile latha a gheabh iad cothrom cl
math." " Clann an fhir ud ! " arsa Donnachadh Tiorrar
" bheir mise orr' e "—'s shìn e as gu Uamh-nan-ceàrd,
bha mu leth-mhìle air falbh, 's bha leis gu 'n robh fài
cùbhraidh muic-fheòil ròiste air a ghiùlan air oiteig n
maidne. Nuair a ràinig e 'n uamh 's e 'na fhuil 's 'r
fhallus, cha robh aige ach ' an gad air an robh an t-iasg
—cha robh ceàrd no bana-cheàrd ri fhaotainn air ùrlar r
h-uaimh—'s b' fheudar dha tilleadh dhachaidh mar
thàinig e—gu muladach, aimhealach. Cha b' fhada gus a
do ràinig e Dùghall Ruadh. " Am bheil thu gu cridhe
an diugh, a Dhonnachaidh," arsa Dùghall Ruadh. " S r
nach eil," arsa Donnachadh Tiorram ; " nach deachaid
a' mhuc a ghoid." " Sin thu, Dhonnachaidh, cum thu:
sin a mach," arsa Dùghall. " Air m' fhacal, gu 'n deacl
aidh a goid," arsa Donnachadh.

DUGHALL.—" Sin thu rithist ; bòidich thusa sin 's crei
idh daoin' thu."

DONNACHADH.—"Air m' fhacal fìrinneach, gu 'n deacl
aidh a goid."

DUGH.—" Dhuine, dhuine, 's briagh théid agad air cui
mar-fhiachaibh ; fhaic thu, chreidinn fhéin do sgeul m
biodh fhios agam air atharrachadh."

DONN.—"An e nach eil thu 'gam chreidsinn ! Ch
cinnteach 's a tha mi beò gu 'n deachaidh a goid."

DUGH.—" Nach briagh nàdurra thig na breugan dui
cum thusa sin a mach 's creididh a h-uile duine thu."

DONN.—" Nach neònach, thu, a Dhùghaill. Cho fìor r
a' bhàs gu 'n deachaidh a' mhuc a ghoid—leis na ceàird."

DUGH.—" Nach briagh a laigheas a' bhreug air na ceàn
—co nach creid thu nis—cha 'n eil teagamh nach rot
ceàrd no dhà mu ghoid na muice."

DONN.—" Cha 'n eil feum a bhi bruidhinn riutsa, cl
chreid thu an fhìrinn—smior na fìrinn. Latha math dhuit.
Le so a ràdh, dh' fhalbh Donnachadh Tiorram dachaid

's cha robh e idir toilichte. Chunnaic e nach robh feum a
bhi bruidhinn ris a' ghreusaiche mu ghoid na muice, 's ged
nach do leag e riamh amharus air Dùghall Ruadh, bidh
latha 's bliadhna mu 'n gabh e a chomhairle a rithist.

Tha mi toilichte a chluinntinn gu 'm bheil an t-seana
chleachdainn air a cumail air chois anns a' Chlachan fhath-
ast, agus nuair a bhios fonn-dannsaidh air an òigridh 's a
ghleusas Calum Tàillear còir—sean 's mar tha e,—an
fhidheall, no thòisicheas Dùghall Ruadh air canntaireachd,
is e so am port is dòcha leò a ghleusadh,—

"Dh' fhalbh mi fhéin is cearthrar ghillean,
Dh' fhalbh mi fhéin is cearthrar ghillean,
Dh' fhalbh mi fhéin is cearthrar ghillean,
Ghoid na muice biadhta.

"Ghoid sinn i am beagan ùine ;
Roinn sinn i ri solus crùisgein :
Bha i reamhar mar an t-ùilleadh—
Fhuair sinn cùmhradh ciatach ! "

Is tric, gus an latha 'n diugh, nuair a tha sgeul fir sam bith
air a chur an teagamh, a gheabh e mar achmhasan, *Cum
thusa sin a mach, mar thuirt am fear a ghoid a' mhuc.*

COMUNN DEASBAIREACHD.
LITIR A CEANN-AN-TUILM.

FHIR MO CHRIDHE.—Nach i so an aimsir ! Fàgaidh i
daoine cho dis ris na cait. A dh' innseadh na firinn duit
tha sinn uile air fàs 'nar cait-ghrìosaich. Their iad nach
Geamhradh e gu Nollaig 's nach Earrach gu Féill Pàruig,
ach thàinig is dh' fhalbh an t-àm sin 's tha e cho geamh-
rail 's a bha e Latha Nollaig. Tha 'n sean-fhacal ag ràdh

nach loisg seana-chat e fhéin, ach 's mòr m' eagal gu 'n do
loisg an cat cam againne e fhéin a' feuchainn ri dol eadar
" Osgar " donn a' Bhuachaille-bhàin agus an teine.
   Is fada o'n a gheall mi duit litir, ach tha fhios agad
féin "An rud anns an téid dàil théid dearmad," 's mar so
cha 'n fheuch mi ri m' leisgeul féin a' ghabhail. Tha fhios
agad nach eil mo sheòrsa déidheil air a chléit ; bu mhòr a
b' fheàrr le m' leithid a bhi cùl a' chroinn na bhi cùl a'
phinn—mar a thuirt Dòmhnull-nan-dos e nuair a dhiùlt
e 'ainm a chur ri urras Eòghain Oig—a' gabhail air nach
b'urrainn da 'ainm a' sgrìobhadh, " Cha d' fhuair mi fhéin
a' bheag de 'n sgoil riamh, 's e 's lugha dragh." Gun
tuilleadh dàlach ma ta—

       " 'S mithich dhòmhsa tòiseachadh
          Is m' òran chur an céill,
        Oir 's fhad' o'n a bu chòir dha
          Bhi ann an òrdugh réidh."

Tha nì sònruichte 'na uallaich air m' inntinn agus bheir e
faothachadh mòr dhomh, ma gheabh mi a' bhrùchdadh a
mach.   Cha 'n eil mi idir cho déidheil air a chumail 's a
bha Iain Mòr air na bha 'na ghoile nuair a bha e gun chlìth
le tinneas-fairge, 's a bha chàirdean a' comhairleachadh
dha a cheann a chur thar cliathaich na luingeis agus cur a
mach.   Is e an fhreagairt a fhuair iad, " 'N e gu 'n tugainn
do na bodaich-ruadha an rud air an do phàigh mi gu daor."
Mìle mathanas ! tha mi dol troimh mo naidheachd.   Is e
bha uam innseadh dhuit mu Chomunn Gàidhlig, seadh
Comunn Deasbaireachd ma 's e 's feàrr leat, a chaidh a
chur air bonn 's an sgìreachd so, 's tha e 'n déidh daoine
òga fhàgail cho dalma, ladarna ri tarbh mòr Iain Dòmhnuill.
Is mòr m' eagal gu bheil an Comunn so an déidh na h-òigridh
fhàgail 'nam peasain mhìobhail, gun mhodh gun oilean.
Is ann a chuireas na garraich so an aghaidh barailean
agus bheachdan sheann daoine còire aig am bheil barrachd

toinisg 's a th' aig a' Chomunn gu lèir. Tha na h-iseanan le'n tiolpadaireachd 's le 'n gearra-ghobachd cho sgiolta 'nan cainnt is gu 'm fag iad daoine tuigseach pongail mar a tha Fear Choir'-an-t-sith agus Fear Chùl-na-coille, dall, bodhar. Ma thuiteas dhuit a bhi ann an cùideachd anns am bheil cuid de dh' òganaich a' Chomuinn so, cha 'n fhaigh thu do ghuth a shìneadh leò. Cha 'n eil a chridhe agad do bharail a thoirt air ceist air bith nach feum iad stad is grapadh a chur air do sheanachas. Glaoididh fear " Ceist," 's fear eile " Dearbh d' fhacal," 's bha cho math dhuit feuchainn ri stad a chur air toirm a chaochain aig an Steallaire-Mhòir, ri glas-ghuib a chur air na fearaibh so.

Cò 's duine 's is dithis 's a' Chomunn so ach Seumas Beag, aig am bheil an aon sruladh cainnt is clise a chuala tu riamh. Chunnaic mi e féin agus am Muillear Donn air sgailc an rathaid-mhòir an latha roimhe, is cath-labhairt fuasach aca. Bha Seumas Beag 's a làmh chlìth aige sìnte mach 's e a' dol thairis air gach meur le corraig na laimhe deise mar a b'abhaist do Mhinisteir fada an Tuim-uaine a dheanamh. Dh' fheumadh ceithir chinn agus co-dhùnàmh a bhi aig a' Mhinisteir anns gach searmoin ; ceann mu choinneimh gach meòir agus an co-dhùnadh air son na h-òrdaig. Be'n lùdag a " cheud àite," màthair na lùdaig " ar dara h-àite," a' mheur mheadhoin " an treas àite," a chorrag " an ceathramh àite," agus an òrdag " facal no dhà anns a cho dhùnadh ma cheadaicheas an ùine." Bha 'n clachair beag ag ràdh—ged a chaidealadh e neart de 'n ùine a bha am Ministeir a' labhairt, gu'n robh fhios aige co dhiubh a bha e dlùth air a' cho-dhùnadh no nach robh leis a' mheur a bha am Ministeir a' cumail a mach mu choinneimh an t-sluaigh—agus air latha fuar Geamhraidh bha e 'g ràdh gu'n robh e coma ged a rachadh dà no trì mheòir a shiodadh bharr lamh chlìth a' Mhinisteir, agus an sin cha bhiodh an t-searmoin cho fada, chionn cha bhiodh aige ach dà " cheann " agus " co-dhùnadh." Ach 's fheudar tilleadh a' dh' ionnsaidh a' Chomuinn so. Thuit dhomh a bhi anns a' chlachan an oidhche roimhe agus faicear solus ann am " Fàrdach a' Ghliocais " mar a theirear ris a' bhothan anns am bheil an Comunn so a' cruinn-eachadh ; agus air dhomh a bhi déidheil air a' Chomunn fhaicinn le m' shùilean féin, ann an comhairle cruinn, shèap mi suas air mo chorra-beag gu uinneig chùil na Fàrdaich agus chunnaic mi 'n sin gach lòchran Fìrinn agus crùisgein Eòlais a bhuineas do 'n Chomunn.

A dhuine, dhuine, b'e sud an leigheas léirsinn ! Bha iad an sud beag is mòr, dubh is donn, glas is ruadh. Cò bh' ann am broilleach na cuideachd ach Aonghas Og, Braighe-bhaile, agus Pàruig na Seann-laraich ; 's mur do mheall mo shùilean mi 's e ceann a' Bhuachaille-bhàin a bha mi faicinn ann an oisinn na Fàrdaich. Leis nach eil mi eòlach air a' bheag de sgaoimirean òga na sgìreachd, cha d' athnich mi mòran de na bha ri fhaicinn ; mar thuirt an calman ris a' chlamhan " Cha 'n ann de m' chuideachd thu." Thuig mi nuair a bha mi ri farchluais gu 'm b' i so a' cheist a bha 'n Comunn a deasbaireachd, "An d' fhalbh linn nam Bàrd Gàidhealach ? " An cuala tu fhèin riamh a leithid de cheist amaideich ? " Nach eil fios aig gach duine aig a bheil làn meurain de dh' ean-chainn gu 'n d' fhalbh linn nam Bàrd, agus nach eil anns na ràpairean labhrach a th'againn a nis 's a their bàird riutha féin ach ròcaisean lonach, cho easbhuidh ciùil is bàrdachd ri clag sgàinte eaglais na Cille-mòire. Ged is i so mo bharail-sa, agus tha mi 'n dòchas do bharail-sa cuid-eachd, cha robh cuid de na h-òganaich a bha 'sa Chomunn de 'n bheachd so. Có bha air a bhonnaibh a' seasamh gu dàn, dalma bàird na linn so, ach Aonghas Og, 's e gun nàire ag ràdh nach robh ann am bàrdachd nàn linntean a dh' fhalbh ach facail gun suim gun seadh air an càrnadh a suas air chòr 's nach robh air an t-saoghal na thuigeadh iad. Cha luaithe shuidh mo laochan na

dh'éirich Pàruig-na-Seann-laraich agus sheas e na seana
bhàird 's am bàrdachd gu daingean. Air m' fhacal gu 'n
do labhair e gu réidh deas-bhriathrach agus dh' aithris e
rann an déidh rainn de sheana bhàrdachd a bha air leth
taitneach. Thug e dhaibh an rann so á " Moladh Beinn
Dòrain "—

    Tha leth-taobh na leacainn
     Le mais' air a chòmhdach,
    'S am frith-choirean creagach,
     'Na sheasamh 'ga chòir sin ;
    Gu stobanach, stacanach,
     Slocanach, laganach,
    Cnocanach, cnapanach,
     Caiteanach, ròmach,
    Pasganach, badanach,
     Bachlagach, bòidheach.

Am bheil fhios agad am feadh a bha e ag aithris nam facal
gu 'n do dhì-chuimhnich mi c' àite 'n robh mi, agus glaodh
mi àird mo chinn. " 'S math a fhuaras tu, Phàruig,. thig
oirnn a' rithist." Thàinig so air a' Chomunn mar chloich
as an adhar 's mu 'n abradh tu seachd, bha na bha stigh
am mach as mo dhéidh. Thàr mi as an deannaibh nam
bonn, 's cha do sheall mi thar mo ghualainn gus an do
ràinig mi a'chagailt. Bheir mise m' fhacal gu 'm bi latha
's bliadhna mu 'n glacar mise ri farchluais a rithist.

Eadar thu féin agus mise, cha'n abair mi nach faodadh
an Comunn so tighinn gu feum na 'n robh duine math aig
a cheann—fear a stiùradh iad air taobh an fhuaraidh de
cheistean gun mhath mar a tha co dhiubh is feàrr bò
mhaol, odhar na bò odhar, mhaol ?

Feumaidh mi nis tarraing gu crìch, tha tòir orm a thoirt
buntàta a slugan na bò bàine 's i 'g a tacadh. Is mi do
charaid dìleas.

                             FIONN.

LATHA CAILLICH, 1879.

CEILIDH AN CEANN-AN-TUILM.

Nuair a thàinig mi fhéin dhachaidh o m' obair-latha an oidhche roimhe cha robh fhios agam ciod a theirinn nuair a choinnich gach cuman, fiodhan is poit a bha 's an tigh mi, eadar an dà dhorus. Thagh mi mo cheum mar a b' fheàrr a dh' fhaodainn am measg na straighlich so, ach cha b' e ni b' fheàrr a bha air thoiseach orm nuair a ràinig mi dorus-a'-chatha. Bha gach ball eàrnais air an càrnadh air muin a chéile agus gach ni a bh' ann mar gu'm biodh iad siobta o bheul an làin. Air a dà ghlùin bha Màiri gu deanadach ag glanadh an ùrlair. Anns an oisinn bha Màiri bheag agus am Buachaille bàn, craidhleag de bhuntàta eadar iad, agus iad a farpuis cò bu mhò a' sgrìobadh ; am Buachaille bàn gu sùrdail a' canntaireachd,—

" 'S coma leam buntàta carrach,
    Mur a bi e sgrìobta ;
'S coma leam buntàta carrach,
    Mur a bi an t-im air."

Nuair a chunnaic mi fhéin an aimhreit a bha dol, dh' fheòraich mi do Mhàiri ciod idir a bu chiall da. " Nach eil cuimhn' agad," arsa ise 's i togail a cinn, "gur ann an nochd a gheall na seòid tighinn air chéilidh, agus cha 'n eil ach do dh' eagal orm gu 'n tig iad mu 'm bi àird air an tigh 's orm féin. 'S feàrr dhuit-sa dol agus an fheusag a thoirt dhiot agus thu féin a chur ann an uidheam." Cha robh mi cho teòma air na leisgeulan 's a bha Eóghan Mòr nuair a dh' fheòraich am ministeir dhe c'arson nach robh e 'ga fhaicinn 's an Eaglais, 's e an fheagairt a fhuair e—" tha 'n fheusag so agam-sa cho draghail, ged a bheir mi dhiom i feasgar Di-sathuirne, tha mo bhus cho dubh madainn na Dònach, 's gu 'm bheil nàire orm dol do 'n Eaglais." Chuimhnich mi an sean-fhacal, "An toil féin do na h-uile, 's an toil uile do na mnathan," agus rinn mi mar a chaidh iarraidh orm. 'S gann a bha mi ann an uidheam nuair a chuala mi nualan na pioba a' tighinn air oiteig an fheasgair. "An cluinn thu sin," arsa Màiri, 's i glanadh a h-aodainn, "mur eil mo chluasan 'g am mhealladh 's e Teàrlach Og Chreagan-an-Fhithich a tha cluich ' Gillean an fhéilidh ;'—a dhuine chridhe nach ann aige tha 'n lùdag !" Chaidh mi fhéin am mach gu ceann an tighe agus thuig mi gur e Teàrlach Og a bh' ann 's gu 'n robh dithis 'na chuideachd. "Ge b'e cò th' ann thoir mu 'n cuairt an aitreabh iad car tiota gus am bi mise deas air an son," arsa Màiri rium féin, agus aig a' cheart àm chuir i am Buachaille bàn agus Màiri bheag air tòir muinntir nan tighean-gu-h-àrd. Cò bhà le Teàrlach ach Pàruig-na-Seann-làraich agus Aonghas Og. Chuir mi fhein fàilte orrà uile, agus ghabh sinn ceum mu 'n cuairt gu cùl an t-sabhail. "Nach briagh an oidhche th'ann ? " arsa Pàruig, "seadh," arsa Aoghas Og, "nach bòidheach a' chuibheall a tha mu 'n ghealaich ? " "Seadh gu dearbh," arsa Pàruig, 's e 'g amharc 's an speur, ach mu 'n abradh tu seachd bha e fodha thar beul-nam-bròg ann an eabar an dùnain. "Mhoire, Mhoire ! c' àite bheil mi ? " ghlaodh Pàruig àird a chinn. "Tha far nach bu chòir dhuit a bhi," arsa Aonghas Og, " sin agad thu féin 's do speuradaireachd." "Is fhada o'n a chuala mi, ' Thuit e 's an dùnan 's a shùil air a' ghealaich,' " arsa Teàrlach. Anns a' bhruidhinn a bh' ann cò thàinig a mach ach Màiri a smàd sinn uile airson Pàruig a leigeil ann an lub-an-dùnain. Thug i stigh Pàruig 's chuir i cas-bheirt thioram air, agus cha b' fhada gus an do dhi-chuimhnich e an tubaist a thachair dha. An ùine ghoirid cò thàinig oirnn ach Mac Aoidh á Cùl-na-coille, Fear Choir'-an-t-sìth, Donnachadh-nan-dàn, Silis bhàn, Màiri Eóghain, Iain Dhonnachaidh Theàrlaich, Seònaid is Mórag, dà nighinn na bantraich 's na tighean gu h-àrd. Dòmhnull-na-croite bige, Ealasaid a nighean, agus a ghiollan buachaille. Shuidh sinn uile mu 'n cuairt na cagailt, chaidh am Buachaille bàn agus buachaille ruadh Dhòmh- nuill-na-croíte-bige a chur ann an cùil-na-mòna, agus chaidh na seann ràdh a sparradh orra, "Am fear a tha 'sa chùil cumadh e shùil air an teine." Ge b'e pratan a bha an dà bhuachaille ris, ghlaodh Donnachadh-nan-dàn, "An cluinn thu mise 'ille bhig na gruaige ruaidh, mur fan thu sàmhach cuiridh mi teas anns na cluasan agad." "Na'm biodh a' chridh agad," arsa am buachaille, "cuimhnich 'd é dh' éirich do 'n Mhaighstir-sgoil air an t-seachdain so chaidh airson sgleog a thoirt do mhac a' Bhàillidh." "Cha mhac Baillidh thusa ged a tha," arsa Donnachadh; "có nach cuala ' Is cam 's is dìreach an lagh,' agus bha e 'n latha ud cho ceàrr ri ' lagh Sgir-mo-Cheallaig, a dhìt an gearran 's a' mhòd.' " " Nach ann air an t-saoghal a thàinig an ' dà latha ' nuair nach faod duine sgleog a thoirt do bhalach buachaille," arsa Fear-Choir'-an-t-sìth, " Tha an fhìrinn agaibh an sin " arsa Iain Dhonnachaidh Theàrlaich, " ciamar so tha 'n seanfhacal ag ràdh, ' ma bhuaileas tu cù no balach, buail gu math iad,' agus tha cuimhne agamsa air rann a b' àbhaist do Chailean Siosal còir a bhi 'g aithris, a bha leigeil ris na dòigh a bh' aig na daoine o'n d' thàinig sinn air seòid de'n t-seòrsa so a thoirt fo smachd, ciamar so bha i dol ?—

"'Faodaidh fear bhios fuar falamh
Fead a thoirt air chuais balaich
Mur a bi e réidh ris.' "

" Fanaibh sàmhach sibh féin 's bhur lagh, bu mhòr a b' fheàrr leam sgeulachd mhaith a chluinntinn," arsa Màiri, " am bheil naidheachd agad Aonghais ? " " Tha Aonghas Og cho stacach 's a bha Calum Bodhar," arsa Pàruig. "Cha 'n eil mi bodhar," fhreagair Aonghas, ach cha 'n eil sgeul- achd agam is fhiach aithris, agus ged, a bhitheadh tha tuille tuigse agam na dol an aghaidh an t-seann-fhocail,

' a cheud sgeul o fhear-an-tighe 's gach sgeul gu latha o'n
aoidh' ;—ach có 'm fear a bh' ann an Calum Bodhar ris an
robh thu 'g am choimeas ? " " Bha duine gleusda a bha
'san sgìreachd so o chionn fhada ach tha e nis, mu 'n
d'thubhairt Seònaid ghòrach e, ' a' cadal am mach,' tha e
fo'n fhòid o chionn iomadh bliadhna," fhreagair Pàruig.
" An duine coir, ' b' fhasa chriathradh na chur air muin
eich,¹ mar a their iad," arsa Fear-Choir'-an-sìth, ach cluinn-
eamaid sgeulachd fir-an-tighe, 's ann aige fhéin a tha na
naidheachdan."

CALUM BODHAR 'S AN T-UIRCEIN.

SGEULACHD FIR-AN-TIGHE.

O'n a thuit dhuibh tighinn air Calum Bodhar, tha mi
coma, ma chuidicheas mo mheamhair leam, ged a bheir mi
dhuibh sgeul beag aighearach mu 'n duine chòir' so. Mo
bheannachd leis, a chuid de Phàrras dha ! Ged a theirte
" Calum Bodhar " ris, bha mòran 'sa bheachd nach robh
Calum idir cho maol 'sa chlaisteachd 's a bha e cumail a
mach, ach gu 'n robh e cho bior-chluasach 's gu 'n cluinn-
eadh e am feur a' cinntinn, na 'n robh fàs an fheòir chum
a bhuannachd fhéin. Chuala mi fhéin Eòghan-nan-còrn
ag ràdh, 's iad a bhi bruidhinn air daoine stacach, gu'n
cluinneadh Calum Bodhar cagar na mhà-sìth, na 'n d'
thubhairt i, " an gabh thu deur, a Chaluim ? " Abradh
iad an rud a thogaras iad, tha'n sean-fhacal ag ràdh "Cluinn-
idh am bodhar gleadhar an airgid," agus cha b'e h-aon
no dhà a dh' ionndrainn Calum bochd nuair a chaidh a
chàireadh fo 'n fhòid ann an Cnoc-Aingeal. Ach 's
fheudar teannadh ri m' sgeulachd. Bha Calum fuathasach
pongail, cùramach 'n a dhòigh, 's cho cinnteach 's gu 'm
faodadh duine a chuid de 'n t-saoghal earbsa ris. Ri m'
cheud chuimhne-sa, agus is fada bho'n dà latha sin, b' e
Calum a b'aon ghille-gnothaich eadar Baile-nan-leac agus

an t-Oban Lathurnach, a bha mu dheich mìle o chéile. Cha robh seachdain 'sa bhliadhna nach faicte Calum 's an Oban cho cinnteach 's a thigeadh madainn Di-màirt, a mhàileid thar a ghualainn agus cuaille de bhata daraich 'n a laimh. Bha muinntir an Òban cho eòlach air 's a bha iad air " Tigh Tiolam " 's cho toigheach air 's nach d' fhàg e riamh an t-Oban air feasgar Di-màirt gun ghloinne no dhà 'n a ghoile agus sè-sgillean 'n a phòca a chasgadh iota nuair a ruigeadh e " Tigh-a'-Phuirt " a bha eadar e agus Baile-nan-leac. Ma bha màileid Chaluim seang a ruig-eachd an Obain cha 'n ann mar sin a bha i an àm fàgail, 's ann a bhiodh cruach is mullach orra de gach gnè bhathar. Coran do Eòghan-an-Achaidh, tàirngnean do Phara-nan-sliseag, tì is siùcar do Mhàiri mhòr, tombaca do Dhòmhnull Og, paipear-naidheachd do'n Mhaighstir-sgoil, agus ciad rud eile nach gabh ainmeachadh. Bha gach nì air a chur cho òrdail anns a' mhàileid 's gu'n rachadh aige air an cuid féin a thoirt do gach neach gun iad a dh' fhaicinn ciod a bha an coimhearsnaich a' faotainn, 's bha Calum " cho obdhar ris na gobhaii 's an fhoghar," nuair a dh' fheuchadh daoine ri fhaotainn a mach ciod a bh' aige 'sa mhàileid. Is tric a dh'fheuch guanagan Tigh-a'-Phuirt ri Calum a cheas-nachadh nuair a bhiodh e a' feitheamh an aisig ach cha do chuir na fhuair iad riamh as, mòran ri 'm fòghlum.

Latha bha sud chuir Seònaid Theàrlaich Oig poca le Calum anns an robh e ri uircein a thoirt dhachaidh dhi á faidhir an Obain. Ràinig Calum an t-Oban, cheannaich e an t-uircein, chuir e anns a' phoca e agus dh' fhàg e am poca 's na bh' ann an Tigh Tiolam, feadh 's a bha e ceann-ach nan gnothaichean eile a bha ri dol 's a' mhàileid. Mu 'n am ghnàthaichte thog Calum air, a' mhàileid air an darna gualainn 's am poca anns an robh an t-uircein air a' ghualainn eile. Nuair a ràinig e Tigh-a'-Phuirt bha bàta-'n-aisig air an taobh eile 's chaidh e stigh a leigeil analach, a' fàgail a' phoca anns an robh an t-uircein taobh

an doruis. Mar a bha 'n t-olc ann an guanagan Tigh-a'-
Phuirt, de rinn iad ach gu 'n tug iad an t-uircein as a'
phoca agus gu 'n do chàireich iad cat mòr dubh 'n a àite.
Thàinig am bàta, thog Calum am poca air a mhuin, mho-
thaich e mar a shaoil leasan an t-uircein a' sporathail,
agus bha an duine bochd cho bodhar nach robh e cluinntinn
mialaich a' chait. Mu bheul an fheasgair, chunnaic Seònaid
Theàrlaich Oig Calum a' teannadh ris an tigh, 's chuir
i an fhàilte so air, "An d' thàinig thu Chaluim a laochain ? "
" 'S mi a thàinig," arsa Calum. " Thig a stigh," arsa
Seònaid, " tha mi làn chinnteach gu'n d'rinn thu do
ghnothach gu pongail." " Moire ! 's mi rinn," arsa Calum,
" fhuair mi uircein beag, bàn, cho bòidheach 's a chaidh
riamh ann am poca, cha robh a leithid eile air an fhaidhir."
Le so a ràdh dh' fhosgail Calum beul a' phoca 's mu 'n abradh
tu seachd, leum cat mòr, dubh a mach as a' phoca. 's chaidh
e as an t-sealladh fo 'n leabaidh ann am prioba na sùla.
" Ni Maith 'gar dìon ! " arsa Seònaid, " tha an Donas anns
a' mhuic." " Cha b' e cheud uair a bha," arsa Calum 's e
toirt breab do 'n phoca. "Am bheil thu cinnteach gur
e uircein a cheannaich thu ? ' arsa Seònaid 's i air chrith
leis an eagal a fhuair i. " Moire. 's mi a tha ! " arsa Calum,
" agus tha fhios agam a nis ciamar a thachair an gnothach.
Cuiridh mi geall gur iad na seòid a bha 'n " Tigh Tiolam "
a chuir an cat anns a' phoca 's a ghléidh an t-uircein."
" Nach bu pheacach dhoibh a leithid a dheanamh," arsa
Seònaid. " Cha tugainn bonn-a-h-ochd air a' pheacadh,"
arsa Calum, " na 'n d' fhàg iad agam an t-uircein ; agus
thusa a mhic an fhir ud "—'s e toirt duibh-leum a bheir-
eachd air a' chat a bha nis an déidh tighinn a mach fo an
leabaidh—" théid thu air d' ais anns a' phoca so gu madainn
am màireach agus bheir mise an sin thu do'n tigh ainmeil
sin as an d' thàinig thu,—" Tigh Tiolam " ; nach ann agam
a bha 'n droch obair do ghiùlan cho fada 's cho cùramach."
An ath mhadainn rinn Calum moch-èirigh mhòr, 's bha e

fhéin 's an cat dubh air an rathad do 'n Oban mu'n do
bhlais an t-eun an t-uisge. Cha do thachair anail bheò
air gus an do ruig e Tigh-a'-Phuirt. Ged a bha cabhag
air Calum cha deanadh ni feum le Ailein Tigh-a'-Phuirt
ach gu 'n tigeadh e stigh 's gu'n innseadh e dhoibh an cleas
a chaidh dheanadh air 's an Oban. Nuair a bha Calum
bochd ag aithris a sgeòil chaidh Màiri Ruadh agus sgiob-
laich i leatha do 'n t-sabhal am poca, anns an robh an
cat dubh, a chaidh fhàgail eadar an dà dhorus, agus chuir
i uircein Sheonaid Theàrlaich Oig anns a' phoca. Bha
h-uile h-aon a' toirt bàrr air a chéile, agus Màiri Ruadh
a' toirt bàrr air na h-uile, ann a bhi gabhail truais de
Chalum agus a' càineadh nan abhaistearan a bha tadhal
" Tigh Tiolam."

Chuir Calum am poca aon uair eile thar a ghualainn,
ghabh e 'n rathad cùil 's cha do leig e anail gus an d' ràinig
e " Tigh Tiolam." " Sin agad do chat," arsa esan, 's e
toirt urchair do 'n phoca gu taobh eile an tighe. Thug
an t-uircein bochd sgiamh cruaidh as, a chuala Calum
e fhéin, bodhar 's mar bha e, 's cha robh fhios aige air
uile beatha an t-saoghail ciod a theireadh no a dheanadh
e. Ghlaodh e mu dheireadh 's e air chrith air a chasan,
—" Tha 'n Donas anns a' phoca ; bha e'n riochd uircein
an dé, riochd cait an raoir, agus Ni Maith 'g ar teàrnadh !
tha e 'na uircein an diugh a rithist." Shaoil " Tiolam "
gu'n robh Calum an dèidh-a chiall a chall, agus chuir i
fios gun dail air an Doctair Bhàn a bha glè eòlach air Calum
Bodhar. Thàinig an Doctair an deannaibh nam-bonn
's chuir e 'n fhàilte so air Calum " 'D é so 'ille, an deach-
aidh tu dhachaidh an raoir idir ? " " 'S mi a chaidh,"
arsa Calum, " 's cha b' ann do m' thoil a thill mi an diugh."
Dh' aithris e 'n so gu réidh, ciallach gach ni mar a thachair,
ach aig crìoch a sgeòil cha robh an Doctair Bàn no " Tiolam "
na bu ghlìoca na bha iad roimhe. Cha robh fhios 'd é
dheanta, bha Calum cho purpail, pongail, 's a bha e riamh,

ach cha robh 's an Oban na bheireadh air an t-uircein a
ghiùlan a rithist.   'S e 'thainig as gu 'n d' fheum " Tiolam "
mac-a-pheathar a chuir áir ais le Calum agus an t-uircein.
Bhòidich Calum an latha sin nach rachadh uircein air a
dhruim gu bràth tuille agus ghléidh e a bhòid gu latha a
bhàis.   Ged a lean Calum air tadhal ann an Tigh-a'-phuirt
cha robh a chridh aca aideachadh gur i Màiri Ruadh a
thug an t-uircein as a phoca.   Phòs Màiri Ruadh fear
Dhoire-na-Cuthaige 's cha deachaidh Calum Bodhar riamh
an rathad nach do thadhail e aig Màiri, agus 's iomadh
làn beòil math a fhuair e uaipe.   Ràinig Calum aois mhòr
bha e streap ri deich is ceithir-fichead mu'n do chaochail
e, ach dh' fhalbh e 's bu laghach e, shiubhail e 's bu chiùin e.

" Nach bu treun Calum," arsa Pàruig-na-Seann-laraich.
" Bha e na bu phongaile na Ailein Ruadh a chuir an ti 's
an siùcar 's an aona phoca ris an uircein a bha e toirt a
faidhir an Obain do 'n Ghleann-Mhòr," arsa Aonghas Og.
"A dhuine chridhe nach ann an sin a bhiodh am brochan-
càil ! " arsa MacAoidh.   " Cha chreid mi fhéin," arsa
Dòmhnull-na-Croite-bige, "nach faodadhmaid duanag bheag,
bhòidheach éisdeachd a nis, an toir thu dhuinn òran a
Sheònaid."   " Tha mo chuimhne cho dona 's nach eil
thar thrì no ceithir de rannan agam de dh'-òran air bith,"
arsa Seònaid.   " Ciamar so their iad ? " arsa Aonghas
Og,—

" Ceithir cheathramhan 's am fonn,
     Deadh sgonn òrain."

" Ma bhios sibh toilichte le òran goirid, feuchaidh mi ri
duanag bheag a sheinn," arsa Seònaid, " 's ma 's e 's gu 'n
téid ' an ceol air feadh na fidhle,' cha 'n ann agam-sa a
bhios a' choire, cuimhnichibh.   So agaibh òran ùr a rinn
fear-an-tighe ma 's math mo bheachd."

AN GILLE DUBH.

Sheinn Seonaid an sin :—

AIR FONN—" 'Se luath-bheul na h-ighinne duibh
    Chuir gruaim air mo leannan rium."

SEIS.—Mo thruaigh mi 's mar tha mi'n diugh,
   Mo thruaigh mi 's gur muladach ;
   'Se 'n gaol a thug mi 'n ghille dhubh
   A rinn an diugh mo leònadh.

Gu 'n tug mi spéis do 'n armunn
Am bothan beag na h-àiridh,
'S e cuimhneachadh an dràsd' air
  A dh' fhàg mi dubhach, brònach.
   Mo thruaigh mi, etc.

Mur faigh mi e mar chéile,
Ni tuireadh 's bròn mo léireadh,
'S gun nì 's an t-saogh'l ni feum dhomh
  As eugmhais gaol an òigeir.
   Mo thruaigh mi, etc.

Ged tha mi nis gu cràiteach
'S a' caoidh o'n rinn thu m' fhàgail
Gur tric a bha mi làmh riut,
  'S mo chridhe snàmh an sòlas.
   Mo thruaigh mi, etc.

O, thug mi gràdh nach caochail
Do dh' òigear an fhuilt-chraobhaich,
'S a nis mur dean mi fhaotainn,
  Gur neoni 'n saoghal dhòmhsa.
   Mo thruaigh mi, etc.

Gur tric a bha sinn mùirneach
Ged tha mi dràsd gu tùrsach,
'S ma 's e 's gu'n tug e cùl rium
'S an ùir bidh m' àite-còmhnuidh.
Mo thruaigh mi, etc.

"Gu ma fada beò thu ghalad," arsa Teàrlach, "cha 'n iarrainn crioch a thighinn air òran cho binn " ged a bhith-eadh e na b' fhaide cha bhitheadh e searbh." "Bha e fada gu leòir," arsa Aonghas Og, " 's beag orm fhéin na driam-laichean òran a chluinneas daoine aig cuid, 's ann a bheir iad an aileag air an fhear is feàrr anail,—cùl mo làimhe riu gu buileach."

Anns a' bhruidhinn a bh' ann chuala sinn "Osgar" donn a' tabhannaich gu garg, agus dh'iarr mi féin air a' Bhuachaille bhàn dol a mach agus an cù a chasg, agus fhaicinn cò bha tarraing conuis as. Nuair a dh' fhosgail e an dorus chuala sinn fear-eigin ag ràdh, "Cò leis an cù ? " "Tha le mhaighstir," fhreagair am Buachaille bàn. "Nach tu tha tapaidh mo ghille math, am buin thu do 'ghearra-ghobaich Mhucàrna ? ' " "Nach eil thu coma," fhreagair am Buachaille bàn. "Am bheil do chù cho mi-mhodhail ris a h-uile duin'-uasal a thig a dh' ionnsaidh an tighe so " ? "U ! cha 'n eil, tuigidh e uaislean seach ceàird," fhreagair am Buachaille bàn. "An ann ag ràdh ceàrd riumsa tha thu, a ghasain ? " " Cha d'thuirt mise co dhiubh, fàgaidh mi sin eadar thu féin 's an cù," fhreagair am Buachaille bàn ; " ach ma tha mise 'ga d' léirsinn ceart tha thu eòlach gu leòir air an àite anns am bi na ceàird— a' cheàrdach—nach tu Iain Bàn Og an gobhainn ? Gabh mo leisgeul cha do thuig mi cò thu an toiseach. Thig a stigh." " 'S tusa am Buachaille bàn, nach tu ? Thoir dhomh do làmh mo ghille math," is chuir iad fàilte air a chéile. Nuair a chuala sinn gur e Iain Bàn Og a thàinig fo theanga ghéir a' Bhuachaille bhàin, bha sinn air ar

nàrachadh beò, agus dh'éirich a h-uile duine a dheanamh
àite dha. "Na caraicheadh duine air mo shonsa,—' am
fear a thig gun chuireadh suidhidh e gun iarraidh,' nach
math an oidhche air an d' thàinig mi, nuair tha 'n còmhlan
cruinn." " 'S math dhuinne sin cuideachd," arsa Mac
Aoidh, "cha bhi dìth òrain oirnn a nis." "Tha thu
ceart" fhreagair Aonghas Og, "tha mi cinnteach gu 'm
faigh sinn fear no dhà o Iain Bàn Og." "Nach neònach
sibh uile," arsa Màiri "nach leig sibh leis 'anail a tharraing,
feumaidh e greim bidh an toiseach, tha mi cinnteach gu'm
bheil e air tolladh leis an acras." "Cha 'n eil idir," fhrea-
gair Iain Bàn Og, " 's ged a bhitheadh tha a' chuideachd
cho math 's gu 'm fuadaicheadh i fuachd is acras." "Fhad
's a bhios an t-suipear a' dol air dòigh," arsa Dòmhnull-
na-croite-bige "dh' fhaodadh am Buachaille bàn òran
aighearach a ghabhail." "Nach neònach leam thusa a
Dhòmhuill a bhios a' toirt misnich do 'n Bhuachaille bhàn
's fhios agad gu'm bheil e dàna gu leòir cheana," arsa Màiri ;
"nach cuala tu cho ladarna mi mhodhail 's a bha e ri Iain
Bàn Og an nochd." "Nach ann agam fhéin a bha choire
's mi a thòisich an toiseach," fhreagair Iain Bàn Og, "agus
bidh mi glè thoileach duanag éisdeachd bhuaith." "Ma
leigeas sibh le Buachaille na croite-bige mo chuideachadh,'
arsa am Buachaille bàn, "bheir sinn duibh rann ma seach."
"Tha mi cinnteach gu 'm bi a' chuideachd làn toilichte"
thuirt mi féin, "reachaibh ris 'illean." Thòisich buachaille
Dhòmhnuill mar so—

MO RUN GEAL DILEAS.

"Mo rùn geal, dileas, dìleas, dìleas,
    Mo run geal dìleas nach till thu nall ;
Cha till mi féin riut, a ghaoil cha 'n fhaod mi,
    'S ann tha mo ghaol-sa 'na laighe tinn."

Thog an sin am Buachaille bàn a ghuth mar so—

Mo run geal dìleas, dìleas, dìleas,
  Mo run geal dìleas nach till thu nall ;
Mur till an rìbhinn bidh mi fo mhì-ghean,
  'S an crodh 's an dìosgadh 'sa bhail' ud thall.

" Is truagh nach robh mi an riochd na faoilinn
  A shnàmhadh aotrom air bhàrr nan tonn ;
Is bheirinn sgrìobag do 'n eilean Ileach,
  Far bheil an rìbhinn dh'fhàg m' inntinn trom."

Is truagh nach robh mi an riochd na sgliùraich,
  An lub-an-dùnain am measg nan dràchd ;
Is shnàmhainn aotrom air bhàrr a' chaochain.
  Is dheanainn maorach aig ìsle tràigh.

" Is truagh nach robh mi 's mo rogha céile,
  Air mullach shléibhte nam beanntan mòr,
'S gun bhi 'g ar n-éisdeachd ach eòin na speura,
  'S gu 'n tugainn fhéin di na ceudan pòg ! "

Is truagh nach robh mi 's mo rogha céile,
  Air bhàrr an t-sléibhe a' cuallach àil ;
Sinn as air léine fo sgàil nan geugan,
  Mar Adhamh 's Eubha 'sa ghàradh-chàil.

" Thug mi còrr agus naoi miosan,
  Anns na h-Innsean a b' fhaide thall ;
'S bean bòidhchead d' aodainn cha robh ri fhaotainn
  'S ged gheabhainn saoghal cha 'n fhanainn ann."

Bho 'n 's i 'n fhìrinn is còir dhomh innseadh,
  Cha robh mi 'n Innsean an Ear no 'n Iar ;
Ach bean do bhòidhchead o d' bhonn gu d' sgròban,
  Cha 'n fhaca Dòmhnull am measg nan ciad.

"Cha bhi mi strì ris a' chraoibh nach lùb leam,
  Ged chinneadh ùbhlan air bhàrr gach géig ;
Mo shoraidh slàn leat ma rinn thu m' fhàgail,
  Cha d'thàinig tràigh gun mhuir-làn 'na déidh."

Cha bhi mi strì ris a' choille chrìonaich
  Ged chinneadh figis air bhàrr gach géig ;
Ach gaoth a d' ghiùran ma thug thu cùl rium,
  Bidh mise stiùradh mo chùrsa féin.

"Is coma leam ged a shil an latha
  Is coma leam ged a laigh a' ghrian
'S ceart coma leam ged a robh mo leaba
  Gu fada, fada, 's an àirde 'n Iar."

Is coma leam ged a shéid a' ghailleann,
  'S ged reub i 'n t-adhar 'na leathrach-iall,
Is miosa chùis nach éil greim am splùcan
  Is cnuimh am chùlaig 'g am chur á m' chiall.

"Cò air an t-saoghal à rinn an t-òran sin ? " chaidh
fheòraich de 'n Bhuachaille bhàn. "Rinn fear d' am
b' aithne," fhreagair esan,—"am Bàrd luideagach." "Cò
esan ? " arsa Donnachadh-nan dàn, "cha chreid mi féin
nach eil a h-uile bàrd a th' againn luideagach gu leòir."
"Is math tha fhios aig Aonghas Og cò e,—cha 'n eil fhios
agam nach ann bhuaithe a ghoid e am beagan bàrdachd
a th' aige ? " fhreagair am Buachaille bàn. Chuir Màiri
stad air a' bhruidhinn a bh' againn ag ràdh "suidhibh a
stigh ris a' bhòrd a nis—ged nach eil e àch beag,—math 's
mar tha na h-òrain cha tig daoine beò orra." "'S feàrr
bòrd beag làn, na bòrd mòr falamh," arsa Aonghas Og.
Chaidh a h-uile duine ris a' bhuntàta phronn gu gleusda,
oir bha cabhag orra a chluinntinn nan òran. "Tha thusa
a Theàrlaich coltach ri earball an t-seana-mhairt," arsa

Aonghas Og, " daonnan air dheireadh." " Is fhada on a
chuala mi 'Am fear a bhios air deireadh beiridh a' bhiasd
air,' " arsa Mac Aoidh. " Nach eil mi coma," arsa Teàr-
lach,—" gach dìleas gu deireadh." " Tha mi cinnteach,"
arsa fear-an-tighe " gu 'm faigh sinn òran a nis o Iain Bàn
Og." " Cha 'n eil mi ro mhath air a' cheòl an uair is feàrr
a tha mi, ach tha droch fhuachd agam, agus feumaidh sibh
mo leisgeul a ghabhail," fhreagair Iain. " Thoir dhuinn
rud-éigin," arsa Pàruig. " C' àite an d' fhàg thu ' Cumha
Dhà'idh,' is math tha cuimhne agamsa air an latha a
chaidh Dà'idh fhuadach do Mhuile ? " Dh'aithris Iain
Bàn Og an Cumha a rinn e do Dha'idh mar a leanas.

CUMHA DHA'IDH.

LE IAIN MACILLEBHAIN.

" 'S ann tha 'n eachdaireachd ghàbhaidh,
   Nis mu ais-eirigh Dhàbhaidh,
'S e 'tighinn dachaidh 'n a stàirneanach treun."—
                                    —ROB DONN.

[Dà'idh, fear-bàta barraichte a dh' fhalbh leis fhéin á
  Eisdeal ann an geola air latha àraidh. Dh' éirich gaoth
  mhòr an déidh dha seòladh ; chaidh 'fhògaradh a nunn
  do Mhuile, far an robh e latha no dhà ri port, agus
  daoine ri iasgach agus iarraidh-mhairbh air aig an tigh.]

A mhuinntir Eisdeil, Luinge 's Shaoil,
Is sibhs' 'tha chòmhnuidh aig na Caoil,
Gach duine beò o Rudh'-na-Maoil '
      Gu`ruig an Garbh,
O, guilibh leam, a shluagh an t-sao'il—
      Tha Dà'idh marbh !

Ar bròn cha 'n urrainn teanga luaidh,
Oir dh' fhuilinn sinne deuchainn chruaidh,
A thug na deòir a nuas ar gruaidh,
    'N an tuiltean searbh ;
Dh' fhalbh esan air an robh gach buaidh—
    Tha Dà'idh marbh !

Fo 'n fhairge tha e nis 'n a shuain,
'S cha 'n fhaic sinn e gu latha-luain ;
Fear-bàta b' fheàrr a sheòl air cuan,
    No dh' iomair carbh ; *
Tha 'm Bàs neo-iochdmhor air thoirt uainn—
    Tha Dà'idh marbh !

Gu 'n tachradh so bu bheag a dhùil,
A' mhadainn 's an do thog e shiùil,
'S a dh' fhàg e Eisdeal air a chùl ;
    Ach ciod an tairbh,
Ged chaitheamaid, le deòir ar sùil—
    Tha Dà'idh marbh !

Ghrad mhùth an là gu oidhche dhuibh,
Is shéid a' ghaoth, is chas an sruth,
Is dh' éirich suas na tonna tiugh,
    Gu h-éitidh garbh ;
Chaidh 'm bàta fodha—'s trom mi 'n diugh !
    Tha Dà'idh marbh !

" Tha cothrom agam ort an tràths',
Ged chaidh thu as o iomadh càs ;
Cha teich thu nuair so," thuirt am Bàs ;
    " Cha teich gu dearbh !
Oir, ann am inean tha thu 'n sàs,
    Is bidh tu marbh."

* *Carbh*—Bàta.

Bu chruaidh a ghleachd e féin 's an Nàmh—
Aon uair fo 'n uisge 's uair a' snàmh—
Le teann ghreim-bàis aig' air an ràmh,
   'S e strì gu doirbh ;
Mu dheireadh, chaill e greim a làmh,
   'S bha Dà'idh marbh !

Nuair chunna 'm Bàs gu 'n tug e buaidh
Air fear a theich cho minic uaith,
. Do ghlaodh e mach le bùraich chruaidh,
   Coltach ri tarbh,—
" Cluinneadh gach neach an taobh so 'n uaigh,
   Tha Dà'idh marbh ! "

Chuala an t-iasg e de gach lì,
Is sheinn iad fonn le aiteas crìdh',—
"Ar nàmhaid dian tha nis gun chlì—
   Mo thruaigh a chairbh !
Nis gheabh sinn saorsa agus sìth ;
   Tha Dà'idh marbh ! "

Bha gàirdeachas am measg nan eun,
Gu 'n d' fhuair iad saor 's an sealgair treun ;
Bho 'n iolair gus an trèan-ri-trèan—
   Stàirneal gu sgarbh,
Gach aon diubh sheinn air fonn da fhéin,—
   " Tha Dà'idh marbh ! "

Bu mhór a chliù—ach ciod an stàth,
Ged dh' fhaodainn mòran tuilleadh ràdh ;
Aon duine a ni coimeas da,
   Cha 'n fhaigh sinn soirbh ;
Mo bheannachd leis a nis gu bràth—
   Tha Dà'idh marbh !

ATH-FHIOS.

Tog de d' bhròn, 's na cluinneam tuilleadh ;
Fhuair Dà'idh as o 'n Bhàs gun bhuille ;
Cha robh 's an sgeul ach breugan uile—
Na creid an sgleò ;
Chaidh fhaotainn sàbhailt' ann am Muile—
Tha Dà'idh beò !

"Nach grinn sin ? " arsa Aonghas Og, " Có their gu'n
d' fhalbh linn nam Bàrd Gàidhealach a nis ? " "An toir
thu dhuinn an ath òran a Mhòrag ? " dh' fheòraich mi
fhéin. " Cha 'n eil agamsa ach feadhainn a chuala sibh uile
roimhe so." " 'S ann agad a tha," arsa Donnachadh-nan-
dàn, " 'de so 'm fear a bhios agad a' bleoghan a' chruidh ? "
" Fear a chuala mi aig a' Bhuachaille bhàn, cha 'n eil fhios
agamsa nach e fhéin a rinn e." " Seinn e mata, 's gu 'n
cluinn sinn e."

MO CHEIST AM FEAR BAN.

Air Fonn.—*Mo nighean chruinn, donn.*"

O, mo cheist am fear bàn,
    Miann gach òg-bhean ;
O, mo cheist am fear bàn,
Mo cheud leannan 's mo ghràdh,
'S e nach d' fhuair e mo làmh,
    Fàth mo leoin-sa.

'S truagh nach robh mi mar bhà,
    Cridheil sùnndach ;
'S truagh nach robh mi mar bhà
Mu 'n do dhiùlt mi 'm fear bàn,
'S cha bhithinn an dràsd
    Cianail, tùrsach,

'S bochd nach robh mi a ghaoil,
　　Teann ri d' ghualainn ;
'S bochd nach robh mi a ghaoil
'Nis a' siubhal ri d' thaobh,
Ann an gleannan an fhraoich,
　　Taobh nam fuaran.

'S tric an deur air mo shùil,
　　Caoidh mar tha mi ;
'S tric an deur air mo shùil,
'S mi ri bròn ann an cùil,
O 'n a thug mi riut cùl,—
　　Oigeir àlainn.

B' annsa leamsa bhi tàmh,
　　Le mo cheud ghràdh ;
B' annsa leamsa bhi tàmh
Air taobh nam beann àrd,
Gun bhrata, gun sgàil
　　Ach na speuran.

Mìle marbh'aisg air an òr,
　　Cùl mo làimh ris !
Mìle marbh'aisg air an òr,
'S goirt a rinn e mo leòn,
'S air gach ùmbaidh gun treòir,
　　'S mòr a' ghràin iad !

Ciod an stàth dhomh bhi bròn,
　　Anns na cùiltean ?
Ciod an stàth dhomh bhi bròn,
Oir ged shileas mo dheòir
O ! cha 'n fhaod mi bhi d' chòir
　　Oigeir rùnaich.

R

"A nis a Phàruig de bheir thusa dhuinn ? " " O, 'n truaigh ! " arsa Pàruig, " cha 'n eil duanag no òran agamsa, feuchaibh Aonghas Og." "An e gu 'n téid sinn an aghaidh cùrsa na gréine ? Thoir dhuinn mìr taitneach á bàrdachd Oisein air am bheil thu cho eòlach 's a tha ladar air a' phoit." " Seadh, seadh ma ta, so cunntas air laighe gréine a tha ann an " Carraig-thura."

LAIGHE GREINE.

An d' fhàg thu gorm astar nan speur
  A mhic gun bheud a's òr-bhuidh' ciabh ?
Tha dorsan na h-oidhche dhuit féin
  Agus pàillinn do chlòs 's an iar ;
Thig na stuaidh mu 'n cuairt gu mall
  A choimhead fir is glainne gruaidh,
A' togail fo eagal an ceann
  Ri d' fhaicinn cho àillidh 'na d' shuain.
Theich iadsan gun tuar o d' thaobh ;—
  Gabh-sa codal ann ad chòs
O ghrian ! is till o d' chlos le h-aoibhneas.

"A Mhàiri bhig, an toir thusa dhuinn ' Ged tha mi gun chrodh gun aighean,' fonn cho bòidheach 's a tha ri fhaotainn, agus 'n a dhéidh sin gheabh sinn freagairt an òrain o'n Bhuachaille bhàn." Sheinn Màiri bheag mar so :—

GUN CHRODH GUN AIGHEAN.

Seis.—Ged tha mi gun chrodh gun aighean,
    Gun chrodh-laoigh gun chaoraich agam ;
    Ged tha mi gun chrodh gun aighean,
    Gheabh mi fhathast òigear grinn.

Fhir a dh' imicheas thar chuantan,
Giùlan mìle beannachd uamsa,
Dh' ionnsaidh, òigear a' chùil dualaich,
 Ged nach d' fhuair mi e dhomh fhìn.

Fhir a dh' imicheas am bealach,
Giùlain uamsa mìle beannachd ;
'S faod 's tu ìnnseadh do mo leannan,
 Gu 'm bheil mi 'm laighe so leam fhìn.

Fhleasgaich thàinig nall á Suaineart,
Bu tu fhéin an sàr dhuin'-uasal ;
Gheibhinn cadal leat gun chluasaig,
 Air cho fuar 's 'g am biedh an oidhch.'

Nàile ! 's mis' tha dubhach, deurach,
'N seòmar àrd a' fuaigheal léine ;
Chaidh mo leannan gu *Jamaica*,
 'S ciod am feum dhomh bhi 'g a chaoidh ?

An sin sheinn am Buachaille bàn mar so:—

FREAGAIRT.

Le Fionn.

Seis.—Ged tha thu gun chrodh gun aighean,
 Gun chrodh-laoigh gun chaoraich agad ;
 Ged tha thu gun chrodh gun aighean,
  Bidh tu 'd leannan agam fhìn.

Cha 'n e airgiod tha mi 'n tòir air,
'S cha 'n eil agam feum air stòras ;
'S e mo mhiann-sa caileag bhòidheach
 A bheir dhòmhsa gaol a crìdh'.

Rìbhinn òig leig dhiot bhi dubhach,
Siab do dheòir is bi leam subhach ;
Fair do làmh dhomh nis gu lurach,
'S ni mi fuireach leat air tìr.

Ged a sheòl mì thar nan cuantan,
'S ged a bha thu fada bhuamsa,
Cha robh là nach robh thu 'm smuaintean,
'S bha mi bruadar ort gach oidhch'.

'S ged a chaidh mi greis air faontradh
Gu ruig cladach cian an t-saoghail,
Dhuit-sa bha mi dìleas daonnan
'S air mo ghaol cha 'n fhaicear crìoch.

Mar a thilleas breac á sàile
Dh' ionnsaidh 'n uillt 's an d' fhuair e 'àrach,
Thill mi fhéin air ais gu m' mhàldaig,
Is gu bràth cha 'n fhàg mi i.

"Cha chreid mi fhéin," arsa Iain Dhonnachaidh Theàrlaich, " nach b' fheàirrde-mid port air a' phìob ; tha na h-òrain math, is glè mhath, ach 'fòghnaidh na dh' fhòghnas ged a b' ann do dh' aran 's do dh' im.' " Cha d' iarr Teàrlach an darna cuìreadh 's bha h-uile duine air bhioda gu bhi air an ùrlar. Fhuair sinn 'Righle Thulachain' agus gach righle eile chleachd sinn tùs ar n-òige. 'S coma leam fhéin an dannsa Gallda a tha dol an dràsd ; fear a' putadh is a' slaodadh té mu'n cuairt an ùrlair mar gu'm biodh e toirt stalacach gu faidhir—cùl mo làimhe ris an dannsa ghrànnda ; mar a thuirt fear a' Ghlinn-mhóir e,—

"Droch bhàs air *jigs, quadrilles, and waltz*
A thug a' ghràisg a nall á *France,*
God save the Queen ! she likes to dance
Righle mór Strathspé.

" Cluich ' Tulach-gorm ' dhuinn, rìgh nam port,
Na ' Tulaichean ' is Drochaid Pheairt,' ⸰
Is dannsaidh sinn le 'r n-uile neart
Rìghle mór Strathspé."

Nuair a thug na bha air an ùrlar thairis, chluich Teàr-
lach am port tiamhaidh sin ' Cumha-Mhic-an-Tòisich,' agus
cha 'n eil uair a chluinneas mi e nach toir mi orm féin
a chreidsinn gu'm bheil a' phìob le a pongan tùrsach ag
aithris nam facal,

Och nan och, leag iad thu,
Och nan creach leag iad thu,
Och nan och, leag iad thu
    Am bealach a' ghàraidh.

Leag an t-each ceann-fhionn thu,
Leag an t-each ceann-fhionn thu,
Leag an t-each ceann-fhionn thu
    Dheadh mhic á Aros.

An déidh an dannsaidh dh' iarr mi fhéin air Aonghas Og
duanag a thoirt dhuinn, té d' a fheadhainn fhéin, agus
thug e dhuinn an té so.

FOGRADH NAN GAIDHEAL.

Le Aonghas Mac-Eacharn.

Fonn—" Muile nam Mor-bheann."

Cha mhacnas no gàir tha 'n dràsd air m' aire,
Gu 'n iarrainn mo chlàrsach 'thàr am fagus ;
Cha chluinnear mo dhàn am fàrdaich aigheir
'S mi 'n dràsd gun chaidreamh sòlais.

Marbh'aisg air an làimh 'chuir sgànradh fada
Thar monaidh is sàil' fo shàir nam beannaibh ;
Bu shona mo là an gràdh nan gallan,
    Nach fàiltich carrant' ni 's mò mi.

Fhuair mi na làraich fhàsail, fhalaimh,
An àiridh 's an b' àbhaist tàmh a ghabhail,
Gun sealgair, gun bhàrd, gun nàmh a' bhradain,
    B'e fàth lan-aighear bhi còmhl' riu.

'S na doireachan dlùth 'n robh sùgradh 's aiteas,
Cha 'n fhaicear le sùil ach cùirt gach tighe,
Gun eilid air stùc—is crùnaidh m' airsneul—
    Luchd-ciùil nam beannaibh air fògar.

Gach sruthan is allt 's a cheann le bruthach,
Gach tulach, gach meall 's gach gleann a' tuireadh ;
Tha còisir nan crann gun rann, gun luinneig,
    Bho 'n chaill iad buidheann nan òran.

Ach 's éighinn dhomh triall, tha ghrian a' laighe,
'S ag éirigh 's an iarmailt fiamh na gaillinn',
Tha smaointean ro chianail lìonadh m' aigne,
    'S mi 'm bliadhn' gun charaid ni m' fheòraich.

'Na dhéidh so fhuair sinn sgeùlachd o Mhac Aoidh, mu na
Fineachan Gàidhealach, a bha air-leth taitneach, is air am
bheil e cho eòlach 's a bha Maois air clann Israel, ach bheir
mise mo bhòid nach robh sinne cho sgìth de na Fineachan
aig Mac Aoidh 's a bha Maois de chlann Israel anns an
Fhàsach.

    Ghlaodh mi fhéin air Donnachadh-nan-dan air son an
ath òrain—" 'N e mise," arsa Donnachadh, "cha 'n eil òran
agam." " Mur am bheil dean fear, cha b'e chiad uair ;
c' àite am bheil an t-òran a rinn thu do'n mhaighdinn

eireachdail a tha 'n Gleann-urchaidh ? Tha thu agam a
nis agus cha 'n fhaigh thu as, gus an cluinn sinn cliù na
h-ainnir." " Nach tu tha teann orm " arsa Donnachadh,
" 's e duine cunnartach a th' annad-sa, tha do chuimhne
cho math 's do mheamhair cho treun, ach mar a thuirt
Calum Mor mu'n phòsadh e, " Ged is cruaidh e 's fheudar
ann."

ORAN GAOIL.

LE D. MAC-A'-PHEARSAIN.

AIR FONN :—"*Cha 'n ol mi deur tuille.*"

Nach brònach leibh mise 's mi brònach gun ise,
Nach brònach leibh mise 's mo chridh' oirr' an geall ;
Mo shùil ris a' mhullach, gu taobh eile mhunaidh,
'S ann tha mo ghaol lurach a' fuireach 'sa ghleann.

Cha choimeas an eala air gilead do m' leannan,
Na neòinean an gleannan, 's driùchd meala mu 'cheann,
Cha d' aithris iad àireamh do d' mhaise 's do t-àilleachd,
'S gach duanag tha 'n Gàidhlig, le bàrdaibh nan gleann.

Gur mis' tha gu truagh dheth, tha càch ga m' chur suarach,
'S tric sileadh le m' ghruaidhean mar fhuaran troimh
    ghleann ;
An raoir bha mi bruadar bhi 'm chadal ri d' ghualainn,
Nuair dhùisg mi á m' shuain b' fhada uam thu 's an àm.

M' aighear, 's mo ghaol ort de òighean an t-saoghail,
'S tearc tha ri fhaotainn té t-aogais 's an àm ;
Mo chrìdh' air a llonadh le t-iomhaigh ro sgiamhaich,
'S tric smaointeanan dìomhain ruith dian ann am cheann.

Gun chron ort ri àireamh o d' mhullach gu d' shàiltean,
Deas, cumadail, àillidh, gun fhàillinn, gun mheang ;
Mar ùr-ròs a' ghàraidh, is fàilean an fhàsaich,
No eilid nan àrd-bheann bhios làmh ri damh seang.

Na 'n robh agam sgiathan gu astar a dheanamh,
B' e m' aighear 's mo mhiann bhi le m' chiall anns a'
     ghleann,
Ort Anna tha mi 'g iomradh, mo ghaol ort gu h-iomlan,
'S thu thall an Gleann-urchaidh nan tulman 's nam beann.

Bho 'n dh' fhuairich do ghaol dhomh, 's o'n chaochail do
     thlachd dhomh,
Mar leaghas gaoth aiteamh an sneachd anns a' ghleann,
Ma thug thu dhomh 'n rathad, gu'n iasgaich mi fhathast,—
Cha d' thàinig á Atha nach eil cho math ann.

An déidh dhuinn greis a thoirt air na sean-fhacail cha
deanadh ni feum leis a' chuideachd ach gu'n seinninn fhéin
òran, cha ghabhadh iad cur dheth agus thug mi dhoibh
am fear so.

———

LEANNAN MO GHAOIL MAIRI BHOIDHEACH.

SEIS :—Leannan mo ghaoil, Màiri bhòidheach,
       Leannan mo ghaoil mo chridhe 's mo ghaoil,
     A dh' fhalbh mar a ghaoith 's a rinn seòladh,
       Leannan mo ghaoil Màiri bhòidheach.

Oidhche Nollaig 'sa sgoil-dannsaidh,
     Ghabh mi tlachd is geall ro mhòr dhiot.
     Leannan mo ghaoil, etc.

Tha do ghruaidhean mar an caorann,
     Mala chaol air aodann bòidheach.
     Leannan mo ghaoil, etc.

Tha do shùil mar dhriùchd na maidne,
'S tha do chneas mar shneachd air mòintich.
Leannan mo ghaoil, etc.

Tha do phògan mar an siùcar
Ged nach dùirig thu gin dhòmhsa.
Leannan mo ghaoil, etc.

Ach mur dean thu mise phòsadh,
'S ann fo 'n fhòid bhios m' àite còmhnuidh.
Leannan mo ghaoil, etc.

Bha e nis a' fàs anmoch agus ged nach robh fadal air duine bha stigh, bha an t-àm a bhi bruidhinn air dol dachaidh.
" Cha chreid mi fhéin nach faodamaid rannan-dealach-aidh a sheinn còmhla mu'n tog sinn oirnn," arsa Teàrlach Og, " 'de an fheadhainn a ghabhas sinn ?—an dean iad so feum," 's e a' toirt a ghàirdein do Ealasaid dhonn.

Bheir mi hó robha hó
'S mithich dhuinn éirigh
Mo nighean donn.

'S mithich dhòmhsa dol dachaidh,
Tha mi fad' air mo chéilidh.
Mo nighean donn.

" Tha an t-òran sin gle mhath," arsa Paruig, " ach c'iamar so tha 'm fear so dol ? "

" 'S feàrr bhi fuireach na bhi falbh
Ged a bhiodh an turus searbh,
'S fheudar dhomh bhi togail orm "—

" 'Dé an cagnadh mallaichte'th' agad air an òran bhòidh-each sin," arsa Donnachadh-nan-dàn, " fan sàmhach 's leig le daoine d' an aithne e a sheinn ; so a nis Aonghais reach ris."

'S FHEUDAR DHOMH BHI TOGAIL ORM.

Seis :—'S fheudar dhomh bhi togail orm,
　　Fuireach cha dean feum ach falbh ;
　Bidh mi nis a' tagoil orm,
　　A dhìreadh nam fuar-bheann.

Rìgh gur mise tha fo bhròn dheth,
Air an tulaich so 'n am ònar,
Fath mo mulaid thu bhi pòsda
　Og-bhean a' chuil-dualaich.

Do na h-Innsean 's tric a sheòl mi,
'S anns gach caladh tha mi eòlach,
Té ni coimeas riut am bòidhchead
　Gus a so cha d'fhuair mi.

Ach cha mhaise rùin 's bha bhòidhchead,
A chuir mi cho mór an tòir ort,
'S e mi bhi riut tric a' còmhradh,
　Is eòlach air do ghluasad.

'S ann an uair bha sinn ri mireadh,
Air an àiridh am braigh' ghlinne,
Chaidh na saighdean ann am chridhe
　A nighean donn na buaile.

Nuair chì mi 'n gleann 's an robh sin còmhla
Buain nan sòbhraichean 's nan neòinean,
'S sinn le chéile aotrum, gòrach,—
　Ruithidh deòir le m' ghruaidhean.

Dheanainn iomadh rud nach saoil thu,
Anns an àm ged mheas thu faoin mi,
Mharbhainn fiadh air àird an aonaich,
　Coileach-fraoich is ruadh-bhoc.

Dé na'n robh mi pailt an stòras
'S agam feudail air mo lòintean,
Cha 'n eil Griogaireach 's an Eòrpa
    Gheibheadh còir de 'm luaidh sa.

Dh' fhàg thu mise so gu brònach,
H-uile latha o'n a sheòl thu,
'S ged a théid mi measg nan òighean
    Bidh mo chòmhradh fuar leo.

Ach c' uime am bithinn-sa fo smalan
Is mo liontan air a' chladach,
'S iasg cho math an grunnd na mara
    'S a thainig riamh an uachdar.

"Nach bòidheach an t-òran sin," arsa Teàrlach. "Tha e dìreach taghta math," arsa Fear Choir'-an-t-sith,-" ach ma tha sibh uile deas bheir Fear-an-tighe dhuinn rannan-dealachaidh."

Sheinn mi fein an sin "Na Làithean a threig" (faic t.d. 149). Dh' fhàg sinn beannachd aig a' chéile, agus gheall sinn dol air chéilidh gu goirid do Chùl-na-Coille. Sin agaibh a nis eachdraidh na céilidh a bha an Ceann-an-tuilm, is bithidh fadal oirnn gus an till a' chuideachd thaitneach a bha againn air an fheasgar ud.

PARA BAN.

Is iomadh deuchainn chruaidh a th'aig a' mhuinntir sin a chaidh a thogail 'sa Ghàidhealtachd air beò-shlainte fhaotainn air a' Ghalldachd. Dh' fhairich Para Bàn agus Mòrag a bhean so nuair a ràinig iad Glaschu. Cha do rinn Para Bàn ni riamh ach obair fearainn, rud nach robh ri fhaotainn anns a' bhaile mhòr, 's mar so cha robh e idir

furasda dha cosnadh fhaighinn. Rachadh e mach 'sa
mhadainn air tòir oibre, agus thilleadh e 's an fheasgar
airtneulach, fann, o nach d' fhuair a soirbheachadh. Mu
dheireadh fhuair e stigh ann am muileann-cotain, ach
mar a bha am mi-fhortan 'sa ghnothach, chaidh am muileann
ri theine oidhche bha sin, agus chaidh thusa Phara Bhàin
a thilgeil á obair. Cha robh atharrachadh air. Bha
Para bochd a' deanamh a dhicheill, ach cha robh obair
ri fhaotainn. Feasgar a bha sin thàinig e stigh 's e sgìth
air a chasan, agus ro losal 'na mhisnich; thilg e e-fhéin
anns a' chathair-mhòir a bha taobh an teine; chuir e a
dhà laimh a suas ri 'aodann agus thòisich e air e fhéin a
thulgadh air ais 's air aghaidh.

"An d' fhuair thu soirbheachadh an diugh?" dh'
fheòraich Mòrag.

"Cha d'fhuair mi, 's cha b'e dìth allabain no iarraidh,"
fhreagair Pàra bochd, 's na deòir a' tighinn 'na shùilean.

"Ma ta," arsa Mòrag, ' bha Peigi Chaimbeul, bean a'
Pholiceman, an so an diugh, agus bha i ag innseadh dhomh
gu'n robh daoine a dhìth orra anns a' *Pholice,* 's am bheil
dad a chumadh tusa gun dol air d' aghaidh?"

"Cha 'n eil, cha 'n eil," fhreagair Para Bàn gu siobh-
alta, " ach am bheil thu cinnteach an gabh iad mi?" ·

"C'arson nach gabh?" arsa Mòrag, "tha mi cinnteach
gu'm bheil thu cho trom, cho dìreach, agus cho coltach anns
gach dòigh ris an duine aig Peigi Chaimbeul."

"Cha 'n abair mi," fhreagair Para Bàn, "nach eil mi
cho dìreach, agus theagamh cho trom ri Seumas Caimbeul,
ach tha aon nì a their mi agus is e sin, nach eil mi cho
àrd ris-san; agus cha ghabh iad fear 's am bith a tha fo
chòig troighean 's naoi òirlich, agus tha òirleach am dhìth-
sa dhe sin."

"Falbh, falbh," arsa Mòrag " 'dé 's fhiach òirleach?"
tha mi cinnteach na'n robh thu toileach gu 'm b' urrainn
dhuit thu féin a dheanamh an àirde a tha feumail,"

" Ni Math 'gar gleidheil ! am bheil thu as do riaghailt
buileach ? " ghlaodh Para Bàn. " Nach eil cuimhne agad
mar tha am Biobull ag ràdh,—Cò agaibh le mòr-chùram a
dh' fheudas aon làmh-choille a chur r'a àirde féin."

" Tha, tha," fhreagair Mòrag. " Bha sin math gu leòir-
'san àm sin ach cha robh am *Police* ann 's na làithean ud,
no feum orra. Fhaic thu, tha thu tur aineolach air gnoth-
aichean de 'n t-seòrsa so. 'Nuair a bha Dùghall mo bhrà-
thair-sa an geall a chridhe air dol do 'n arm, ged a bha
e dà òirleach fo'n àirde cheart, 'dé shaoil thu rinn iad ris ? "

" Cha 'n urrainn domh a bhreithneachadh," freagair
Para Bàn.

" Ma ta innsidh mise dhuit," arsa Mòrag, " thug iad leò
e a stigh do sheòmar anns an robh griosach mhòr de theine
a ròstadh damh ; shuain iad e ann an trì plaideachan, agus
chuir-iad 'n a shìneadh mu choinneamh an teine so e gus
an robh e tais le fallus, an sin an uair a bha gach féith is
cnaimh a bha na chorp bog leis an teas, thòisich iad air
agus shlaod iad a mach e gus an robh e mu dheireadh glé
dhlùth air an àirde cheart. Ach bha aithneachadh beag
fhathast 'ga dhìth nuair a tug fear a bha sin air slacan
agus thug e sud do Dhùghall anns a' chnuaic 's thog e cnap
air mullach a' chinn cho mòr ri ugh circe,—a thilg leth-
òirleach os cionn na h àirde riaghailtich e, agus ghabh iad
'san arm e gu réidh, glàn, farasda."

" 'S an robh thu brath a' cheart chleas fheuchainn
ormsa ? " dh' fheòraich Pàra Bàn 's e air chrith leis an
eagal.

" C' arson nach feuchadh," fhreagair Mòrag. "Am bheil
thu ach òirleach gann de 'n àirde cheart, agus ma bhios e
'na mheadhon air cosnadh fhaotainn dhuit, a chumas do
bhean 's do chlann gu'n dol a dholaidh, cha 'n fhaod e
bhi gu 'n diùlt thu an seòl ud fheuchainn. Na 'n bu
mhise a bh' ann leiginn leò mo shlaodadh 's mo splonadh
gus am biodh mo chnàmhan 'san dìosail."

" Tha eagal orm, a Mhòraig, arsa Para Bàn, " nach téid agad air."

" 'Dé am fios a th' agad gus am feuch sinn," fhreagair Mòrag " faigh an t-slat-thomhais gus am faic sinn de 'n fhior àirde a tha thu."

Chaidh an t-slat-thomhais fhaotainn, chuir Para Bàn dheth a bhrògan, chuir a dhruim ris a' bhalla, ghabh Mòrag an t-slat-thomhais, 's rinn i mach gu'n robh e mar leud ròinnein do chòig troighean is ochd òirlich.

" Seadh ma ta," arsa Mòrag, " cuiridh mise geall gu 'm bi thu còig troighean 's naoi òirlich mu 'n tig àm dol a laighe ! "

" Nach fhaod e bhi gu'n crìon 's gu 'n crup mi mu'n tig a' mhadainn ? " dh' fheòraich Para Bàn, 's eagal a bheatha air.

" Tha thu glè cheart," fhreagair Mòrag, " 's mar sin leigidh sinn leis gu madainn ; an sin théid thu dìreach as a' so gus an àite anns am bheil iad a' cur muinntireis air na daoine, agus 'g an tomhas, 's cha 'n fhaod e bhi gu'n dean thu crìonadh no crupadh air an rathad."

" Gu dearbh cha rachainn an urras air a' sin," fhreagair Para Bàn, " is neònach an rud nach crup 's nach searg, ris an reothadh so."

" Nach cuir thu do chòta-mor ort, agus do bhreacan mu d' mhuineal 'g ad chumail seasgair, blàth, agus bi 'g ad shior shìneadh féin, 's a' cumail do chinn ri adhar, 's a' sìneadh a mach d' amhaich mar chirc a chitheadh clamhan 's an speur," arsa Mòrag.

Mar so shocraich iad cùisean ; agus moch air madainn dh' éirich Mòrag gu spéideil ; chuir i an t-aodach leapa gu cùramach mu ghuaillibh Phara Bhàin ; an sin chàrn i air a mhuin a h-uile bad aodaich air an ruigeadh a làmh gus an robh an duine bochd 'na shruthlaichibh falluis, 's a sin thòisich an slaodadh an da-rìreadh.

Shlaod is splon is shlaod i a rithist, gus an robh eagal

air an fhear a bha 's an leapa gu 'm biodh e as na cruachain.
"Air d' athais, a Mhòraig ! air d' athais ! " ghlaodh e
àird a chinn ; " cuimhnich nach e eige chùrainn anns a'
mhuileann-luathaidh a tha thu a' slaodadh. Stad a ghaol
a' Mhaitheis ! biodh cuimse air do laimh, cha 'n fhàg thu
cnaimh slàn am chorp ! "

" Cha 'n eagal dhuit ! " fhreagair Mòrag 's i gabhail
greim ùr air mu chaol nan cas, 's a' cur a casan féin am
forcadh ri posta na leapach, " gabh thusa greim daingeann
air ceann aghairt na leapach 's bi a ghnàth ag iarraidh a
suas nuair a tha mise ga d' shlaodadh a nuas, agus cha
bhi sinn tiota ga d' dheanamh fada gu leòir. Sin a nis,"
arsa ise, 's i 'g a leigeil féin a sios le splaid ann an cathair,
a leigeil a h-analach, " cum na plaideachan gu teann mu'n
cuairt ort air eagal gu 'm faigh thu fuachd, 's thig agus
cuir do dhruim ris a' bhalla aon uair eile."

Bha Para Bàn ùmhal, freagarrach, is rinn e mar a
chaidh iarraidh air.

" Leth na bochdainn," arsa Mòrag, tha mu leth-òirleach
ga d' dhìth fhathast ; thoir an leapa ort cho luath 's a bheir
do chasan thu air eagal gu 'm fuaraich thu 's gu 'n caillear
am beagan a' bhuidhinn sinn."

Thòisich Mòrag air an t-slaodadh aon uair eile ach bha
i làn mhothachail gu'n robh a saothair diomhain. Coma
co dhiubh, cha b' e dòigh Mhòraig an rud air an robh i an
geall a ghéilleachdainn gu 'n fhios c' arson. Ciod a rinn i
ach gu'n d' fhuair i sgeòd do paipear làidir glas, agus
leis an t-siosar-mhòr gheàrr i as cho math ri dusan bonn
air cumadh coise Phara Bhàin. An sin rinn i sailleann
de bhuntàta fuar agus ghabh i bonn an déidh buinn agus
leag i iad air casan an fhir a bha 's an leapa.

" So a nis," arsa ise, " tarraing ort do chas-bheairt,
's cuir ort do sheana bhrògan,—tha iad mò is mór dhuit
co dhiubh,—bi mach an dorus, 'sa ghaol a' Mhaitheis na
till gun chosnadh,"

Thog Para Bàn air, agus an ùine ghoirid bha e aig an àite anns an robh iad a' seotadh agus a' tapachadh na muinntir sin a bha ag iarraidh air a' *Pholice.* An déidh fheòraich dhe, c' ainm a bh' air, dh'iarr iad air tighinn a' leth-taobh 's gu 'm faiceadh iad an robh e an àirde riaghailteach.

" Cuir dhìot do bhrògan," arsa an Ceannard.

" Nach feuch sibh mi mar a tha mi," fhreagair Para Bàn gu ciùin, sìobhalta, " cha 'n eil sàiltean mo bhrògan ach iosal.

" Cha 'n fheuch, cha'n fheuch," fhreagair an Ceannard, " dhìot iad gu h-eallamh."

Cha robh aig Para Bàn ach deanamh mar a chaidh iarraidh air, ach cha robh e 'g a mhothachainn féin comh-fhurtachail.

" Seas a nall an so a nis," ghlaodh an Ceannard, " agus cuir do dhruim ris a' bhalla."

Nuair a thòisich Para Bàn ri chasan a chur fodha, mhothaich e gu 'n robh na buinn phaipear aig Mòrag an déidh dol nam brochan leis an teas 's leis an fhallus, 's mu'n abradh tu seachd shleamhnaich a chasan 's chaidh a ladhran os a chionn; a' fàgail luirg fhliuch air leacan an ùrlair.

" Ciod air an t-saoghal a tha ceàrr air do chasan ?" ghlaodh an Ceannard bho thaobh thall an tighe.

" Cha 'n eil ni, le 'r cead, ach am fallus," fhreagair Para Bàn, 's e 'g éirigh mar a b' fheàrr a dh' fhaodadh e.

" Fallus," arsa an Ceannard, " tha iad cho fliuch 's ged a bhoidh tu dol troimh 'n eabar air cheana do chas-bheairt.

" Cha 'n eil fhios agam nach eil mo bhrògan car aodion-ach cuideachd," fhreagair Para Bàn, " ach buinidh casan fallusach do'n teaghlach againne bha iad aig m' athair ; ach tha mise cho cinnteach á m' chasan, 's co lùth-mhor ris gach darna duine nuair a tha mo bhrògan orm."

" Cha 'n fhaca mi duine riamh," arsa an Ceannard, " aig

an robh casan cho fallusach a so. Cuir dhiot do stocainean
's gu 'm faic sinn do ladhran."

Bha fichead leisgeul aig Para Bàn bochd. Mur bhith
an t-eagal a bh'air gu'n sleamhnaicheadh e a rithist 's
gu'n tuiteadh e air a bheul 's air a shròin, bha e a dh' aon
leum a mach an dorus. Cha ghabhadh an Ceannard
leisgeul no diùltadh 's mu dheireadh tharraing Para Bàn
dheth a stocainean 's bha sgaoth de na buinn phaipeir-
ghlas aig Mòrag, air an ùrlar.

Chrom Pàra Bàn bochd a cheann ri làr. Bhrùchd fallus
fuar a mach air, o mhullach a chinn gu bonn a' choise.
Dh' fheuch an Ceannard ri amharc miothlachdach, frion-
asach, ged a bha fèath-ghàire ri fhaicinn air a ghnùis, agus
aoidh uilc 'n a shùil. Mu dheireadh rinn e glac mòr gàire,
agus an sin dh' fheòraich e do Phara Bàn ciod a thug air
an cleas ud fheuchainn; nuair a chuala e mar a bha
cùisean a' seasamh, gu'n robh bean is teaghlach an croch-
adh ris, agus gu'n robh e fada mach á obair, thubhairt e
gu coibhneil :—

"A dhuine bhochd tha mi duilich air do shon, cha'n eil
e comasach dhòmhsa àite fhaotainn dhuit air a' *Pholice*,
ach tha mi tuigsinn gum bheil gille-gnothaich a dhìth air an
t-Siorram, agus bruidhnidh mi ris air do shon."

Bha an Ceannard cho math ri fhacal agus ann an latha
no dhà chaidh muinntireas a chur air Para Bàn mar ghille
do 'n t-Siorram, le tuarasdal math, 's le obair aotrom.

Tha Mòrag ann an làn bheachd gur ise a fhuair cosnadh
do Phara Bàn, chionn tha i ag ràdh mur cuireadh ise na
buinn phaipear 'n a bhrògan nach cuala e riamh gu'n robh
gille a dhìth air an t-Siorram, agus tha Para Bàn cho taing-
eil, socharach 'n a dhòigh is gu'n leig e leatha a bhi 'sa
bharail sin—mar a tha an sean-fhacal ag radh—"An toil
féin do na h-uile 's an toil uile do na mnathan."

An uair mu dheireadh a chunnaic mise Para Bàn bha
e gu luath làidir, gun ghaoid gun ghalar, 's cho cinnteach

á chasan ri aon ghobhar a bha riamh an Diùra. Ach
cha 'n eil uair a théid e mach air ghnothach do'n t-Siorram,
le bhriogais ghoirid 's le chòta-dearg nach bi na balaich
a' toirt spiolaig as agus a' glaodaich, " Para Bàn nan cóig-
troighean-gu-leth : am bheil do chasan fallusach an
diugh a Phàruig ? "

Eadar. le FIONN.

CURAIDHEAN-TEALLAICH.

LITIR DO DH'IAIN BAN OG.

IAIN, A LAOCHAIN.—Chuala tu an sean-fhacal "Is obair
latha tòiseachadh," agus mar so cha bhi mi cur seachad
ùine ann an goileam air bheag seadh, ach bheir mi dhuit
mo sgeul gun roimh-ràdh air bith. Cha 'n ann an diugh
no 'n dé a chuala mi gur ioma rud a chì an duine a bhios
fada beò, agus ged nach eil mi féin idir am sheana bhod-
ach gun ghruag, chunnaic mi rud no dhà ann am latha
nach robh sùil agam ri fhaicinn. Cha b' ann a' bruidhinn
air thuaiream a bha Donnachadh Theàrlaich nuair thuirt
e " Is mòr a chì duine mu'n téid e air a chuthach ; " 's
mur bhith gu'n robh mo chiall féin air a dheadh stéidh-
eachadh, chunnaic is chuala mi rud no dhà air a' bhliadh-
na so a bheireadh bhuam e. Tha fhios agam gu math
gu'm bi iongantas ort a chluinntinn ciod e an nì ùr no
annasach a chaidh eadar mi agus mo chadal an dràsd.
Tha 'r leam gu'n cluinn mi thu 'g ràdh " Theagamh gu'n
deachaidh ' Fionn ' a thaghadh leis an sgìreachd mar aon
de'n chòmhlan tha ri amharc as déidh nan sgoilean."
Moire, 's mi nach deachaidh ! Cha robh iarraidh agam air.
Cha 'n e nach eil mi theagamh cho math ri cuid de na
chaidh a thaghadh. Ged nach eil mi cho làn sgoil ris an
fheadhainn a chaidh a thaghadh cha'n abair mi nach eil

barrachd toinisg agus tùr agam, agus tha iad 'nan àite féin a cheart cho feumail ri sgoil agus Beurla-mhór. Is fada o'n a thuirt an sean-fhacal "Cha 'n i 'n ro-sgoilear-achd is feàrr," 's mur eil fhios agam cia meud cànain a th' anns an t-saoghal tha fhios agam cia meud latha th' anns na h-Iuchair-shamhraidh, agus tha so na 's feumaile dhòmhsa no ged a rachadh agam air gach cànain dhiubh labhairt gu fileanta. Ach cha 'n e so tha cur dorrain orm aig an àm so ach rud cho gòrach, amaideach 's a chuala tu riamh. Ciod th' agad air no dheth ach gu'm bheil iad an déidh buidheann de *Volunteers* a chur air chois anns an sgìreachd so. Cha 'n eil fhios agamsa am bheil gnothach aig an ni so ri ana-creidmheach mòr a bha 's an Fhraing aig aon àm air an cuala mi 'm ministeir-mór a' bruidhinn : ma's math mo bheachd 's e *Voltaire* a b' ainm dha. Ach biodh sin mar a thogras e cha 'n e aon duine math a chuir na *Volunteers* do'n sgìreachd so. Nis cha 'n eil duine eadar Maol-Chintìre agus an Rudha-garbh is dìlse do'n Chrùn na mise, ach air a shon so uile cha 'n eil mi faicinn ciod air an t-saoghal am feum a th' anns an arm-fhuasgailte so. Mo chreach 's mo sgaradh! Is truagh leam-sa a' Bhàn-righ nuair a dh' fheumas i i-féin earbsa ris na curaidh-ean-teallaich so. Na 'm faiceadh tu féin na gaisgich! Cha robh an leithid riamh an Sgairinnis ged is iomadh càineadh agus di-moladh a chaidh a dheanamh air na laoich a bha sin—'s iad na "cearcan-mara" a bh' aig a' Bhàrd Mac 'Ille-Sheathannaich orra—

> "Cha 'n eil iad òrdail
> 'S cha ghluais iad còmhla,
> 'S cha 'n eil iad bòidheach,
> Aon dòigh 'g an gabhar iad."

Thachair a' cheart leithid do shaighdearan na sgìreachd so. Is fhada o'n a chuala mi an t-seann riaghailt Ghàidheal-aich, "Leathan ri leathan is caol ri caol"; ach Moire cha 'n ann mar sin a chaidh na laoich so a chur an òrdugh. Gheabh thu fear beag màganach coltach ri stòp leth-bhodaich, agus an sin fear slim fad-chasach cho àrd ri crann giubhais 's cho caol ri snàthaid-mhòir. Fear cho maoth ri puinneig sheilich 's cho dìreach ri saigheid, 's fear eile ri ghualainn cho cruaidh croganach ri seann racan daraich. Fhuair iad Ceannard a h-uile ceum á Sasunn 'gan teagasg—duine glas-neulach odhar le "casan fada caol, is corp goirid fann," Mur eil mo chluasan 'g am mhealladh 's e *Captain Attchew* a their e ris féin, oir cha 'n eil duine 's an sgìreachd a gheabh a theanga m' a ainm. 'S e 'n dòigh air an dlùithe thig thu air, snaoisein a ghabhail, agus nuair a thig sreobhart ort their thu ainm an laoich so gun taing dhuit—"*Attchew.*" Tha Beurla an duine so cho Sasunnach, agus labhraidh e i cho luath 's gu'n robh e cho math dhuit feuchainn ri coileach Frangach an tighe-mhòir a thuigsinn, agus 's e thàinig as a' ghnothach gu 'n deachaidh fios a chur air Dòmhnull Saighdear mar eadar-theangair. Tha beachd agad air Dòmhnull : ma chreideas tu e féin cha robh cath bho Chuil-fhodair gus a' so nach robh e 'n a theis-meadhon—a' buidhinn cliù dha féin agus da dhùthaich—gu sònraichte dha féin ; ach a dh' innseadh na fìrinn dhuit cha robh Dòmhnull riamh an cath a bu mhiosa na nuair a leum e féin agus Seumas Mòr air a' chéile ann an Tigh-a'-Chaolais ; agus air son e bhi 's an arm, bha e mios anns an Fhreiceadan-dubh, ach theich e, 's bha cho beag meas aca air 's nach b' fhiach leò cur air a shon, ged a bha e 'ga fhòlach féin fad mios fo 'n leaba an déidh dha tighinn dachaidh, air eagal 's gu'n tigeadh iad air a thòir. Ma's math mo bheachd 's e *dissenter* no *deserter* thuirt am Maighstir-sgoil ris nuair a thàinig e air ais. Ach coma leat so, ghabh Dòmhnull Saighdear os làimh na gaisgich so a chur roimh 'n teagasg agus théid mise 'n urras nach leth-obair a th' aige 's an ni so. B' fhiach dhuit dol astar math á d' rathad g' a fhaicinn 's g' a chluinntinn 'gan cur an òrdugh 's 'gan teagasg. Tha cheann cho àrd 's ged a b'e Tighearna Chluaidh, agus lùb air an comhair a chùil leis cho dìreach 's a tha e. So agad mar tha e dol an ceann a' ghnothaich. "Nis fhearaibh," their esan, "nuair their mise *Halt*, stadaidh sibhse. Nuair their mise *Stand at ease*, leigidh sibhse 'ur n-anail. 'S nuair a their mi *Right about face*, théid sibhse cùl-air-bheul-thaobh."

Cha 'n eil mise faicinn ciod air an t-saoghal am feum a tha 's an obair so, a' toirt dhaoine òga air falbh o'n obair agus a' lìonadh an cinn làn amaideachd. Dh' fhalbh an latha anns am feumar cliù ar dùthcha a chumail suas le neart a' chlaidheimh. Ma tha na h-òganaich deònach air cliù a bhuidhinn dhaibh fèin agus urram an dùthcha a chumail a suas, faodaidh iad so a dheanamh ann an dòigh no dhà. Seasadh iad dìleas air son na fìrinn; gluaiseadh iad gu modhail, stuama; ionnsaicheadh iad an cànain féin a leughadh agus a sgrìobhadh; biodh iad duineil misneachail air taobh a' Cheartais; agus seachnadh iad gach nì a bheireadh orra claonadh á slighe na fìrinn agus na stuamachd—a dh' aon fhacal gabhadh iad mar am facal-suaicheantais, "Mo Dhia agus mo Dhùthaich," agus ma bhios iad fìrinneach d' an suaicheantas, cha 'n fhaighear iad ann an droch still, ach bithidh iad 'n an cliù dhaibh féin agus 'n an onair d' an dùthaich. Cha 'n urrainn domh na 's feàrr a dheanamh aig an àm so no na rannan a leanas a thoirt duit :—

'S BEAG IS MO LEAMSA CIOD A THEIR IAD.

LEIS AN LIGHICHE MAC LACHAINN.

Tha triallairean Albann ri aimhreit an dràsd',
  Ach 's beag is mò leam-sa ciod a their iad ;
A' siubhal gach dùthcha, 'g an dùsgadh gù feirg ;
  Ach 's beag is mò leam-sa ciod a their iad :

Fadadh-cruaidh air an gruaidh suas anns na crannagan,
  Sùil chlaon air gach taobh glaodhaich gu farumach,
Mur aontaich sibh leinne bidh sibh sgriosta gun dàil,
  Ach 's beag is mò leam-sa ciod a their iad.

Aig an Athair tha brath air an aidmheil is feàrr,
  Ged is beag is mò leam-sa ciod a their iad;
Co 'n t-aon a tha ceart, no có e tha ceàrr—
  Ged is beag is mò leam-sa ciod a their iad ;
'S ann their luchd aidmheil ri chéile, " Cha 'n eil stéidh
    ann ad theagasg,—
  Tha sgriobtur 'sa Bhìobull, ag innseadh gun teagamh.
Gur mise tha ceart, agus thusa tha ceàrr ; "
  Ach 's beag is mò leam-sa ciod a their iad.

'S e m' athchuing 'sa mhadainn air Athair nan gràs,—
  Ged is beag is mo leam-sa ciod a their iad.
E chumail mo chridhe gun smal air gu bràth,
  Ged is beag is mò leam-sa ciod a their iad,—
Le seirc is truas, iochd do 'n t-sluagh, 's a bhi gun uaill
    spioradail,
  Dùilean breòit' a tha fo leòn fheòraich an trioblaid,
Ged theireadh gach fear dhiubh gu'n robh mi gun ghràs,
  Gur beag is mò leam-sa ciod a their iad.

Leig [fios dhuinn gu goirid ciamar a tha dol duit. Tha
sinn uile beò slàn, gun dìth gun deireas.—Is mi do charaid
dìleas.

                                            FIONN.

CEILIDH.

LITIR DO DH'IAIN BAN OG.

—

" Throid mo bhean 's gu'n do throid i rium,
    Ghabh i miothlachd agus diumb ;
'S chionn nach b' àbhaist dhi trod rium,
    Throid mi rì, mar a throid i rium."

IAIN, A LAOCHAIN,—Gabh mo chomhairle agus cum air
taobh an fhuaraidh de na mnathan ; cha 'n eil iad cneasda.
Cha'n ann an diugh no'n dé a fhuaradh so a mach. Is e
mo bheachd féin nach ann de na b' fheàrr a' cheud té ;
agus, bho sin gus a' so, fhuair iad droch ainm, agus tha
e brath leantainn riu. Tha beachd agad mar tha 'n sean-
fhacal ag ràdh " Far am bi bó bidh bean, agus far am bi
bean bidh mallachadh," agus fear eile,—"A thoil féin do
gach duine agus an toil uile do na mnathan." An déidh
a' h-uile rud a th' ann cha 'n eil mi 'g ràdh nach eil na
mnathan mar tha buntàta nan coimhearsnach—math is olc.
Cha'n eil teagamh nach eil iongantas ort ciod a thàinig
eadar mi féin is Màiri nuair a tha mi a' leigeil ruith do
m' theangaidh air an dòigh so mu na mnathan. 'S beag sin,
fhir mo chridhe, ach cluinnidh tu gun mhòran maille, oir
so Màiri tighinn agus bheir mi dhuit a sgeul 'na facail féin,
oir gheall mi innseadh dhi an uair a bhithinn a' sgriobhadh
ad ionnsaidh a chionn 's gu'n robh toil aice guth beag a
ràdh riut. Tha i nis aig mo ghualainn agus feumaidh mi
gach facal a chur a sios mar dh' iarras ise, air neo cuiridh
i teas anns na clusan agam. Tha i ag ràdh—" Their thu
ris a' ghille chòir ma bha an crùisgein a' dol as a dhìth
ùillidh nuair a bha thu a' criochnachadh na litreach mu
dheireadh, nach ann a chionn 's nach robh gu leòir a dh'
ùilleadh a stigh ; ach a chionn 's gu'n robh thusa tuilleadh
's leisg a dhol air son a' phige, no nach leigeadh an spòrs

leat do làmh a shalachadh." Tha i air falbh a nìs leis an
làn a bha 'n a sgiathan, 's faodaidh mi nìs an ni thogras
mi ràdh. Cha 'n abair mise a bheag tuille mu ghainne an
ùillidh. Tha 'n crùisgein làn an nochd, agus tha am
" Buachaille Bàn " agam ga bhrosnachadh, 's cha 'n fhaod
e bhi nach dean mi litir mhoir, fhada réidh, a chur an
òrdugh ; ach 's fada o'n a chuala mi nach e " gogadh nan
ceann a ni 'n t-iomram." Is ann againn féin tha 'n crùis-
gein air an fhiach a bhi 'labhairt ! So agad rann no dhà
a th'aig a' Bhuachaille Bhàn 'gan aithris—

> Tha crùisgein, tha crùsgein,
>   Tha crùisgein aig Màiri ;
> Tha crùisgein 's an dùthaich
>   A tha mi 'n dùil a phàigheas.

> Tha gob air a chùlthaobh,
>   'S fear ùr air a bheulthaobh,
> Is lasaidh e gun ùilleadh,
>   Le sùgh a' bhuntàta.

> Chaidh mi feadh na dùthcha
>   A sgrùdadh mo chàirdean,
> Fhuair mi cuinneag ùillidh,
>   'S cha chùirnicheadh e mhàs dhomh."

Nach e mo laochan am Buachaille Bàn, 's nach foghain-
teach an crùisgein a th' againn an Ceann-an-tuilm.

Ach cha 'n fhaod mi bhi cur seachad ùine le goileam
gun seadh, oir tha mòran agam ri innseadh agus is tric a
chuala mi mo mhàthair ag ràdh, " Cha dean corrag mhilis
ìm, 's cha dean ' glucam-oirre ' càise."

Gheall mi sgeul goirid dhuit air a' " chéilidh" a bh'
againn 's an tigh so o chionn ghoirid. B'e chiad fhear a
thàinig oirnn Mac Aoidh o Chùl-na-coille agus, aig a shàil

bha Pàruig na Seann-làraich agus Aonghas á Bràighe Bhaile, Dòmhnull Art, Teàrlach Og, agus h-aon no dha eile nach aithne dhuit. Chuir sinn Màiri bheag a mach a dh' iarraidh Sheumais Mhòir 's a dhà nighinn, agus chaidh Iain Alasdair do na tighean-gu-h-àrd a dh' iarraidh nigheanan na Bantraich. Nuair a bha 'n còmhlan cruinn dh' iarr mi féin air Dòmhnull Art duanag a thoirt dhuinn, agus mar d' fhuair sinn sin ; oir cha 'n eil iad ann a bheir bàrr air Dòmhnull ann an seinn nan òran. Thug e dhuinn —" C'àite 'bheil an comunn àbhach " (faic t.d. 117). Chòrd an t-òran so gu ro-mhath ris a' chuideachd agus fhuair sin an ath fhear o Mhàiri Bheag, a sheinn gu binn, bòidheach, an t-òran so air am bheil thu gle eòlach—

Ged tha mi gun chrodh gun aighean,
Gun chrodh-laoigh, gun chaoirich agam ;
Ged tha mi gun chrodh gun aighean
Gheabh mi fhathast òigear grinn.

Fhir a dh' imicheas troimh 'n bhealach,
Giùlain bhuam-sa mìle beannachd,
'S faodaidh tu innseadh do mo leannan
Mi bhi 'm laighe 'n so leam féin.

Fad na h-ùine bha Màiri a' seinn an òrain bhòidhich sin bha mo laochan am Buachaille Bàn 'n a chrùban thall ann an cùil-na-mòna agus cha luaith a sguir Màiri na chualas e a' réiteachadh a mhuineil agus a' tòiseachadh mar gu'm biodh e ag ailis oirre ann an guth trom, tùchanach—

" Ged tha mi "—

" Sguir, a gharraich ! " arsa mise, " Moire ! 's fàs a' choill as nach goirear ! ' Gu'm biodh an aghaidh agadsa feuchainn ri òran a sheinn ! agus gu seachd sònraichte gu'n togadh tu do ribheid reasgaich an déidh mo Mhàiri bheag laghach." Coma co dhiubh ghlaodh a' chuideachd gu léir, "Oran bho'n Bhuachaille Bhàn," agus cha robh feum cur 'nan aghaidh. An taice an òrain chaidh am Buachaille mar so—

Ged tha mi gun bhreac gun sgadan,
Gun mhac-làmhaich gun chnùdan agam ;
Ged tha mi gun bhreac gun sgadan,
    Gheabh mi fhathast bodach-ruadh.

Fhir a dh' imicheas do 'n ghealaich,
Feuch gu 'n till thu ruinn gu h-ealamh ;
'S feuch gu 'n inns' thu do na balaich,
    Sgadan salach bhi 'sa chuan.

Nuair a' chaidh sinn thun a' chnùdain,
Rìgh gur mise nach robh sùrdail ;
Bha na mùsgan ann am shùilean ;
    Chaidh mo dhùsgadh tuilleadh 's luath.

Nuair a ruig sinn Sgeir-nan-crùban,
Bha mi 'm shìneadh air a h-ùrlar
Anns an taoim am measg nam mùsgan
    Agus mùrlach fo mo chluais.

Ged tha mi gun slat, gun mhaorach,
Cha 'n eil mi gun ràmh gun taoman ;
Gheabh mi slat 'sa Choille-chaorainn,
    Agus maorach taobh nan stuadh.

Ged tha mi air bheagan beairteis,
Gheabh thu bhuam-sa h-uile ceartas ;
Pailteas ghròiseidean is dhearcan,
    Uighean chearc, 's buntàta fuar,

Cha mhòr nach do laigh sinn a' gàireachdaich air òran a' Bhuachaille Bhàin.

Thug an sin Mac Aoidh sgeulachd dhuinn rud a rinn e gu deas-bhriathrach, àlainn mar is math is aithne dha.

Bha fonn-dannsaidh a nis air a' chuideachd agus ged nach robh inneal-ciùil againn dhanns sinn gus an robh sinn tais le fallus, oir tha fhios agad—

> " Gur tric a bha sinn, fhir mo chridhe,
>   Gun phìob gun fhidhil a' dannsa."

Chuir sinn am Buachaille Bàn a channtaireachd, agus 's e chiad " phort-a-beul " a thug e dhuinn

---

AM MUILEANN-DUBH.

Tha 'm Muileann-dubh air bhogadan,
Tha 'm Muileann-dubh air bhogadan,
Tha 'm Muileann-dubh air bhogadan,
   'S e togairt dol a dhannsa !

Tha nead na circe-fraoiche,
'Sa Mhuileann-dubh 's a' Mhuileann-dubh ;
Tha nead na circe-fraoiche,
   'Sa Mhuileann-dubh o Shamhradh !

Tha ioma rud nach saoil sibh,
'Sa Mhuileann-dubh 'sa Mhuileann-dubh,
Tha ioma rud nach saoil sibh,
   'Sa Mhuileann-dubh o Shamhradh !

Tha gobhair is crodh-laoigh,
Sa Mhuileann-dubh, 'sa Mhuileann-dubh ;
Tha gobhair is crodh-laoigh,
   'Sa Mhuileann-dubh o Shamhradh !

Shaoil leam gu'n robh snaoisean,
'Sa Mhuileann-dubh 'sa Mhuileann-dubh ;
Shaoil leam gu'n robh snaoisein
'Sa Mhuileann-dubh, 's gun deann ann !

Fhuair sinn an sin " 'S ann an Ile bhòidheach," agus na
dhéidh sin—

Righlidh na coilich-dhubha,
'S dannsadh na tunnagan ;
Righlidh na coilich dhubha,
Air an tulaich làmh rium.

Air an tulaich agam fhéin,
Air an tulaich urad ud ;
Air an tulaich agam fhéin,
Air an tulaich làimh-rium.

An uair a shuidh sinn a sios an déidh an dannsaidh dh'
iarr mi air Pàruig na Seann-làraich stiall de bhàrdachd
Oisein a thoirt dhuinn. An déidh beagan coiteachaidh
agus misnich thug e dhuinn h-aon de Sgeulachdan na
Féinne cho mìn, réidh, 's a rachadh tu féin no mise tròimh
" Mhurachan is Mearachan," oir tha e mion eòlach air
bàrdachd Oisein. Their iad rium-sa—agus ma's breug
bhuam e's breag chugam e,—gu'm bheil Pàruig cho déidheil
air a bhi leughadh Oisein 's gu'm bheil e aige air sorachan
mu choinnibh nuair tha e gabhail a' bhrochain, 's gu'm
bheil làn spàine de bhrochan, 's làn sùla de dh' Oisein aige
mu seach. Cha'n eil fhios nach abair thusa uime so mar
a thuirt Gobhainn Mor Bhaile-nan leac mu Phara Roth-
ach, "Am burraidh bochd, b' fheàrr dha 'n Leabhar Shalm
a bhi aige." Is e thug air a' Ghobhainn so a ràdh mu 'n
duine chòir, stòlda ; daoine bhi ag ràdh gu'n robh Pàra
Rothach a' toirt leis nam paipearean-naidheachd gu obair
agus 'gan leughadh an sin.

An uair a dh' aithris am Buachaille Bàn dhuinn,
" Murachan is Mearachan" agus " Lùr-a-pocan," thug
sinn tacan air " Bualadh a' bhuilg," air am b' àbhaist
dhomh bhi glé dhéidheil nuair bha mi 's an sgoil ; agus
an déidh sin chaidh sinn troimh 'n " Mhart Bhradach "
agus " Capall Phearsain air chall," oir cha 'n eil sinn a'
leigeil nan seana chleasan Gàidhealach air dhi-chuimhn'
ann an Ceann-an-tuilm. Thug Aonghas Og dhuinn òran
gaoil a rinn e fein, 's air m' fhacal gu'n robh e binn, bòidh-
each. Gheall e a sgrìobhadh dhomh, agus nuair a ni e
so cuiridh mi ad rathad e. Chaidh ioma rann neònach
is òran binn aithris air an fheasgar sin, air nach eil cuimhn
agam-sa, oir chuir sinn seachad feasgar cho cridheil,
càirdeil, agus neo-lochdach, 's a chunnaic thu riamh.
Is ann an tigh Mhic-Aoidh an Cùl-na-Coille, tha an ath
" Cheilidh " mhór ri bhi, agus ma tha e 'n dàn domh dol
ann, cò aige tha fios nach innis mi dhuit cuid de na chì
's de na chluinneas mi an sin. Tha fhios agad mar tha
'n sean-fhacal ag ràdh, " Is e crioch gach comuinn deal-
achadh " agus thàinig an t-àm dhuinne dealachadh agus
air dhuinn oidhche mhath a ghuidhe d'a chéile, ghabh
gach aon a rathàd féin dachaidh.

Tha sinn uile beò slan aig a' bhaile so. C'uin a gheabh
sinn litir as a' Cheardaich ? Tha sinn a' gabhail fadail air
a son. Ag guidhe d' fhaicinn slàn. Is mi do charaid
dìleas.

Ceann-an-tuilm,   FIONN.
Oidhche Nollaig, 1878.

BARDACHD NEONACH.

FHIR MO CHRIDHE,—Ged tha mi cur dragha ort gu tric
tha fhios agam nach bi thu 'n gruaim rium aig an àm so
nuair dh' innseas mi dhuit gur e mo leisgeul, gàire a thoirt

dhuit air òran éibhinn a sgriobh am Buachaille Bàn.
So agad mar a thachair an gnothach. Co thuit tighinn
an rathad air feasgar Di-màirt co chaidh ach Aonghas Og,
Bràighe-'bhaile, agus shuidh e féin agus mise fad an
fheasgair anns an t-sabhal a' còmhradh ri chéile. Am
measg rudan eile air an d' rinn sinn aithris thug sin tarraing
air a' bhàrdachd—tha Aonghas cho làn bàrdachd 's a
tha 'n t-ugh de 'n bhiadh—agus thuit dhuinn bruidh-
inn gu sònraichte air duanagan agus òrain an Eireannaich
mhòir sin *Tomas Moore*,—an aon bhàrdachd is mìne 's
is gaolaiche a leugh duine riamh. " Saoil, thu," thuirt
mi féin ri Aonghas, " nach gabh rian Gàidhealach cur air
cuid dhiubh ? " " Cha 'n eil teagamh nach gabh," fhrea-
gair Aonghas. " So agad ma-ta, thuirt mise, " duanag
bheag, bhòidheach, agus feuchaidh sinn de ghabhas deanamh
rithe 's ' mur dean sinn spàin cha mhill sinn adharc,' oir
fàgaidh sinn an duanag mar a fhuair sinn i, 's cha bhi
fios aig duine beò gu'n d' fheuch sinn ri spàin a dheanamh."

THE MINISTREL BOY.

The minstrel boy to the war is gone,
　In the ranks of death you'll find him ;
His father's sword he has girded on,
　And his wild harp slung behing him.
" Land of song ! " said the warrior bard,
　" Though all the world betrays thee,
One sword at least thy rights shall guard,
　One faithful harp shall praise thee ! "

The Minstrel fell !—but the foeman's chain
　Could not bring his proud soul under :
The harp he lov'd ne'er spoke again
　For he tore its chords asunder ;

And said, " No chains shall sully thee,
   Thou soul of love and bravery !
Thy songs were made for the pure and free,
   They shall never sound in slavery ! "

So agad an oidhirp a rinn sinn air rian Gàidhealach a chur
air an duanaig laghach so.

AN GILLE CLARSAIR.

Chaidh 'n Gille-clàrsair dh' ionnsaidh bhlàir,
   'S gu dàn do theas na tuasaid ;
Tha claidheamh athar aig' 'na làimh,
   'S a chlàrsach thar a ghualainn.
"A thìr nam Bàrd ! " 's e thuirt an sàr,
   " Ged bhrathas càch 's an uair thu,
Aon lann bith'dh dìleas dhuit gu bràth,
   'S aon chlàrsach bith'dh a' luaidh ort ! ' "

Ged 'thuit an Clàrsair, 'chaoidh do nàmh
   A spiorad àrd cha ghéilleadh :
A chlàrsach dh' fhàg e balbh gu bràth
   Oir gheàrr e aisd' na teudan,
Ag ràdh, " Cha deanar ortsa tàir,
   O, anaim graidh is saorsa !
'S ann measg nan treun bha ceòl do theud,
   'S co ghleusadh thu an daorsa ! "

An uair a bha mi féin agus Aonghas a' cur na duanaig
so air dòigh bha 'm Buachaille Bàn am mach 's a stigh do
'n t-sàbhall —cho luaineach ri circ ag iarraidh nid—ach
cha robh sinne am beachd gu 'n robh e gabhail suim air
bith de na bha sinn ag ràdh no deanamh ; ach Moire 's e
bha !

An uair thog Aonghas air a dh' fhalbh chaidh mi féin
ceum an rathad leis, 's a' dol seachad air tigh-nan-gamhna
thuirt esan " Ciod air an talamh mhór an sgriobhadh a th'
agad air an dorus so ? " An uair sheall mi féin bha 'n
dorus air a chùirneachadh o mhullach gu iochdar, le
bàrdachd, sgriobhte leis a' chailc uaine a bh' againn a'
comharrachadh nan caorach seasg. Ciod a bha 'n so ach
obair a' Bhuachaille Bhàin ! An uair a leugh mi féin
agus Aonghas na rannan cha mhor nach do laigh sinn leis
a' ghàireachdaich. Bha am Buachaille Bàn a' magadh air
gach fuaim agus facal a bh' againn ann an duanag a'
Ghille-chlàrsair, mar a chì thu. Sgriobh Aonghas Og
rannan a' Bhuachaille Bhàin na leabhar-pòca 's tha iad
aige cho cùramach ri litir o' leannan. So agad mata facal
air an fhacal mar a bha air dorus tigh-nam-gamhna.

GILLE 'N TAILLEIR.

Chaidh gille 'n tàileir moch Dì màirt,
  Do ghàradh-càil an tuairneir ;
Bha bioran-tomhais aig' na làimh,
  Is gràpadh thar a ghualainn.
"A thìr a chàil ! " 's e thuirt Iain Bàn,
  " Ged theireadh càch gur fuar thu,
Tha mise 'g ràdh gu 'n cinn an càl
  Cho àrd ri cas na sluasaid ! "

Ged chuir Iain Bàn an gàradh-càil
  Cha d'thug iad dhà na gheall iad,
'S gun tuille dàlach spion e 'n càl,
  Gach bun is bàr, 's b' e 'n call e,—
Ag ràdh, " Cha deanar ormsa tàir
  Le bodach grànnda, braoisgeach,
A chaill a dheud ag innseadh bhreug,
  'S a ghoideadh treud de chaoirich,"

Is e mo bheachd gu 'n abair thu gu 'n d' rinn am Buach-
aille Bàn gu treun 's gu'm bheil a ranntachd pailt cho
Gàidhealach agus h-uile buille cho mln ris an oidheirp a
rinn Aonghas Og agus mise. An uair dhealaich mi ri
Aonghas aig Bealach-a'-choin-ghlais shìn e air na h-òrain
mar is gnàth leis, 's cha'n eil teagamh nach e'm Buachaille
Bàn a bha na aire nuair thog e am fonn so,—

> " Tha ho-ró mo phropanach, mo ghille maol,
> C'àite 'm faigh mi bean dhuit air an gabh thu gaol !
> Tha ho-ró mo phropanach, mo ghille maol ! "

Tha sinn uile beo, slan.   "An latha chi's nach faic,"
is mi do charaid dìleas.

FIONN.

Ceann-an-tuilm,
An fhéill Breanainn, 1879.

MAR A THAGH SINN AR MINISTEIR.

C'IAMAR a thagh sinn ar ministeir ?
 Matà, innsidh mise sin dhuibh-sa, a dhuine chòir,
agus mur eil mo shùilean 'g am mhealladh, buinidh sibh
do 'n eaglais Shasunnaich braigh'-a' bhruthaich.   Cead
dhuibh-sa, buinidh mise 's mo chompanaich an so do'n
eaglais Bhaistich.   Tha sinne, iasgairean bochda, fad na
seachdain fo smachd an sgiobair, gun chothrom againn air
ar cinn a thogail no ar guth a shìneadh ; nis na'm buin-
eamaid do 'n eaglais ud shuas cha bhiodh meas no urram
oirnn Di-dòmhnaich seach là eile, 's cha bhiodh dreuchd
no ùghdarras againn mu'n eaglais, ach anns na Baistich
tha gach fear againn fo mheas agus ann an dreuchd.   Tha
mi fhéin agus Dòmhnull Mór an so 'nar foirbhich, agus

L

b'fhiach dhuibh tighinn 'g ar faicinn Di-dòmhnaich, mar a bheir sinn leinn a dh' aona sgrìob, dà thaobh na h-eaglais leis na ladair. Is e mo bhrathair-céile an so, is fear-ciùil anns an eaglais, agus 's e mo bheachd nach robh Daibhidh féin, an latha b' fheàrr a bha e, na bu bhinne na esan air seinn nan Salm. Gabhaibh mo leisgeul, tha mi'n déidh ruith a leigeil do m' theangaidh agus dol troimh mo naidh-eachd—bha e uam innseadh dhuibh mar a thagh sinn ar minis_teir.

Anns an eaglais againne nuair a tha sinn a' fàs sgìth d' ar ministeir, tha sinn a' toirt cead a choise dha—a' toirt dha na bàirlinn, mar a their sibh, tha sinn a' taghadh fir eile 'na àite. Cha 'n eil na ministeirean idir gann, is tha iad coltach ri buntàta nan coimhearsnach, math is meadh-onach. A' bhliadhna so chaidh bha an eaglais bàn, 's cha robh ach ministeir ùr a h-uile seachdain againn, agus a dh'innseadh na fìrinn dhuibh-sa chuala sinn tuilleadh 'sa chòir, agus bha sinn a' fàs tòrmasach. Dòmhnach a bha sin le driod-fhortan a thaobh-eigin, thuit gu'n robh triùir dhiubh air ar làmhan, agus thug so gnothaichean gu aona-cheann, agus 's e bh' ann gu'n d' rinn sinn a suas ar n-inntinn gu'n taghamaid aon de 'n triùir. Bha 'n seann-duine Lachunn Liath, mac do Lachunn Cam, a bha aon uair 'na cheisteir 's 'na sheorsa ministeir ann an Colla, ri searmonachadh roimh mheadhon-latha ; bha Eachann Bàn, ogha do 'n bhàrd ghagach a bha 'n Cadaldan, ri a ghuth a shìneadh an déidh mheadhon-latha ; agus anns an fheasgar, bha an gille caol dubh—'s cha b' aithne dhuinn có 'n sliochd tighe 'g am buineadh e—ri searmonachadh. Tha mise 'g ràdh ruibh gur e latha mór a bha ri bhi againn.

Có thachair orm aig dorus na h-eaglais ach seana Chalum-nan-long—nach robh anns an eaglais bho Bhliadhna-na-braoisg—agus arsa esan—

" Gabh beachd air m'fhacail a charaid, chì thusa seòladh teann air a' ghaoith an diugh. Ach 's e mo bheachd gu'n

dean am bodach liath, a tha eòlach air gach sruth is saobh-
shruth, falach-cuain air an dithis eile. Cha bhi seòl mór
no seòl biodach nach bi aige ri crann."

"So agad e tighinn," arsa mise, agus mi 'ga fhaicinn a'
teannadh oirnn le a charaid Seumas Ceisteir—iar-ogha
bràthar a mhàthar—a thug aoidheachd dha air sgàth seann
eòlas. Thàinig e an taobh a bha sinn, is chuir e fàilte
oirnn gu mìn miodalach—bha fhios aige gur ann againn a
bha na liabagan r' an roinn. 'S e duine fìor stòlda coltas
a th' ann an Lachunn Liath, le ceann mór sgailceach agus
aghaidh mhór bhàn. A dhuine chridhe, 's ann aige a bha
an sgioladh cainnt anns a' chrannaig. Shearmonaich e fad
dà uair an uaireadair air roimh-òrduchadh. Dhearbh e
dhuinn le Greugais, Eabhra, agus Laidinn gu'm b'e so an
creideamh ceart—agus creideamh ar n-eaglais-ne anns na
linntean dorcha. Cha chreid sibh an drùdhadh a rinn a'
Ghreugais agus an Eabhra air cuid.

'San tighinn a mach thuirt mi fhéin ri Calum nan-long,
"Sud agad cainnt."

"Cainnt òirdhearc, agus teagasg fallain," arsa Seumas, a
tha daonnan, ma 's fhìor e fhéin, eudmhor air son a' chreid-
imh.

Chaidh Lachunn Liath dhachaidh le Seumas Ceisteir,
's iad le chéile anns an làn bheachd gu'n robh an latha
leotha.

An déidh mheadhon latha chaidh Eachann Bàn a suas
do 'n chrannaig—le fhalt slìogach dubh, a nuas m' a ghuaill-
ean mar nach robh bearradair 'san aon dùthaich ris. Thug
e mach a cheann-teagaisg agus dh' innis e dhuinn dealbh
nan cruitean-ciùil a th' aig na naoimh air neamh agus mar a
ghleusar iad. Ma bha a cheann slìogach a' dol do 'n chrann-
aig, cha robh e fada innte nuair a bha e pabach gu leòir,
oir chuir e dheich meòir troimhe agus thug e nuas m' a
shùilean e. Dh' aithris e rann an déidh roinn de bhàrdachd,
agus an sin dh' fhàs a ghuth critheanach agus ghuil e gu

goirt gus an robh mu dheireadh taoim anns a' chrannaig.
An àm tighinn a mach có bhean ri m'uilinn ach Dòmhnull
nan Dàn á Lagan Mór.

" Nach ann an sud a bha bhàrdachd ? " arsa esan.
" Nach e a chaidh ri sheanair, Bàrd Chadaldan.   Cha
chualas a leithid o laithean Oisein."

Anns an fheasgar chaidh an gille òg sgafarra dubh, a
bha 'na choigreach dhuinn uile, a suas do 'n chrannaig. Bha
móran 'sa bheachd gu 'n robh e tuille 's òg air ar son, ged a
dh' fhaodadh e bhi tapaidh.   Ged a bhlàthaich mo chridhe
ris an òganach air son cho pongail, tapaidh 's a bha e, aig
a' cheart àm bha fhios agam nach robh e coltach gu'n
rachadh a chur air thoiseach air an dithis eile.   Thug e
mach a cheann-teagaisg, " Do gach neach a réir a chomais."
Thuirt e nach robh Dia ag iarraidh air neach air bith ach
na bha 'na chomas.   Cha robh sinn ri bhi seasamh aig na
h-oisnean 's ar làmhan 'nar pòcannan gus ná h-uilnean, a'
feitheamh gus am faiceamaid gniomh mór maiseach, r'
a dheanamh a choisneadh cliù dhuinn ann an sùilean dhaoine
ach ris gach uile dhleasdanas a dheanamh gu deas, ealamh
—dìreach ri seasamh aige agus ar dleasdanas a dheanamh
do Dhia agus do dhaoine gun sùil ri moladh an t-saoghail.
Bha an t-searmoin pongail, òrdail, 's cha robh neach an
sin nach do thuig a h-uile facal dhi.

An déidh na searmoin bha cruinneachadh beag againn
anns an tigh-sheisein a chur air cinn r' a chéile, agus cha
robh ach dà bheachd 'nar measg—co dhiubh a thaghamaid
am bodach liath, le chainnt 's le fhòghlum, no Eachann Bàn
le a bhàrdachd.   Cha d'thubhairt duine facal as leth a'
ghille òig a bh'againn 'san fheasgar.

Air Di-ceudain bha coinneamh ri bhi againn anns an
eaglais gus an gnothach a chur an darna taobh, ach bu
bheag a shaoil sinn nuair a sgaoil sinn feasgar na Sàbaid
de cho luath 's a thaghamaid ar ministeir.

Is e mo bheachd nach bi am feasgar Sàbaid sin air dhi-

chuimhn' anns an sgireachd so cho fad 's a sheòlas bàta a
mach as a' chamus, no cho fada 's a tha iasgair a' fuireach
mu na cladaichean—oidhche na stoirm mhòir theirteadh
rithe, nuair a chaidh an long *San Pedro*, as an Spàinnt, 'na
clàraibh air na Sgeirean Dubha.

Is seann seòladair mise a sheòl an cuan mór, agus tha
e 'na chleachdainn agam sùil a thoirt a mach air an iarmailt
gach feasgar mu 'n gabh mi mu thàmh. Air an oidhche
so chunnaic mi long mhór anns an Linne Sheilich, agus cha
bu toil leam idir coltas nan speur, oir bha na baideil
dhubha a' ruagadh a chéile agus roth mu'n ghealaich.

Ged a chaidh mi laighe cha b'ann gu cadal, oir mhothaich
mi gu 'n d' éirich a' ghaoth agus bha mi cluinntinn nan tonn
feargach a' sadadh air na creagan. Chuimhnich mi air
an luing a chunnaic mi a' fiaradh na linne, chuir mi orm
m' aodach agus ghabh mi mach.

Dia 'g ar teasraiginn b' e sin an oidhche ! Am bheil
sibh a' faicinn na sgeire duibhe ud ? Cha 'n fhaca sibhse
an làn thairis oirre o 'n a thàinig sibh do. 'n sgireachd, agus
faodaidh sibh a bhi bliadhnachan an so gun an sealladh sin
fhaicinn ; ach air an oidhche ud bha na tuinn a' dol thar a
cinn, agus a' sadadh air a' cheadha. Cha robh reult ri
fhaicinn—

> " Shéid a' ghaoth is chas an sruth,
> Is dh' éirich suas na tonna tiugh
> Gu 'h-éitidh garbh."

Bha tein-adhair is tàirneanach ann nach fhacas 's nach
cualas riamh a leithid. Cha robh fear no bean anns a'
bhaile nach robh aig a' chladach—ag gabhail seòrsa
fasgaidh aig bun a' cheadha. Ann an soillse uamhasaich
an dealanaich chunnaic sinn an long eireachdail 'ga h-
iomain leis an stoirm gus na Sgeirean Dubha. Cha robh
air thalamh na b'urrainn a teàrnadh a nis. Dia 'gan
cuideachadh ! Bha na mnathan a' gul 's a' caoineadh air

son nam fear treun a bha dol gus am bàs, 's air son nam
mnathan a bhitheadh gu goirid 'nam banntraichean, agus
nan teaghlaichean maoth a bhitheadh air am fàgail 'nan
dilleachdain.

Las an speur aon uair eile le tein-adhar agus leis a'
bhaoillsgeadh chunnaic sinn an *San Pedro* a' bualadh air na
sgeirean, agus dh' éirich glaodh bho na bh' air bòrd nach d'
fhàg riamh mo chluasan. Dh' fheoraich sinn de chéile,
"An gabh dad idir deanamh ? " Bha an cuan a' goil,
agus cha robh bàta air a' chladach a sheasadh anns an
stoirm re seal. Cha robh e cneasda do neach feuchainn ri
snàmhadh a mach, ged a bha ropa deas againn aig ceann
a' cheadha. Bha a' ghealach a nis air éirigh, agus mar
sin bha e comasach dhomh fhaicinn dé bha dol air aghaidh
air tìr. Aig bun a' cheadha bha na mnathan 'sa chlann
'nan cròilean, agus teann orra, eadar iad is sinne, bha
Lachunn Liath agus Eachann Bàn 's iad ceann-ruisgte.
Bha Lachunn Liath ag ràdh gu'n robh na bha iad a' faicinn
air òrduchadh o'n a leagadh bunaitean an domhain, agus
dh'innis " Beul na Fìrinn," Peigi Mhór, dhomh nuair a
bhuail an long air na creagan gu'n do thoisich e ri aithris
na laoidh—

> An dòighean diomhair gluaisidh Dia,
>   Thoirt 'iongantais mu'n cuairt ;
> Mar charbad dha tha 'n doineann dhian,
>   'S tha lorg a chois 'sa chuan.

> An doimhneachdan de ghliocas sìor,
>   Tha 'rùintean taisgte suas ;
> Is cuirear leis a thoil an gniomh
>   Mar 's miann leis fhéin gach uair.

Bha leam gu'n robh a h-uile duine 'san sgìreachd air an
oidhche ud aig bun a' cheadha, ach cha robh mi 'faicinn
a' ghill' òig a shearmonaich air an fheasgar ud, cha robh
mór iongantas orm, oir chuala mi gu'n deach e dh' fhuireach

le caraid dha a mach air an dùthaich, ach direach nuair bha e 'nam bheachd, chunnaic mi e nuas an ceadha 's e 'na fhuil 's na fhallus. Sud e tighinn, a ghnùis a' dearrsadh le soillse iongantaich.

" Seasaibh a thaobh, a mhnathan." Gu stòlda, ciùin, dh' òrduich e as an rathad iad.

Nuas an ceadha ghreas e seachad air Lachunn Liath is Eachann Bàn, gus an d' ràinig e sinne aig gob a' cheadha. Thilg e dheth a bhrògan 's a chòta, 's ag glacadh ropa 'na làimh, arsa esan, " Nis, 'illean ! "

Dh' fheuch sinn ri chumail air ais, le làmhan fhéin cheangail e an ropa m' a mheadhon. A' toirt aon sealladh air an luing a bh' air na sgeirean agus sealladh eile air neamh, thuirt e, " Seasaibh a thaobh ! " agus thug e duibh-leum a mach thar ceann a' cheadha.

Lean sinn e mar a b' fheàrr a dh' fhaodamaid 's e snà-mhadh anns an t-sruth ioganach a bha goil mar Choire-Bhreacain, agus—

" Snàmhaiche a b' fheàrr na 'n laoch
Cha do leag a thaobh ri sruth."

Bha sinn a' feòraich r' a chéile an ruigeadh e sàbhailte, agus 'ga leantainn le 'r sùilean 's e cogadh an aghaidh sruth is soirbheis. Mu dheireadh thug na seòladairean an aire dha agus thoisich iad air a mhisneachadh. Chunnaic sinn e ruigheachd na luinge, agus thilg tonn beò slàn air bòrd e. An sin thog sinn uile iolach àrd, agus thug sinn taing do Dhia a rinn a chòmhnadh.

'S e bh' ann gu'n d' fhuair gach duine a bh' air an *San Pedro* sàbhailte gu tir. Fear an déidh fir ràinig iad an ceadha B' e am fear mu dheireadh a thainig air tìr an gille glan, misneachail, a rinn an gnìomh eugsamhail ud. Bha e cho bàn ri bréid agus an fhuil a' sruthadh á sgoch a fhuair e anns a' bhathais. Chruinnich sinn uile mu'n cuairt air, 's e mar neach a thilleadh o na mairbh.

" 'Illean," arsa Calum-nan-long, "cha 'n eil móran agamsa ri ràdh, ach their mi so "—agus ag glacadh a' ghille air laimh, ghlaodh e—" Gu 'm beannaicheadh Dia ar minis- teir ! "

An sin ghlaodh sinn uile a dh' aona bheum 's a dh' aona bheachd—" Gu'm beannaicheadh Dia ar minister ! "

"Aon ghlaodh eile," arsa mise, agus a' dol an taobh a bha Eachann Bàn thuirt mi ris gu tàireil, " C' àite bheil do bhàrdachd a nis ? "

Aig a' cheart àm faicear Seumas Ceisteir, 's aoidh uilc air, a' dol an taobh a bha Lachunn Liath, 's a' crathadh a dhuirn 'na aodann, arsa esan—" C' àite bheil thu fhéin 's do roimh-òrduchadh a nis ? "

An sin dh' éirich aon uair eile an glaodh, "Gu'm beann- aicheadh Dia ar minister ! "

Sin agaibh a nis, a dhuine chòir, mar a thagh sinn ar minister.; 's cha robh aithreachas riamh oirnn air a shon.

DOMHNULL NAM PRAT.

Cha b' aithne dhuit Dòmhnull nam Prat !

Tha sin cho math dhuit ! Bha fear no dhà 'san dùthaich a bhiodh toilichte na 'm b' urrainn dha sin a ràdh.

Ciod a bha Dòmhnull ris ?

Mata, b' fhasa ràdh ciod nach robh e ris. Bha e air uairibh ris an dròbhaireachd agus uairibh a' falbh le pac; ach ciod air bith a bha e ris, bha na pratan a' leanailt ris. Pratan ann no as, bha Dòmhnuil tapaidh ; mhealladh e 'n t-ugh bho 'n eun, 's an t-sithionn o'n t-sionnach. Mar is tric a thachair d'a leithid, bha Dòmhnull gu math pàiteach ; is nuair a bha deoch a dhìth air cha rachadh e as a h-aonais gun chleas no dhà fhiachainn chum a faighinn.

Thuit dha, latha blàth samhraidh, bhi tarraing dlùth air

Tigh-a'-chuain, 's gun 'na phòca na dh' òladh a dheoch-slàinte ; ach ged a bha sin mar sin, cha robh toil sam bith aige dol seachad gun deoch fhaighinn. Chunnaic e uinneag chùil an tighe an togail, agus paidhir de bhrògan ùr, nodha, am bonn na h-uinneige. " Ni so an gnothach," arsa esan ris fhéin, agus sgioblaich e leis na brògan. Cheangail e an nèapaicinn dheirg iad ; chuir e bhata troimh cheangal na nèapaicinn is thàinig e mu 'n cuairt oisinn an tighe 's na brògan thar a ghualainn. Chaidh e stigh is dh' fheòraich e air son Fear-an-tighe. Chaidh innseadh dha nach robh e fad air falbh, is gu'm biodh e stigh a thiota. Shuidh thusa, Dhòmhnuill, chuir thu na brògan fo 'n bhòrd is dh' òrdaich thu botal leanna gus an tigeadh Fear-an-tighe air ais. Thàinig Fear-an-tighe, is chuir e fàilte air Dòmhnull ; oir bha iad sean eòlach. Dh' fheòraich e ciod a chuir an rathad so e an dràsd.

" Nach robh mi," arsa Dòmhnull, " shìos aig Donnach-adh Dubh air son paidhir bhròg a bha e deanamh air mo shon. Cha ròbh e aig an tigh ; ach bha na brògan deas, is thug mi leam iad. An déidh dhomh Bruthach na Ceàrdaich a thogail, shuidh mi air a' chloich-mhìle a leigeil m' anail, agus dé rinn mi ach gu'n d' fheuch mi orm na brògan ; agus mar a bha am mi-fhortan 'sa ghnothach, nach eil iad modhas teann air mo shon. Tha iad eireachdail anns gach dòigh ach dìreach cumhann gu leòir. Tha leisg orm dol air m' ais leò, agus tha fhios agad féin cho coirbte 's a tha Donn-achadh Dubh."

" Is ann agam a tha. Nach ann mu'n cheart ni sin a chuir mi fhéin 's e fhéin a mach air a chéile. An do phàigh thu na brògan ? "

" Nach eil fhios gu'n do phàigh," fhreagair Dòmhnull-nam-Prat. " An e gu'n leigeadh Peigi chruaidh air falbh iad gun an t-airgiod ? "

" Mata, ma tha iad pàighte," arsa Fear-an-tighe, " cha 'n e Donnachadh Dubh a ghabhas air an ais iad,"

"·Nach e so a th' orm," arsa Dòmhnull-nam-Prat."

Dh'·òrdaich Dòmhnull leth-bhodach, is shuidh e fhéin is Fear-an-tighe ris. Nuair a bha na fir a' fàs blàth, dh' fhosgail Dòmhnull an nèapaicinn, is chuir e na brògan air a' bhòrd.

"Mata," arsa Fear-an tighe, "·tha na brògan snasmhor, cho cumachdail eireachdail ri "Brògan a' ghiollain Ilich"— ciamar so bha iad sin? Bha latha 's rachadh agam air an ràdh aithris."

"Cuiridh mi geall," arsa Dòmhnull-nam-Prat, "nach téid ágad air, an diugh."

"Cuiridh mi geall leth-bhodaich gu'n téid," arsa Fear-an-tighe, 's e 'n déidh a chuid fhéin de'n cheud leth-bhodach òl.

"Rach ris, ma ta," arsa Dòmhnull, is e an gèall air an fhear eile thoileachadh.

BROGAN A' GHIOLLAIN ILICH.

Is ann mar so a dh' iarr an giollan Ileach a bhrògan—
Brògan bileach, baileach, beul-dhubh,
O dhruim-leathar nam bò ;
O thàrr-leathar nan aighean ;
Farra-bhuinn a steach, gearra-bhuinn a mach ;
Buinn fhada dhìreach 'nan sineadh eatorra sin ;
Built chiar-dhubh dhonna o chìrein na droma ;
Snathainn chaol réidh, gun gheur tarraing air éiginn ;
Làmh deagh fhòghluim 'gam fuaghal ;
'S nach faiceadh am bonn an t-adhar,
No 'n t-uachdar an talamh ;
Buanadas bròg fir eilein ;
Eireachdas bròg mhic Righ ;
'S ged bhuaileadh i air a' chreig,
Gu'm bu mhiosa do 'n cheig na dhì.

"Cha do shaoil mi gu'n robh do mheamhair cho math," arsa Dòmhnull ; "chaill mi 'n leth-bhodach ; ach cha chall na gheabh caraid."

" Cha chall, gu dearbh, a Dhòmhnuill. Am bheil fhios agad air a' so, gu'm bheil mo shùil anns na brògan ; agus mur a bhi gu'n d'thug mi òrdugh do Phara mòr Greusaiche paidhir ùr a dheanamh dhomh, bho chionn mìos, 's ann a ghabhainn fhéin iad. Tha iad glé choltach ri cumadh mo choise."

" Feuch ort iad," arsa Dòmhnull," " cha do rinn Para mòr riamh brògan cho snasmhor cumachdail riu sin ; agus mur eil ach mios bho na fhuair e an t-òrdugh, bithidh, co dhiùbh, trì miosan mu'm faigh thu iad. Is iomadach breug a dh' innseas e mu'n tig na brògan dachaidh."

Dh' fheuch Fear-an-tighe air na brògan, is fhreagair iad gu gasda.

" Nach briagh tha iad a' freagairt," arsa Fear-an-tighe," 's ann a shaoileadh tu gu'n deachaidh an deanamh air mo shon fhéin."

" Gu dearbh, is ann ; agus bho na tha sin mar sin," arsa Domhnull, " seach an tilgeil air làmhan Dhònnachaidh Dhuibh, bheir mi dhuit saor iad."

" Cha 'n eil feum agam orra," fhreagair Fear-an-tighe ; " mar a dh' innis mi dhuit cheana, tha òrdugh aig Para mòr paidhir a dheanamh dhomh."

" Tha ; ach cha 'n eil fhios cuin a gheabh thu iad," fhreagair Dòmhnull-nam-Prat. " Eisd so ; bheir mi dhuit iad air leth 's a chosd iad agus prìs na dh' òl sinn."

" Tha sin a' coimhead glé chothromach," arsa Fear-an-tighe.

" Thoir dhomh ochd tasdain, agus is leatsa na brògan," arsa Dòmhnull-nam-Prat, " is fhada bho nach robh paidhir cho comhfhurtachail air do chasan."

Cha robh an còrr mu'n chùis ; phàigh Fear-an-tighe ochd tasdain ; is dh' fhalbh thusa, Dhòmhnuill-nam-Prat dhachaidh ag gaireachdaich air mar thug thu'n car á fear an tigh-òsda,

Is ann nuair a bha e 'gan cur air, Di-dòmhnaich a thuig fear-an-tigh-òsda mar chaidh an car a thoirt as.

" Nach bòidheach na brògan a fhuair mi an sin," arsa esan ri mhnaoi.

" Tha iad glé laghach ; ach bithidh am prìs a cheart cho bòidheach," fhreagair ise.

" Cha robh brògan riamh cho saor air mo chasan—an do phàigh mi ach ochd tasdain orra," arsa esan, " do Dhòmhnull-nam-Prat."

" Sguir de d' bhòilich air Di-dòmhnaich. Cuin a thòisich Dòmhnull-nam-Prat air a' ghreusachd ? " fhreagair ise.

Dh' innis Fear-an-tighe dhi an sin gach cùis a bha eadar e fhéin agus Dòmhnull-nam-Prat, gu ruig an leth-bhodach a bhuidhinn e air son " Brògan a' ghiollain Ilich " aithris.

"A leth-bhurraidh gun tùr ; cuin a dh' fhàsas tu glic," fhreagair ise," cheannaich thu bho Dhòmhnull-nam-Prat do bhrògan fhéin, a dh' fhàg Para mòr Greusaiche a' cheart latha sin.

O leth na truaighe " fhreagair Fear-an-tighe, " cha téid mi 'n eaglais an diugh ! "

DARNA BEAN PHARA NA SLUASAID.

Mu'n àm so an uiridh chaidh mi chur seachad na Nollaig, le m' charaid am Maighstir-sgoil a tha 'sa Chill-àlainn—a dh' innseadh na firinn 'se fhein is duine agus is dithis 's an sgireachd—'se is cleireach Seisein, fear-ciùil na h-eaglais, cho math ri dreuchd no dhà eile nach ruigear a leas ainmeachadh. Nuair a rainig mi co bha air thoiseach orm ach Seumas Mac Cuithein, lighiche òg a mhuinntir an Eilein Sgitheanaich, a bha, mar bha mi fein, air aoidheachd leis a' Mhaighstir-sgoil, agus mur eil mi air mo mhealladh, 'na leannan aig Beathag, a tha cumail tighe le a bràthair.

Air feasgar a bha sin bha sinn gu seasgair blàth 'nar cròilean mu'n teine, ged a bha, mar thuirt am bàrd—

"An oidhche nis air fàs ro shalach,
Bhrùchd na tuiltean troimh na gleannaibh,
Fhreagair creag is beinn le farum
Fuaim na gailleann air an raon."

Eadar dhà naidheachd chuala sinn Beathag a' bruidhinn ri cuideigin aig an dorus agus 'gan cuireadh tighinn a stigh.

Chuir Beathag a ceann a stigh air dorus an t-seòmair agus arsa ise ris a' Mhaighstir-sgoil—"A Dhòmhnuill, so agad Para na h-eaglais aig an dorus 's toil aige bruidhinn riut leat fhein."

"Càirich a nuas an so e," arsa Dòmhnull, agus a' tionn-dadh rium fhéin 's ri m' charaid, arsa esan—"Tha fhios agam gasda de chuir an so an nochd e. Chaill Pàruig a bhean o chionn còrr is bliadhna, 's tha dà bhantraich air a luirg, is theagamh gu'n do rinn e suas té dhiubh phosadh, 's bithidh e tadhal mu na 'gairmean'—mur eil mise air mo mhealladh gheabh sinn sgeul ait."

"Thig a stigh a Phàruig," arsa esan 'se tionndadh ris an fhear a bha 'san dorus, "'s gheabh thu do Nollaig. Ciod air an t-saoghal a chuir a mach thu a leithid so de dh' oidhche?"

"Mata cha 'n ann a thoirt droch fhreagairt oirbh a tha mi," arsa Pàruig, "ach chuir an rud a chuir an earb air an loch—an éiginn—direach an éiginn a dh' innseadh na firinn, an cead na cuideachd, thuit faradh nan cearc, an cac 's na h-iteagan orm—tha gnothaichean air tighinn gu aona-cheann—tha 'n taoim air dol thar nan tobhtachan, agus thainig mi chur mo chomhairle ruibh fein, ma bheir sibh cothrom dhomh; 's duilich leam dragh a chur oirbh is cuideachd leibh."

" Gheabh thu mo chomhairle, a Phàruig, ach so dhuit so an toiseach," arsa am Maighstir-sgoil. " So dhuit do Nollaig, is feumail thu air deur beag ad' shealbhan 's an oidhche cho fuar ; suidh a suas ris an teine 's nuair a ghabhas tu blàthas gheabh sinn do sgeul—cha 'n eil a so ach dà charaid dhomhsa, tha iad le chéile cho Gaidhealach ri gas fraoich, 's mar sin cha bhi sinn a cosd Beurla orra."

Chuir mi fhéin agus Seumas Mac Cuithein fàilte air a' bhodachan. Dh' òl e làn na cuaiche 's chuir sud blàthas air, agus thòisich a theanga air gluasad.

" Bha toil agam," arsa esan, 's e tionndadh ris a' Mhaigh-stir-sgoil " ar comhairle ghabhail mu 'n chùil-chumhainn anns a bheil mi an dràsd, oir cha robh duine riamh air a chur chuige mar a tha mise."

" Nach eil fhios agadsa a Phàruig," arsa am Maighstir-sgoil

" Gur lionar trioblaid agus teinn
Thig air an fhìrean chòir ? "

" Tha glé mhath," fhreagair Pàruig, " agus air feadhainn nach bi 'n am fìreanaibh idir."

" So so, a Phàruig, thoir dhuinn do sgeul," arsa am Maighstir-sgoil, " cho luath 's dh' fhaodas tu, mur eil mise air mo mhealladh tha boireannach aig bun a' ghnothaich."

" Tha le'r cead, a dhà dhiubh, ach leigibh-se leam agus gheabh sibh mo sgeul o bhun gu bàrr. Nuair a chaochail Mòrag agamsa, a bhliadhna an Fhoghair so chaidh, bha mi gun mhath, gun fheum, dìreach mar eun aig am biodh sgiath bhriste, am uallach dhomh fhéin 's gun mi faicinn ciod am feum dhomh bhi beo. Bha so nàdurra gu leòir, oir 's e boireannach deanadach glic, pongail a bh' ann am Mòraig—a cuid de Phàrras dhi! Cha 'n fhaigh mise a leithid ri m' bhèo ! Nuair a bha mi anns an t-suidheachadh so, 's gun fhios agam co dhiùbh bha mi beò no marbh— có a thòisich air tighinn 'gam fhaicinn ach bantrach ruadh an t-seicleir a tha 's an ath chroit rium. Mheas mi 'na

choibhneas i thighinn a dh' fheòraich cia mar a bha dol
dhomh. An sin thigeadh i 'sa mhadainn 's dheanadh i
mo leaba, 's chuireadh i àird air an tigh, chàireadh i mo
stocainean 's dh' fhuaghaileadh i putan air mo bhriogais.
Ma bha mhadainn fuar thigeadh i le cuach bhrochain am
ionnsaidh fhad 'sa bhiodh mo theine fein a' lasadh. Bha
i fuathasach coibhneil, coimhearsnachail. Latha bha sin
thuit dhi tighinn a stigh 's mi losgadh mo chorragan a'
pùradh poite buntàta. "A!" arsa ise, "a Phàruig, cha
bhi thu ceart gus am faigh thu boireannach còir coibhneil
an àite na te nach maireann, agus bheirinn comhairle ort
a bhi air air d' fhaicill o na guanagan chaileag tha dol
mu'n cuairt—gòragan aotrom gun seadh gun chiall—
amhairc mu'n cuairt ort, 's cha ruig thu leas dol fada o d'
dhorus féin air son boireannach stéidheil mu dheich bliadhna
fichead—mu 'm aois fhéin a Phàruig—te a chunnaic obair
tighe 's do 'n aithne fear a stiùradh."

" Thug mi taing is buidheachas do 'n bhoireannach air
son a deadh chomhairle agus gheall mi dhi smaointeachadh
mu'n chùis. A dh' innseadh na firinn dhuibh bha mi meas
gu'n robh e fior choibhneil dhi a bhi ag amharc as mo
dhéidh fhein 's as deidh mo thighe gun sireadh gun iarraidh.
Latha bha sin bha mi cnuasachadh na comhairle a thug
bantrach an t-seicleir orm, is có a thàinig a stigh ach ban-
trach bhras an tàilleir chrùbaich á Baile-nan-clach, a thuit
a bhi dol seachad 'san am, 's thadhail i, mar thuirt i fhein
a dh' fhaicinn cia mar a bha dol dhomh o'n a chaochail
Mòrag—'s ghuil i gu goirt air son na té nach maireann.
Nuair a thainig i chuige arsa ise, " Bhithinn a nuas 'gad
fhaicinn roimhe so, a Phàruig ach bha sùil agam d' fhaicinn
shuas o chionn còrr agus mìos. Nach do dh'innis Seònaid
chlaon dhuit gu'n robh mi 'gad iarraidh a suas Oidhche
Shamhna." "A Pharuig," arsa ise, " 'si 'g amharc orm
ann an clàr an aodainn, bu mhath leam t'fhaicinn a' togail
ris a nis, rinn thu caoidh air son Mòraig ùine chuimseach—

trì miosan na 's fhaide na bha mise caoidh an tàilleir—gu'n teagamh dh' fhaodainn-se caoidh mios no dha na b' fhaide mur a bhith gu'n robh piseagan aig a' chat ann am bhoineid dhuibh—'s chuir sin crìoch air mo thuireadh."

" 'Ille," arsa ise, 'si toirt purradh dhomh anns na h-aiseannan le a h-uilinn, "am bheil fhios agad có 'n t-aodann a chunnaic mi anns an sgàthan Oidhche Shamhna nuair sheall mi thar mo ghualainn chlì? " Chaog i rium 's ghabh i mach.

"Am bheil fhios agaibh air a so, cha 'n eil fhios agam ciamar, no car son, ach thòisich m' inntinn air togail o'n là a bhruidhinn bantrach an tàilleir rium, 's bha mi gabhail mo ghreim bidh na b' fheàrr.

"Cha b' fhada bha bantrach an t-seicleir a' toirt an aire dha so, agus bha i 'm beachd gu'n robh so ag éirigh o bhi leanailt a comhairle chàirdeil, agus ag gabhail a brochain."

"Is taitneach," arsa mise, "coimhearsnaich chàirdeil choibhneil a bhi aig daoine."

"Tha amharus agam a nis ciamar a tha cùisean ri ruith," arsa am Maighstir-sgoil, "greas gu ceann do sgeòil 'sam faic sinn co té de na bantraichean a bhuidhinneas an réis, a Phàruig."

"Bhuidhinn," arsa Paruig, "bhuidhinn iad le chéile ann an dòigh ach ann an dòigh eile cha do rinn a h-aon dhiùbh móran deth, ach tha móran agam ri innseadh fhathast mu 'n ruig mi deireadh mo sgeòil. Ach a thilleadh gu m' naidheachd. Bha mo bhriogaisean-caithe air an càireadh cho tric nach robh fhios agam fhéin ach gann ciod a bu dhath dhaibh an toiseach, agus latha bha sin arsa bantrach an t-seicleir 'si ag amharc orra, ' cha ghabh na briogaisean càireadh tuille—cha 'n eil iad coltach ri duine deanadach 'sam bith, gun tighinn air Maor eaglais. Tha paidhir agam shios 'san tigh a bh' aig an t-seicleir, cha robh iad air léth-dusan uair riamh, agus tha fhios agam gu'm freagair iad dhuit." Thug i nìos iad an ath latha 's dh'fhàg i agam iad. Bha sin air Di-h-aoine. Air Di-dòmhnaich co rinn a suas rium fhéin air an rathad dhachaidh ach bantrach bhras an tàilleir chrùbaich, agus arsa ise 'tha ad agam shuas a sud a bh' aig an tàillear, 's tha fhios agam gu'm freagair i dhuit, cho math ris a' chota ghorm leis na putain bhuidhe, 'se do bheatha 'gan ionnsaidh. Thig a nios feasgar an ath-oidhch' agus feuch ort iad.' Arsa mise rium fhéin tha 'm Freasdal a' cur orm, agus o nach robh toil agam dol an aghaidh toil an Fhreasdail, a suas ghabh mi aig ciaradh an fheasgair agus thill mi dhachaidh leis a' chòta ghorm 'nam achlais, agus an ad air mo cheann. Tha 'n ad rudan beag tuille is mor air mo shon, thig i nuas thar mo chluasan corr uair, bha ceann fuathasach air an tàillear, fhuair e bàs le uisge 'sa cheann. Bha mi moiteil as an aid, oir chitheadh tu t'fhaileas innte ; agus gu sonraichte as a' chòta ghorm 's na putain bhuidhe, agus dé rinn mi ach innseadh do bhantrach an t-seicleir cho coibhneil 'sa bha bantrach an tàilleir, agus chuir mi orm iad 'gan leigeil fhaicinn dhi, 's bha mi cho moiteil ri aona bhalachan a fhuair briogais ar son na ceud uaire. Ach fhearaibh 'sa ghaoil, o'n latha sin thoisich mo thrioblaidean. Mu'n tainig crioch air an t-seachdain bha mo thigh air a dhinneadh le àirneis o dhorus gu anainn, cho làn ri aon sgeap-sheillean a chunnaic sibh riamh, oir thug bantrach an t-seicleir an aire gu'n robh cas ghoirid air a' bhord 's cha'n fhòghnadh leatha ach gu'n tugadh i stigh a bòrd fhéin. Leis a' bhòrd thug i stigh sè cathraichean—cathair mhor da laimh, cathair bheag leinibh, agus chàirich i air an ùrlar iad. An sin shuidh i aig taobh an teine agus arsa ise 'Nach grinn tha iad a' freagairt an tighe—'s ann a shaoileadh tu gu'n robh iad air an deanamh air son an tighe so.'

"Theagabh gu'n robh," arsa mise gu neo-chiontach, 's gun mi breathnachadh ciod a bha 'na h-inntinn-sa, 's air falbh ghabh i 's i gogadaich coltach ri circ an déidh éirigh bharr a nid.

'Na dhéidh sin cha robh latha nach robh ball àirneis
ùr a' tighinn a stigh do 'm thigh—aodach leapa aon latha,
poit latha eile, cuinneag an diugh is meadar am màireach
gus mu dheireadh an gann a dh' fhàg i stop airneis 'na tigh
fein. Tha e coltach gu'n cuala bantrach bhras an tailleir
mu chùisean, oir thoisich ise agus rinn i cheart leithid ri
ceann eile an tighe—lion i an seòmar làn chathraichean is
gach ni dà réir. Arsa ise, " chunnaic mi ann am bruadar
na thug orm so a dheanamh agus cha bhi thu ach a' dol
calg dhìreach an aghaidh an Fhreasdail ma dhiùltas tu
uiread agus aon chathair. Bha mi féineil gus a nis ach
chuala mi guth ag ràdh c'ar son a bhiodh tusa ad' shuidhe
air cathraichean grinn socrach nuair a tha 'n duine air
am bheil thu 'n geall 'na shuidhe air bòrd lom cruaidh."

" Tha mo thigh cho làn airneis gur gann a gheabh mi
dol a laighe, ach 'se mo bharail gu'm feum cartadh mor a
bhi ann oir a dh' innseadh no firinn thàinig mise an so a
nochd a chur a stigh nan gairmean."

"An e gu'm bheil thu dol a phòsadh na dithis ? " arsa
am Maighstir-sgoil.

" Is mi nach eil," arsa Pàruig—" 'se mo bheachd nach
pòs mi h-aon de 'n dithist, ach cha 'n eil am bonnach beag
bruidh fhathast, cha do ràinig mi deireadh mo sgeòil fhathast.
Nuair a bha mi air mo theannachadh 's air mo chuartachadh
leis an dà bhantraich 'se bha am inntinn gu'm faotainn na bu
mhiosa dheanamh na te dhiubh a phòsadh, ach bha fhios
agam na 'n deanainn so gu'm biodh an te eile air an dearg
chuthach, 'san rùn na biodaig rium ri m' bheò, 's mar so
ghiùlain mi leotha. Dh' innis bantrach ruadh an t-seicleir
dhomh gu'n robh a h-uile duine 'san sgìreachd a faicinn
gun robh bantrach an tàilleir a' bristeadh a casan as
mo dhéidh, ach arsa ise ' cha bhiodh tu duilich a thoil-
eachadh na 'n gabhadh tu té a chuir a fear do 'n uaigh le
struighealas—cha 'n eil do dh' òr 'san rioghachd na chumadh
rithe—agus bha a cheart naidheachd aig bantraich bhrais

an tailleir mu bhantraich an t-seicleir ach a mhain so, gu'n do chuir ise bàs a fear leis a chruas. Feasgar a bha sin thuirt mise rium fhéin, cha dean so an ghnothach, feumaidh, mi cead mo choise bhi agam 'nam thigh fhéin, theid mi suas 's gabhaidh mi comhairle a' mhinisteir. Chaidh mi thun dorus tighe a mhinisteir 's cò dh' fhosgail e ach an t-searbhanta, Ceit Raonaill.

" Thig a stigh a Phàruig," arsa Ceit, " tha an oidhche fuar ach tha teine math agam 'sa cheann so de'n tigh, tha cuideigin leis a mhinisteir an dràsd."

Nis 'se caile bhlàth-chridheach a th'ann an Ceit Raonaill agus tha facal aoidheil aice daonnan ri ràdh rium 'san dol seachad, ged nach rachadh-mid riamh ro dhàna air a chèile —agus chaidh mi stigh leatha, shuidh sinn is thoisich sinn ri conaltradh.

" Suidh a stigh thun an teine a Phàruig," arsa Ceit, " tha 'n oidhche fuar." Shuidh mi fhéin a stigh."

" Is ciamar a tha thu nochd ? " arsa ise gu cridheil, caoibhneil.

" Tha mise gu h-eibhinn " arsa mise, " ciamar tha thu fhéin ? "

" Math gu leòir am shlàinte," arsa ise, " ach air mo chlaoidh ann am spiorad, agus tha mi na's miosa nuair thig an t-anmoch mar so oir tha eagal orm roimh na bòcain. Suidh na's dlùithe orm a laochain 's mi fo uamhas."

" Suidh thusa na's dlùithe ormsa," arsa mise, " is thig e gus an aona chuid." Shuidh Ceit teann orm fhéin. " Uist," a Phàruig arsa ise—'si 'g amharc an taobh a bha 'n uinneag.

" Cha d'thuirt mise facal," arsa mise.

"Ach nach cuala tu rud-eigin ? " arsa ise 's i tarraing a cathair teann ri m' thé-sa.

" Cha chuala mise ni ach plosgail mo chridhe," arsa mise,

"O mise!" arsa Ceit, "théid mi cearr 'san inntinn! cuir do làmh mu 'n cuairt orm a laochain." Chuir mi fhéin mo lamh mu timchioll.

"Cum teann mi a Phàruig, air neò theid mi seachad," arsa ise. Chum mise teann rium i le m' uile neart.

"O, a Phàruig," arsa ise, "cha chuireadh na bòcain iomagain orm na 'n robh thusa daonnan ri m' thaobh, ach cum teann mi gus am faigh mi thairis air an eagal so."

Chum mi cho teann ri m' thaobh i nach eil fhios agam ciamar nach do bhrist mi a h-aisnean. Bha sinn 'nar suidhe mar so car tacan mu choinneamh an teine nuair thuit dhomh fhéin sùil a thoirt mu 'n cuairt is co a bh' air ar cùlaobh a' faicinn 's a' cluinntinn na bha dol, ach am ministeir 'sa bhean.

"Tha mi toilichte gu'n d'thàinig sibh," arsa mise, "oir cha 'n eil Ceit ach bochd."

"Tha mise toilichte gu'n d'thàinig mi cuideachd," arsa am ministeir glé ghobach. "Bha amharus agam gu'n robh a' chluicheanachd so a' dol air aghaidh; ach chunnaic mi air" mo shon fhéin e nis. Rach thusa dhachaidh a Phàruig," arsa esan, "agus ma bhios gairmean pòsaidh eadar thu féin is Ceit a stigh roimh Dhi-dòmhnaich so tighinn cha bhi 'n còrr mu 'n ghnothach, ach mur bi, bithidh tu fhéin agus ise mu choinneamh an t-seisein."

"Air m' fhacal cha b' urrainn domh facal a ràdh as mo leth fhéin agus shèap mi mach gu simplidh—coltach ri fear a gheabhadh buille 's an t-sròin. Sin agaibh a nis mo sgeul agus thàinig mi an so a nochd a chur a stigh nan gairmean. Dé bhur barail?"

Chuir am Maighstir-sgoil mu'n cuairt a' chuach 's dh'òl sin uile deoch-slàinte bean-na-bainnse, 's chaidh Pàruig dhachaidh a bhruadar air a' bhanais. Chuala mi gu'n deachaidh am pòsadh oidhche na Bliadhn'-ùire."

Theagamh gu'm bu mhath leibh a chluinntinn ciamar a ghabh an dà bhantrach ris a' phòsadh.

Dh' innis am Maighstir-sgoil sin dhomh cuideachd ann an litir a bh' agam uaith. Tha e coltach nuair a chual iad gu'n robh car ùr an righl' a' bhodaich, gu'n d' thàinig bantrach bhras an tailleir a dh' ionnsaidh bantrach ruadh an t-seicleir agus arsa ise " Nach sinn an dà òinnseach ? De tha sinn dol a dheanamh mu 'n àirneis 's an t-aodach leapa a thug sinn do Phara na h-eaglais ? " " Cha 'n eil fhios agam de tha thusa dol a dheanamh," arsa bean an t-seicleir, " ach tha fhios agam de rinn mise. Chaidh mi Di-luain nuair a bha am bodach mosach a mach agus thug mi leam a h-uile ball airneis is rud eile a thug mi dhà." " Rinn thu sin gu gleusda " arsa bantrach an tailleir, " ach tha thusa aig làimh ; cuiridh mise litir a dh' ionnsaidh Phàruig e a chur dhachaidh na fhuair e uam-sa." Tha e coltach gu'n do rinn e so. 'S mur do shiubhail iad o sin tha iad beò fhathast.

A HIGHLAND SETTING OF THE PRODIGAL SON.

RETOLD BY " FIONN."

[A good many years ago, when acquiring some proficiency in writing Gaelic, I used to go on cèilidh to the house of an aged Islayman in Glasgow, called Neil MacTaggart, who had a fund of Islay folk-lore, some of which I was able to write down from his recital. I remember well when he used a word regarding the correct spelling of which we were both in doubt, he would remark, " fàg bealach air a shon, gus an amais mise air an fhacal anns a' Bhìobull ; ma 's math mo bheachd 's e an t-Abstol Pòl a ghnàthaich e." He had no Gaelic Dictionary and no Concordance, but such was his knowledge of the Gaelic scriptures that he discovered the desired word with but little trouble.   Sometimes, after searching in the Epistles of St. Paul, he would give up the task and turn to the Gospels, where, on his efforts being crowned with success, he used to remark, "Shaoil leam gu'm b 'e Pòl a ghnàthaich e—tha e glé choltach ri facal a bhiodh aige—ach 's e Peadar a chuir gu buil e," after which I would fill up the "bealach" or gap left for the desired word.   One evening, sitting by Neil's fireside taking down a "sgeulachd," I observed that a few Gaelic-speaking friends came in and quietly took their seats.   I prepared to come away, but he told me to remain, as he expected Duncan Macintyre, a true son of Islay, to hold a Gaelic "Kitchen-meeting," adding as an inducement for me to remain—"Tha Donnachadh bochd laghach, agus roghadh na Gàidhlig aige."   I knew Duncan by sight, but had never heard him discourse, so I decided to remain.   However, the hour came but not the man, something having detained him ; but in order not to send those who had assembled empty away, old Neil gave out a Gaelic Psalm, which we sung to "Kilmarnock." Thereafter "le cead na cuideachd" he took down from a shelf a well-thumbed copy of "Leabhar nan Cnoc" bound in native calf-skin, and from it he read with great pathos the affecting story of "Màiri a' Ghlinne"—among the sobs of the women present.   He then repeated the Lord's Prayer and concluded the service by singing two verses of Psalm ciii.   About a week later I was present when old Duncan came to hold a meeting.   He was profuse in apologies for his absence the previous week, having been detained at the bedside of a Highlander at the Infirmary.   Duncan, I may say, was a Baptist ; he had been at College, and had such a love for Latin that he attended the Humanity Class at Glasgow University for fourteen sessions, a fact which gained him the facetious designation of "The Professor." He was a kind, quiet, and earnest Christian.   He died in his native parish a few years ago. He was no " higher critic," but he liked to bring Scripture truths home by presenting them in modern garb, and therefore he had no hesitation in making the music provided for the feast in honour of the Prodigal's return that of the bagpipes. His exposition of the parable of the Prodigal Son made such an impression upon me by its originality that I am sure that in what follows I have done but little violence to Duncan's discourse. Having read the chapter containing the parable, he closed the Book and proceeded as follows.]

Is e a th' againn ann an so eachdraidh seann duine còir a chaidh a shàrachadh le peasan mic—am mac a b' òige. A chàirdean nach tric a chaidh am mac a b' òige a mhilleadh! Bha a bhràthair a réir na h-eachraidh th' againn 'na ghille còir, gleusda, math gu obair. Is e bu sgalag aig athair mu'n àm so; 's nuair a bha esan ris an treabhadh bha a bhràthair ri lunndaireachd 's ri leisg, 's cha 'n iarradh e na b' fheàrr na bhi aig bainnsean, no faidh-richean, 's cha robh ropainn 's an sgireachd ceart mur robh eaan an sin. Bha a chompanaich, mar bu dual, glé choltach ris fhéin. Theireadh na sgaoimearan so ris " na'n d'fhuair thusa do chuid féin 's tu bhiodh sona dheth. Bu chòir dhuit an saoghal fhaicinn. Cha bhi 'nad bhràthair ach an t-airean r'a bheò." Latha bha sin bha athair 'ga smàdadh air son a leisg, agus cho toigheach 'sa bha e air cuideachd, nuair a thionndaidh e gu gobach miobhail air a' bhodach agus arsa esan—" Tha sibh daonnan a' talach air m' obair, mur am bheil sibh toilichte thugaibh dhomhsa mo chuid fhéin 's leigibh cead mo choise dhomh." 'Se mo bheachd gu'n robh an seann duine car socharach 'na dhòigh, agus chuir dalmachd a mhic 'na bhreislich e, agus dé rinn e ach dol d'a chiste agus chunnt e sgillinn mu seach do 'n mhac a b' òige agus d'a bhràthair. Chuir e cuid a bhràthar a bu shìne air ais ann an seotal na ciste agus shìn e a chuid féin do 'n fhear a b' òige. Chuir mo laochan

sud 'na sporan, chuir e air aodach caomhnaidh, 's gun
bheannachd fhàgail aig duine, thug e chasan ás.   Thug an
làn a bha 'na sgiathan astar math o'n tigh e.   " Tha mise,"
arsa esan, " a nis far nach aithnich duine beò mi, 's coma
ciod, a ni mi.   Is leam fhéin na th' agam, 'se mo chuid
fhéin a th' ann 's nach fhaod mi mo roghainn a dheanamh
leis."   Cha b' esan a' cheud bhurraidh, no idir am fear mu
dheireadh a labhair cho faoin is so.   Cha robh e fada anns
a' bhaile so nuair a dh' amais seòid coltach ris féin air.
Gheabh am fear aig am bheil sporan, 'se fialaidh leis, gu
leoir a ghleidheas a chuideachd.   'Sann a nis a thòisich
e air caitheamh a chuid ann am beatha struidheasaich.
Mo laochan, bu mhath air cùl a' bhotail e, 'se nach sòradh
paigheadh. . B'e 'n gille e cho fad 'sa mhair a chuid, ach
mu dheireadh thall ràinig e grunnd a sporain, 's chaill e
chreideas 'sa chàirdean a dh' aona latha.   Thàinig latha
eile.   Cha 'n e rud a bha an dràsd a dh' fhóghnadh.   Bhuail
an t-acras e.   'Se mo laochan an t-acras.   Bheir e 'n stràic
gu leathad.   Ach mar tha e sgrìobhte, " Cha tug neach
air bith dha."   Faic a nis e.   Am fear a bha tàrmusach
mu bhuntàta is sgadan an dé dh' itheadh e 'm buntàta fuar
gun annlann an diugh, agus taingeil 'fhaotainn.   "Ach
cha tug neach air bith dha."   Seall a nis air mo laochan !
Nach ann air a thàinig an dà latha !   Dh' fhalbh an ad àrd
'sam fainne òir, toll air a bhriogais, 's gun air ach logaisean
bhròg.   Coma leat chuir an t-acras seòrsa toinisg ann.
Chaidh e 'n tòir air obair.   Cha b'e a cheud leisgein a chuir
an t-acras air ghluasad.   Fhuair e obair mu dheireadh—
ghabh e na bhuachaille, ach leth na truaighe ! an àite crodh-
laoigh is aighean 'sann a bh' aige treud mhucan salach,
coirbte.   Faic am burraidh bochd 's aodach 'na stiallan,
an deannaibh nam bonn as déidh nam muc 's iad an geall
air a bhi 'n arbhar nan clsmhaor 's nam pharasach.   'Nis
'si obair acrach a th' anns a bhuachailleachd.   Obair na
dunaieh !   'S ann agam tha fhios.   Faic am balach so ;

tha'n t-acras 'g a tholladh, agus cha 'n eil am brochan ann.
Tha e coltach nach d' amais air ach fior dhroch bhana-
mhaighstir—Gortag nam plaosg. Is tric a thachair so do
dh' fhear a b' fheàrr na e ! Cha robh aig a ghiollan bhochd
ach cromadh ris na rùisg a bha measg biadh nam muc—
fuighleach nam brùidean salach, an déidh dhaibh a lobairt
anns an troch. Nach ann air a thàinig !

Latha bha sin an deidh dha na mucan a bhiathadh
bha iad sàmhach car tacan. Shuidh mo laochan bochd
air cnoc agus thoisich e ri smaoineachadh, agus mar bu
dùth 's nar bu dual, thàinig tigh àthar 'na chuimhne.
Arsa esan, " Nach mi an dearg bhurraidh a' dol bàs an so
leis an acras nuair tha gu leòir an tigh m'athar. Nach
sona dheth Dòmhnull ruadh ciobair, Cailean beag, sgalag
m' athar, no Eoghan buachaille. Tha 'm pailteas ri
itheadh aca 's mise an so gun bhiadh gun aodach. Eiridh
mi 's théid mi dhachaidh. Théid mi air mo dhà
ghlùin do m' athair agus their mi ris nach eil annam ach
am burraidh bochd, gu'n robh mi faoin amaideach 's gu'n
do chrein mi gu goirt air a shon, nach eil àite mic a dhìth
orm, gu'm bi mi làn thoilichte le àite seirbheisich ! " An
giollan bochd, Dia 'g a chuideachadh !

Cha robh e fada a' togail air. Thar a' mhonaidh ghabh
e 'na dheann, agus sodan air a' dol dhachaidh ; 's ged a
bha 'n t-astar fada roimhe cha robh e fada 'g a chur as a
dhéidh, agus mu bheul an fheasgair an ath latha thàinig
e 'n sealladh tighe athar.

Thuit gu 'n robh an seann-duine ag gabhail sgrìob mu'n
cuairt na h-aitreabh agus sùil 'gan d'thug e 'se 'na sheasamh
aig osinn na h-iolainne chunnaic e fear 'na chabhaig a'
tearnadh ris a' bhaile. Chuir e a làmh ri bhathais agus ag
amharc gu geur, arsa esan, " mur eil mo shùilean 'g am
mhealladh 'se Donnachadh againne th' ann " ; 's ruith e
'na choinneamh, chuir e dhà làimh m'a mhuinneal agus
phog 'se e—lorach, lom, rùisgte ged a bha 'm balach.

'Sann an sin a bha 'n othail 's an ùpraid—daoine an rathad a cheile a' freasdal do'n fhògarach so. Chuir iad deise ùr air, o bhoineid gu bhrògan, mharbh iad an laogh breac biadhta, 's chuir iad féisd air bonn 's chaidh fios a chur air piobaire. Fhad 'sa bha so a' dol air aghaidh bha am mac a bu shine a mach 'san achadh, gun fhios, gun fhoirbhis aige air na thachair. Bha e fuasgladh na siesrich as a' chrann aig ceann an iomaire nuair chual e sgal na pìoba. Bhioraich e 'chluasan.

"Dé so, dé so?" arsa esan ris fhéin, "co tha dol a phòsadh?" 's rinn e fead-ghlaic air a' bhalach bhuachaille. "Dé 'n hó-ro gheallaidh," arsa esan "tha mu 'n tigh an diugh, Eóghain?" "Nach cuala tu gu'n do thill Donnachadh?" "Thill Donnachadh, 's dé ged thill! Ciod an dreach a bh'air?" "Loireach, lom, rùisgte— cha robh snicean air—'s ann air a bha neul an acrais." "Seadh, is ciod a thuirt m'athair ris, an do ghabh e 'm bata dha?" "D' athair! ruith e 'na choinneamh 's phòg 'se e; chuir e do dheise chaomhnaidh air, mharbh iad an laogh breac, tha féisd air bonn 's tha 'm Pìobaire Cam an déidh tighinn. Nach eil thu dol a stigh?" "Gu dearbh 's mi nach eil. 'Sann agam a bhiodh an droch obair. Féisd air sgàth sgaoimire gun tùr—dh' eisd mi riamh gus a so!"

Anns a' bhruidhinn a bh' ann thàinig Stròdhail mór e féin am mach dh' fheuch an cuireadh e impidh air dol a stigh, nì nach robh soirbh. Dh' fheuch e ri 'chnìodachadh ach bha mo laochan cho crosda ris a' chonusg agus thuirt e gu ladarna r'a athair—"Tha mise a' deanamh seirbheis dhuibh o bhliadhna gu bliadhna, fliuch no tioram, fuar no teth, am fhuil 's am fhallus, a shamhradh 's a gheamhradh, 's cha do mharbh sibh riamh meann no gobhar dhomh, ach nuair a thainig an t-amadan so dhachaidh—'se gun chliù gun chreideas—cha 'n fhóghnadh ach an laogh breac, biadhta dha." "Tha sin uile fior a laochain," fhreagair an seann duine, "tha thusa daonnan aig an tigh, 's nach e mo chuid-sa do chuid-sa. Thig thusa stigh a dheadh bhalaich 's cha chaill thu air." Fhuair e mu dheireadh a chlàradh a stigh, 's tha e coltach gu'n d' rinn e-fhéin 'sa bhràthair a suas an càirdeas, 's bha iad uile gu subhach sunndach.

Old Duncan then drew the usual lessons from the parable, and concluded by singing that beautiful Gaelic translation of the hymn, " Return, O Wanderer," by the late Archd. MacFadyen, or as Duncan called him, " Gilleasbuig na h-Uamh," which is as follows :—

PILL DHACHAIDH.

Pill dhachaidh, pill O ànraich fhaoin,
    Tha d' Athair caomh 'ga d' ghairm ;
Na buanaich air do shìlghe chlaoin
    Ag itheadh phlaosg gun tairbh :
        O pill, O pill.

Pill dhachaidh, pill O ànraich fhaoin,
    'S e guth d' Fhir-shaoraidh th' ann ;
Cluinn Céile 'n Uain 's an Spiorad Naomh,
    'S gu baile-dìdein teann :
        O pill, O pill.

Pill dhachaidh, pill O ànraich thruaigh,
    'S e 'n cuthach cruaidh dhuit dàil ;
Cha 'n fhaighear aithreachas 's an uaigh,
    'S neo-bhuan tha là nan gràs :
        O pill, O pill.

DEOCH GUN BHRIGH GUN BHLAS.

Is fhada o'n chuala sinn an t-oran :—

" Tha buaidh air an uisge bheatha,
Tha buaidh air 's cha chòir a chleith,
Tha buaidh air an uisge bheatha,
'S gur ro-mhath teth is fuar e."

Bha am foirfeach·bàn de'n cheart bheachd, ged nach
fhaca duine riamh e 's barrachd aige 's a bha math dha.
Cha robh uair a rachadh e do thigh a' mhinisteir a shoc-
rachadh chùisean na h-Eaglais nach tugadh am ministeir
gloinne math dha, is cha d'òl am foirfeach riamh làn gloinne
gun altachadh a dheanamh, mar gu'm biodh e faotainn làn
thràth.   Bliadhna bha sin bha ùpraid mhór am measg
sluaigh mu stuamachd, agus air do'n mhinisteir mhór dol
do Dhùn-Eideann gus an Ard-Sheanadh, nach do chuir
iad impidh air e fhéin a cheangal ri Comunn na Stuamachd.
Tha mi creidsinn gu'n do ghiùlain eun beag an naidheachd
so do'n sgìreachd mu'n do thill am minister.   Co-dhiubh,
làtha no dhà an déidh dha tilleadh dhachaidh, chaidh am
foirfeach ban, mu bheul an fheasgair, a thadhal air a'
mhinisteir mar bu ghnàth leis, a dh' fhaotainn sgeul an
Ard-Sheanaidh.

Chuir am ministeir fàilte chridheil air agus dh' iarr e
air suidhe, agus chaidh e mar a b' àbhaist dha do 'n chùilidh
bhig a bh' ann an oisinn an t-seòmair, ach an àite botul
dubh is gloinne beag a thoirt a mach 's ann a chlisg am
foirfeach bàn nuair a chual e fuaim mar gu 'm biodh urchair
gunna ann, agus a shìn am ministeir dha gloinne mór a
chumadh leth-bhodach 's é cur thairis le còbhragach, ag
radh,—" So a Dhòmhnuill, òl sin gu 'n anail, air neò caillidh
e bhrìgh 'sa bhlas."   Ghlac Dòmhnull 'na làimh e, ach mu'n
do chuir e r'a cheann e thuirt esan gu tàmailteach ris a'
mhinisteir—" Mo mhallachd air an deoch nach seas ris a'

bheannachadh." Cha deachaidh an còrr a ràdh aig an àm
—thuig iad a chéile ; 's tha iad ag ràdh—ged is iomadh rud
a bhitheas iad ag ràdh nach eil fìor—ged a chum am
ministeir bòidean na Stuamachd mar bu dùth dha, nach
do thairg e riamh 'na dhéidh deoch-chóbhragaich do Dhòmh-
null, gu'n robh daonnan deur beag 'sa bhotul dhubh a'
feitheamh air nuair a ruigeadh e am ministeir.

Tha iad le chéile 'nan laighe 'sa Chill-àlainn an diugh.
An cuid de Phàrras dhaibh ! 'S ann a' tilleadh o'n chill as
déidh tiodhlacaidh an fhoirfich bhàin a dh' innis an gobhainn
an naidheachd dhomh, agus arsa esan "ged a dh' innis an
foirfeach bàn dhòmhsa an naidheachd ghuidh e orm a cumail
dhomh fhéin, ach arsa esan—"A ghobhainn eadaruinn
fhéin, is beag ormsa an deoch a dh' fheumas tu òl mar
gu 'm biodh purgaid-thilgidh agad."

EOGHAN RUADH AIG A' MHOD.

An Gleann Domhain, 5/10/08.

Fhir mo chridhe—

Nach d'fhuair mise dhachaidh, agus tha mi a'
cur m' aonta ris an t-seanfhacal—" Na trì rudan is mìlse
th'ann—mo chuid fhéin, mo bhean fhéin is tiugainn
dachaidh " ; is bithidh latha 's bliadhna mu'n téid mise
air an turas cheudna a rithist, is creid thusa mise. Thar
leam gu'm bheil mi 'gad chluinntinn a' feòraich—Ciod an
truaigh an turas baothail air an robh Eóghan Ruadh nuair
tha e cho taingeil faotainn dachaidh ? Is coma sin, ach
cluinnidh tu mo ghearan oir, mar a thuirt Dòmhnull Raon-
aill e, nuair a bha iad 'ga chur as a' chroit a bh'aig a dhaoine
bho linn gu linn—" Có ris a ni mi mo ghearan 's gun Mac-
Mhic-Ailein am Mùideart ? " Ach tha thusa aig làimh is ni

mi mo ghearan riut. Ach tha thu feòraich—C'àite idir an
robh Eóghan Ruadh ? Cha'n ann a' toirt droch fhreagairt
ort a tha mi ; ach tha cuimhn' agad air an ràdh—"An ni
chuir na maoir a dh' ifrinn, farraid an ni a b'fheàrr a b'
aithne dhaibh."

Nis, ma bheir thu éisdeachd dhomh, bheir mi dhuit
mo naidheachd, eachdraidh mo thurais, oir " cha'n ann a
h-uile latha theid Mac Nèill air each," is idir cha 'n ann a
h-uile latha no bliadhna a chuireas Eóghan Ruadh a suas
am breacan uaine 's a bhoineid leathan.

Mach robh mise aig a' Mhòd am Baile-Bhóid ! Sin
agad sin, is tuigidh tu fhéin an còrr ; ach o na gheall mi e,
's fheàrr dhomh tòiseachadh aig an toiseach—oir mar a
bha am fear eile 'g ràdh 'san òran—

> " Is mithich dhòmhsa tòiseachadh
> Is mòran chur an céill."

Faodaidh mi ràdh 'san dol seachad gu'n do rinn Màiri
suas a h-inntinn Glaschu fhaicinn am bliadhna ; is nuair
a ni na mnathan a suas an inntinn 's e an gliocas dhuit-sa
is dhòmhsa a bhi sàmhach—"An toil féin do na h-uile, 's
an toil uile do na mnathan." Bho chionn dà mhios thuirt
Màiri rium fhéin feasgar a bha sin—am feasgar a reic mi
an damh donn ris an t-Sasunnach—'s i faicinn gu'n robh
gean math orm, " Chi mi," arsa ise, " gu'm bheil ullachadh
mòr 'ga dheanamh air son a' Mhòid Ghàidhealaich a tha
ri bhi am Baile-Bhóid, mu dheireadh an Fhoghair ; 's ann
'san t-seana chaisteal a tha e ri bhi."

" Chi mi sin," arsa mise, " is fhada o nach robh anail
bheò ach na radain anns an t-sean fhàrdaich sin."

" Bu ghlé mhath leam fhéin Mòd fhaicinn," arsa ise,
" agus, air do shon-sa a tha cho toigheach air ceòl bheireadh
e sìneadh saoghail dhuit roghadh is taghadh nan òran a
chluinntinn air an seinn le sàr luchd-ciùil."

" Cha 'n eil teagamh air a sin, a Mhàiri," arsa mise,
" ach is lìonmhor ceum tha eadar an Gleann-domhain is
Baile-Bhóid, gun ghuth air àth is aiseag."

" Bha e mar sin an linn do sheanar," arsa ise, " ach
an diugh gheabh thu an t-each-iarainn o'n dorus gu Glaschu ;
as a sin bheir bàta-na-smùid thu do Bhaile-Bhóid an tiota ;
tha mi fhéin eòlach ' shios an t-uisge,' mar theireadh iad
ris ; nuair a bha mi aig seirbheis bha sinn am Baile-Bhóid
fad mìos."

" Chi sinn, mar thuirt an dall e," arsa mise 's gun toil
agam géilleachdainn ro fharasda ; ged a bha déidh mhòr
agam fhéin air Mòd fhaicinn.   Mar a thuigeas tu, tha cluas-
chiùil mhath agam agus guth nach olc, ged is mi fhéin tha
'ga ràdh ; bha m' athair, 's mo sheanair math air ceòl—
fear dhiubh 'na phìobaire is fear 'na fhidhleir, is tha mi
féin a' togail nan Salm anns an Eaglais o na bha mi bliadhn'-
air-fhichead.

Cha d'thuirt Màiri co dhiùbh ; ach bha seòrsa breath-
machaidh agam nach cuala mi 'm facal mu dheireadh mu'n
Mhòd.

Tha piuthar aig Màiri pòsda an Glaschu air Seumas
Dhòmhnuill Theàrlaich a tha 'na chléireach aig fear-lagha.

Trì no ceithir a làithean an déidh a' chòmhraidh a bh'
agam fhéin is Mairi mu'n Mhòd, thàinig litir mhór ghorm
leis a' phosta, is plàsda de chéir dheirg oirre cho mòr ri
slige eisirein.   Shìn Màiri an litir dhomh fhéin, 's mo làmh
air chrith leis an eagal, 's am fallus a' brùchdadh orm.
" Thàinig so mu dheireadh," arsa mise.   " Cuiridh mi
geall gur ann mu'n bhànaig a ghlac mi an tanalach na
h-aibhne, le m' làmhan, air an t-seachdain so chaidh, a
tha 'n litir reamhar so."

" Fosgail i is chi thu," arsa Màiri 's gun i 'ga cur féin
móran mu'n cuairt.   Bhrist mi féin a' chéir, is ciod a bh'
agam ach leabhar a bha toirt cunntais air na bha ri bhi air
thoirt air lom aig a' Mhòd, agus 'na chois cuireadh cridheil

bho ar càirdean an Glaschu, seachdain a chur seachad leotha, agus gu'n rachadhmaid uile gus a' Mhòd.

" Is feàrr sin na sumanadh mu'n bhànaig," arsa Màiri ; is cha robh feum an còrr a ràdh. Sgrìobh i an oidhche sin fhéin a' toirt taing dhaibhsan a thug an cuireadh seachad, agus ag ràdh gu'n robh nise an geall mo chridhe air a' Mhòd fhaicinn, agus seinn aige cuideachd na'n do thuit dhaibh a bhi gann de luchd-ciùil. Tuigidh tu fhéin na mnathan—an taobh a théid iad, theid iad ann.

Thàinig madainn Di-luain. Chuir Màiri a suas an tonnag uaine 's an gùn tartain, 's chuir mise orm am féileadh preasach 's am breacan uaine, is thog sinn oirnn cho aotrom uallach 's a bha sinn latha ar bainnse ; is cha b'ann an dé a thachair sin.

Ràinig sinn Glaschu mu chiaradh an fheasgair. Thachair Seònaid, piuthar Màiri, oirnn is thug i dhachaidh leatha, sinn. Chuir sinn seachad an ath latha a' faicinn a' bhaile 's an sluagh lìonmhor a th'ann—sruth is saobh-shruth de shluagh air gach taobh de'n t-sràid. Righ gleidh mi ! is mòr is fhiach sàmhchair a' Ghlinn-domhain seach ùpraid is gleadhraich a' bhaile-mhóir. An àm gabhail mu thàmh, thuirt Seònaid " is còir dhuibh a bhi an àm math am màir-each, oir bithidh móran sluaigh a' dol leis a' cheud bhàta a dh'ionnsaidh a' Mhòid."

Rinn sinn a' mhoch-éirigh is nuair a bha sinn air ar ceum a' falbh, arsa Seònaid (is cha chreid ni o dhuine beò nach fhaca mi i a' caogadh ri Seumas) " Is feàrr dhuit, Eóghain, am beagan Beurla th'agad fhàgail agamsa gus an till thu ; cha bhi feum agad oirre, oir cha chluinn thu ach Gàidhlig, Eireannach is Albannach, 'ga spreigeadh thall 's a bhos."

" Nach 'eil cìnnt air sin," arsa Seumas, 's gur e Mòd a' Chomuinn *Ghàidhealaich* a th'ann."

"Tha thu ceart," arsa mise ; " cha'n uallach dhàsan a gheabh na bheil agamsa de Bheurla, co dhiùbh."

Thog sinn oirnn gu ceadha Ghlaschu, agus bha sinn air bòrd air bàta na smùid mu'n robh am bodachan a tha cumail teine ris an innleachd uamhasaich, ach a' bristeadh a' chnap-smàlaidh.

Bha cuid mhath sluaigh air bòrd ; ach cha robh iad ro Ghàidhealach coltas, agus 's i Bheurla a bha dol. Mu dheireadh, nuair a bha sinn a' fàgail a' cheadha leum òganach glas-neulach, anns an deise Ghàidhealaich air bòrd, agus bocsa pìoba 'na achlais. Chaidh mi fhéin an taobh a bha e agus thuirt mi ris "Cò as a thug thusa do Ghàidhlig 'ille ? "

"*That's Gaelic, I haena got it ; I cam frae Fintry*," arsa esan.

Am bheil fhios agad air a so, cha mhór nach deachaidh mi seachad leis an nàire. A' glacadh misnich, arsa mise :—

"*Where be that place ? *"

"*At the back o' beyont,*" arsa esan gu gobach "*Wis ye ever there ? *"

"*I'll no go there forever,*" arsa mise, is dh' fhàg mi an sud e.

"Cha dean am fear ud móran feum aig a' Mhòd, co dhiùbh," arsa Màiri. "Chi thusa na Gaidheil chearta a' tighinn air bòrd aig Grianaig. Theid iad a sìos leis an each-iarainn."

Mar a thuirt Mairi b' fhìor. Bha sluagh mór a' feitheamh oirnn aig *Broomielaw* Ghrianaig. Chuala mi a' Ghàidhlig 'ga spreigeadh is rinn mi sodan ris na fearaibh. Am measg na thàinig air bòrd bha ceathrar ghillean sgafarra 'san deise-ghoirid, agus bocsa pìoba an achlais gach fir. Leis gu'n robh an aon shuidheachadh tartain aig a' cheathrar thuig mi gu'm buineadh iad uile do'n aon chuideachd.

A' fàgail Ghrianaig ghleus na fìr am pìoban, agus leis gu'n robh smodan uisge ann, cha'n fhaca iad na bu fhreagarraiche na am port so a chluich :—

M

" Is fheudar dhomh fhìn a bha falbh dhachaidh dìreach
Mu'n tig an t-uisge min gu bhi searbh oirnn."

Na dhéidh sin, fhuair sinn " Gillean an Fhéilidh," agus
" Ciobairean Taobh Loch-odha " cho eireachdail 's a thàinig
riamh á màl pìoba. Nuair a bha iad a' leigeil an anail
chaidh mi fhéin an taobh a bha iad 's mi dranndail—

" 'S math thig breacan-an-fhéilidh
Gu léir do na suinn—"

nuair a thionndaidh fear dhiubh air a shàil agus arsa esan—

" We hae na Gaelic."
" Gleidh mise," arsa mi fhéin ri Màiri, " nach neònach
an saoghal a th'ann. Cha'n eil an so ach am plaosg gun
am biadh. Leth na truaighe—òganaich anns an deise
Ghàidhealaich a' cluich na pìoba 's gun fhacal Gàidhlig
'nan ceann. Ach coma leat, tha Gàidhlig aig am pìoban
ge b' oil leo e. Nach cuala tu fhéin na feadain ag ràdh gu
rìochdail Gàidhealach—

" Is coma leis na h-loghnagan
Ciobairean Taobh Loch-odha,
Bidh iad air an glùinean
A' smiùradh nan caorach odhar."

" Nach beannaichte an ni e," fhreagair Màiri, " nach do
chaill a' phiob a Gàidhlig."
Bha sinn a nis aig Baile-Bhóid. Mu choinneamh
bior-snaois a' bhàta bha sinn a' faicinn Talla Mòr a' bhaile,
agus os cionn an doruis bha na facail "AM MOD," agus,
gun fhacal bréige, bha an O a' coimhead cho mòr cruinn ri
gealaich bhuidhe na Féill Mìcheil.
Ràinig mi fhéin is Màiri Baile-Bhóid glé ghoirid an
déidh naoi uairean ; agus rinn sinn cho dìreach ri urchair
á gunna air Talla a' Mhòid, 's gun toil againn facal a chall ;
oir chuala sinn gu'n robh gach nì ri bhi air dòigh mu naoi

uairean. Nuair a ràinig sinn an dorus cha robh ach mu leth-dusan an sin, 's an dorus air ùr fhosgladh. Chaidh sinn a stigh, 's bha 'n t-àite falamh. Shuidh mi fhéin is Màiri còrr agus leth-uair a' coimhead air na dealbhan leth-rùisgte a bh'air na ballachan. Mu dheireadh chaill Màiri a foighidinn—cha robh ioghnadh ann—agus arsa ise "gu dearbh cha 'n eil teagamh nach ann *Gàidhealach* a tha 'm Mòd so : tha iad cho màirnealach le cùisean."

"Uist," arsa mise, "air neò cuiridh iad am mach thu."

"Có-chuireas am mach mi ? Am bheil a bheag a stigh ach sinn fhéin ? Cha robh ach sinne a' deanamh cabhaig. Tha na Gàidheil coltach ri earball an t-seana-mhairt—daonnan air dheireadh."

Anns a' bhruidhinn a bh' againn thàinig grunnan laghach a stigh, agus thòisich an ceòl. Shuidh sinn mar bh' againn gus an dà-uair-dheug—gus an d' thubhairt Màiri gu'n robh cadal-deilgeannach 'na luirgnean.

Chaidh sinn 'na dhéidh so a choimhead a' chlò, nan osan, agus nan croidhleagan a bha shuas an staidhir. Bha mòran de mhnathan uaisle a stigh—le sloda is sròl agus uiread prìs a' ghamhainn ruaidh de dh' òr an crochadh ri cluais gach té dhiubh. Thàinig boireannach mòr tlachd-mhor an taobh a bha sinn, is bhruidhinn is ruinn gu h-aoidheil. Cha robh mi fhéin a' tuigsinn ciod a bha i ag radh ; ach thuig Màiri cuid de seanachas—tha beachd agad air an t-seanfhacal, "tuigidh bean bean eile."

Nis, chuala mise agus thusa, latha 'gan robh e, iomradh air Gàidhlig Eireannaich is Gàidhlig Fhrangaich ; ach bha an aon dranndan aig na mnathan uaisle bha 'san t-seòmar so, air seòrsa de chànain liotaich, lapaich, a bha sruladh am mach as am beul mar nach robh fiaclan-beòil idir aca. Bhioraich mi mo chluasan—cha 'n e gu'm bheil mi maol 'sa chlaisteachd—agus dh'éisd mi ; ach cha deanainn facal purpail am mach ach so—"Common Gallach," "Fail" gaus "Mòd."

" Eudail, a Mhàiri," arsa mise, " am bheil thu tuigsinn na cànain a th'aig na truaghain so ? "

" Ma ta, Eòghain, bha mi feuchainn ri thoirt orm fhéin a chreidsinn an toiseach gur e seòrsa de Ghàidhlig a bh'aca ; ach thug mi thairis dheth. Ma's i Gàidhlig a th' aca cha 'n e 'n té againne th' ann."

" Có aig tha fios," arsa mise, " nach i so a' chainnt ùr a bha am maighstir-sgoil a' bruidhinn air—c'ainm so bh'aige oirre, *memorandum*,* no facal coltach ris a sin."

" Cha 'n e sin idir an t-ainm a bh'aige," arsa Màiri ; nach ann a bh'ann, *Desperandum* ? "

" Cha 'n eil fhios a'm fhéin nach tu tha ceart ; ach cha Ghaidhlig i co dhiùbh."

" Thog sinn oirnn gu falbh, nuair a thàinig nigheanag bhòidheach shèimh an taobh a bha sinn, agus fèath ghàire oirre, agus arsa ise gu mìn, réidh athaiseach : " *Ham veal seeve ah bruthinn Gaulick donan* ? "

"A, eudail bhòidhich," arsa mise gu truacanta, " nach e Nì Math a leag a làmh gu trom ort nuair is e sin an aon mhoibhleadh cànain a bhuilich e ort."

" Uist," arsa Màiri, " tha mise 'ga tuigsinn, "agus a' tionndadh ris a bhean-uasail òig arsa Màiri rithe : " Gun teagamh." Agus rinn a' bhean uasal gàire, agus arsa ise—" *Hà ; o hà, pennach leev.*"

" Sin agad," arsa Màiri rium fhéin " beannachd leibh anns a' chànain ùir—*Desperandum*."

Chaidh sinn a stigh tacan eile do Thalla a' Mhòid, agus chuala sinn òrain air an seinn gu h-eireachdail. Ach éisd so : cha chreid mi o dhuine beò gu'm bheil breithneachadh aig a' chuid mhòir de 'n luchd-ciùil ciod is brìgh de na bheil iad a' seinn. Bha fear an sin, 's e cur ri seinn " O gur mis' tha sona dheth," agus gun choltas sonais no idir aighear air. 'S ann a bha e coltach ri fear a bhitheadh a' seinn " Port Raoghnaill Uidhir "—

* Esperanto.

" Tha mi tinn leis an eagal ;
Tha mi cinnteach gur beag a bhios beò ;
Chi mi lasag an fhùdair ;
Chluinn mi sgailceadh nan dù-chlach ri òrd !

" Ged a gheabhainn-sa sealbh
Air làn a' chaisteil de dh' airgead 's de dh'òr,
Oich ! ma ni iad mo mharbhadh,
Ciod am feum a ni 'n t-airgead sin dhòmh-s ' ? "

Bha té eile an sin, 's air m'fhacal bha guth-ciùil aice ;
ach dh'innis i dhuinn gu'n robh a leannan an grunnd a
chuain, mar gu'm biodh i 'gar cuireadh a dh' ionnsaidh a
bainnse. Am bheil duine idir ann a bheir achmhasan do'n
luchd-ciùil breithneachadh ceart a ghabhail air facail nan
òran mu'n téid iad g'an seinn.

'Na dhéidh so thòisich an fhìdhleireachd. Mar a dh'
innis mi dhuit cheana, bha m'athair 's mo sheanair 'nam
fidhleirean—'s cha 'n abair mi nach téid agam fhein air
" Dòmhnull Dubh Mac-a'-Phì " a chluich. Ciamar so
tha e dol—

" Dòmhnull Dubh Mac-a-Phì
      Ceann Locha-mòire ; (Aithris so tri uairean)
Ghoideadh e na gobhair
Ged bhiodh deubhainn air a dhòrnaibh."

Tuigidh tu, ma ta, gu'n robh déidh mhòr agam air an
fhìdhleireachd a chluinntinn. Thàinig fear is fear air
aghaidh ; 's air m' fhacal bheireach gach aon diubh e
fhéin á cuideachd le fhìdhleireachd. Mu dheireadh có
steòc a stigh ach Iain Donn a b'àbhaist a bhi 'na ghàradair
an tigh mór Chille-chreanain, agus nach faca mi bho chionn
fichead bliadhna. Air m' anam fhéin gu'n robh gu leòir
aig Màiri r 'a dheanamh mo chumail gu'n éirigh agus dol

a chur fàilte air. A dhuine chridhe, 's ann aige fhéin tha
chòir air bogha a tharraing ; agus ciod a thug e dhuinn ach
an seana phort a dh' ionnsaich m' athair dha—

> " Gur e 'm fear fada, biorach, odhar,
>   Gobhainn Chille-Chreanain,
> Gur dona chàirich e mo chlobha,
>   Gobhainn Chille-Chreanain ;
> Gur biorach e, 's gur odhar e,
>   'S e gobhainn Chille-Chreanain ;
> 'S gur olc a chàirich e mo chlobha,
>   Gobhainn Chille-Chreanain."

Nuair a chuir Iain crioch air a' phort, cha chumadh an
Righ 's Mac Cailein sàmhach mise na b'fhaide, agus ghlaodh
mi àirde mo chinn—" Gasda Iain, taghta math, b'eòlach
an Cille-Chreanain thu." Cha mhór nach do leagh Iain leis
an nàire ; ach thuig e có bh' aige ; agus bha e feitheamh
orm fhéin 's air Màiri aig an dorus.

Cha deanadh ni feum leis ach gu'm falbhamaid leis.
Tha e fuireach an oir a' bhaile teann air an loch, an tigh
beag, bòidheach—ri cùl gaoithe 's ri aodann gréine. Chuir
sinn eòlas air a mhnaoi, bòireannach eireachdail a mhuinntir
Mhuile, làn Gàidhlig is òran ; agus tha an teaghlach—dà
nighean agus balachan—cho Gàidhealach ri gas fraoich.
Leis nach robh am Mòd cruinn am feasgar sin, chuir sinn
an oidhche seachad còmhla ; 's théid mise 'n urras gu'n
robh " Hó-ro gheallaidh " againn air ceòl de gach seòrsa.
Tha am balachan aig Iain teòm air gach inneal-ciùil fo'n
ghréin. Is e mo bheachd nach eil inneal-ciùil a tha air
ainmeachadh anns an deicheamh Salm thar an t-seachd
fichead nach tugadh e cuairt air. Sheinn is chluich na
caileagan òrain Ghàidhlig 's théid mise an urras gu'n do
chuir sinne seachad oidhche chridheil—'s ann a bha seòrsa
Mòid againn dhuinn fhéin.

Chaidh sinn uile a dh' ionnsaidh a Mhòid an ath latha, is chuala sinn an ceòl 's na h-òrain, cho math ris na sgeul-achdan a chaidh aithris. Tha Màiri ag ràdh gu'm bu chòir dhaibh " Fear a' bhàta " a bhàthadh agus " Mo rùn geal dìleas," a chur fo lic ; agus tha bean Iain ag ràdh gu'm bheil i air a searbhachadh de'n cheist "Am faigh a' Ghàidhlig bàs ? "

Mar a bha sùil agam, fhuair Iain an duais air son na fidhleireachd ; agus fhuair an dà chaileig agus am balachan duais an t-aon ; agus thàinig iad uile dhachaidh cho mòr asda féin 's ged gheabheadh iad mart air adhairc.

Cha ruig mi leas innseadh dhuit gu'n cuala sinn an Oraid aig " Fionn," agus gu'n do chuir sinn ar n-amen ris gach facal a labhair e, ged a bha feadhainn a bha cur bhraois-gean orra fad na h-ùine bha e tagradh gu neo-eiseimealach còirichean tuath na Gàidhealtachd.

" Théid, ' Fionn ' a cheusadh," arsa mise ri Màiri, is fhios agam gu'n rachadh i troimh theine 's uisge air a shon ged nach do leag i sùil riamh air gus a so."

" Cha 'n eagal da," arsa ise, " 's ann orrasan a tha 'n t-eagal, 's cha 'n ann air ' Fionn.' Tha fhios aige gu math gur ann aig an t-sluagh tha dà cheann an ròpa 's cead a tharraing, na'n robh de thoinisg aca na thuigeadh so, 's de mhisnich na sheasadh calp ri cois anns a' chùis."

" Sin thu, Mhàiri, eudail," arsa Iain, " 's ann a dh' fheumas tu eòlas a chur air ' Fionn ' ; bheir e misneach dha do leithid fhaicinn."

" Cha 'n eil e gun mhisnich nuair a labhair e mar a rinn e an làthair nan uachdaran," fhreagair Màiri.

Nuair a bha sinn a' sgaoileadh, thuirt mi féin ri Iain : " Cha 'n eil fhios ciod a thàinig air na h-Eireannaich a bha ri labhairt ? "

" Theagamh," arsa Iain, " gu'n do chaill iad am bàta."

" Is iad nach do chaill," arsa fleasgach a bha 'n sin, is speuclairean air, " ach tha 'n Comunn so a' fàs tuille 's

Gallda air an son. Tha iad ag ràdh ris a' Chomunn mar thuirt an calman ris a' chlamhan —' Cha 'n ann de m' chuideachd thu.' "

'San fheagar chaidh sinn do'n Chaisteal far an robh a' choinneamh-chiùil mhór ri bhi air a gleidheil. A dhuine chridhe, 's ann an sin a bha ! Uaislean is ìslean 'san aona phàilliun. Chaidh cùisean gu math gus an d'thàinig an t-uisge ; 's nuair thàinig, bha am boinne snidhe cho neo-eiseimealach ri " Fionn " e fhéin ; oir cha robh e seachnadh uaislean seach ìslean.

Cha 'n fhaca mi fhéin no Màiri riamh a' leithid de shluagh fo 'n aona phàilliun ; is cha 'n fhaic an dà latha so.

Thog mi fhéin is Màiri oirnn an ath mhadainn, is ghabh sinn am bàta do Ghlaschu. Thachair Seumas oirnn aig a' cheadha agus arsa esan gu sgailleasach rium fhéin—" Tha mi cinnteach gur ann a bhios e 'na ùrachadh dhuibh Beurla bhruidhinn a nis an déidh na chuala sibh de Ghàidhlig de gach seòrsa."

" Tog dheth," arsa mise, " chuala mi seòrsachan Gàidhlig 'gam bruidhinn am Bód nach robh beò an làithean mo sheanar. Rach an taobh tha Màiri ; tha ise barraichte air a' Ghàidhlig ùir."

"An e sin a' chànain ris an robh thu ag ràdh *Desperandum*," arsa Màiri, " b'e sud aithris-bheulain na truaighe."

Ràinig sinn an Gleann-domhain an ath oidhche, taingeil a bhi dhachaidh ; oir, mar a tha e sgrìobhte, 's e " Mo chuid fhéin, mo bhean fhéin, is tiugainn dachaidh na facail is blasda th'ann."

Is mise do charaid dìleas,

EOGHAN RUADH.

AN GAIDSEAR RUADH 'S AM BUIDEAL.

Cha 'n eil ach glé bheag 'san sgìreachd an diugh aig
am bheil cuimhn' air a' Ghàidsear Ruadh, ged a bha e glé
ainmeil 'na latha 's 'na linn.   Ma 's math mo bheachd,
b' ann a mhuinntir Shiorramachd Pheairt a bha 'm fleas-
gach so ;   ach bha e cho fada mu Earra-Ghàidheal gu'n
saoileadh tu gu'm buineadh e do 'n t-siorramachd sin.

Anns an àm 'san robh an t-eòrna pailt, bha h-aon no
dhà nach saoileadh tu anns an sgìreachd so a bha deanamh
deur beag de shùgh an eòrna ;   agus bu chridheil mu'n
bhòrd iad nuair a bha "bainne na poite duibhe" 'ga
riarachadh.

Oidhche bha sin, bha còmhlan de ghillean gasda cruinn
an tigh Ailein Mhóir, 's deur beag a' dol, nuair a thàinig
Calum Beag a stigh a dh'ìnnseadh gu'n robh an Gàidsear
Ruadh a nìos Beallach-a'-choin-ghlais, agus a' deanamh
dìreach air an fhàrdaich.   Bha iad uile eòlach gu leòir air
a' Ghàidsear, agus, a dh'ìnnseadh na fìrinn, cha robh móran
eagail aca roimhe ;   ach bha amharus aca nach d'thàinig e
do'n sgìreachd mu'n àm ud a dh'oidhche gun ghnothach—
dh'fheumadh e bhi gu'n robh 'eun beag a' cur cagair 'na
chluais gu'n robh crònan na poite duibhe ri chluinntinn an
sàmhchair a' Ghlinn Domhain.   A nis, air son na bha aca
air a' bhòrd air an oidhche ud, bha iad cearta coma có
thigeadh a stigh ;   ach bha buideal beag anns an t-sabhal,
am measg na cònnlaich, agus có aige bha fios nach fhaodadh
e dol a mach a rùrach air a shon féin.

Cha robh Ailean Mór fada a' cur chùisean air dòigh.

"Nis, fheara," arsa esan, "cuimhnichibh gur i so
oidhche an réiteich aig Màiri Ruadh an so,"—b'i Màiri
Ruadh a' bhanarach—"mur gabh fear eile i, gabhaidh
mi fhéin i—agus bithidh sinn glé aoibheil ris a' Ghàidsear
Ruadh nuair a thig e."

An sin, chuir e eagar an cluais Iain Chamshroin ; nuair a chitheadh e an Gàidsear 'na shuidhe gu socrach, dol a mach do'n t-sabhal, agus am buideal a sgioblachadh leis, agus a chur am falach anns an dais fheòir an tigh-nan-gamhna.

Is gann a bha 'm facal mu dheireadh de 'n chagar á beul Ailein nuair chual e an Gàidsear ag ùinich eadar an dà dhorus.

" Thigibh a stigh," arsa Ailean Mór gu cridheil ris a' Ghàidsear ; " is math am fàile a th'agaibh. Nach ann tha sinne ag òl deoch-slàinte Mhàiri Ruaidh, 's i dol a phòsadh."

" Ma ta," arsa an Gàidsear, " is fhada o'n a chuala mi nach ann a h-uile latha bhios Mòd aig Mac-an-tòisich. Có e fear na bainnse, 's gu'n tog mi a dheoch-slàinte ? "

" Nach eil Eóghan Bàn 'sa Bhaile-mheadhonach."

"An e sin ogha do Eóghan Ruadh a thàinig á Srath-oighre ? " arsa an Gàidsear.

"A' cheart duine," arsa Ailean Mór,—"tachraidh na daoine ged nach tachair na cnuic, mar tha an sean-fhacal ag aithris."

" 'S nach fhaod sinn a ràdh," arsa an Gàidsear, " gu'm b' fhada o chéile crodh-laoigh an dà sheanar."

" Is fìor sin," arsa Ailean Mór ; " ach ma bhitheas sibhse beò ceithir-là-deug o'n diugh, chi sibhse banais chridheil anns an tigh so. An tig sibh ? "

" Nach eil fhios gu'n tig," arsa an Gàidsear ; " 's mu'n teid sinn na's fhaide, ceadaichibh dhomh deoch-slàinte bean-na-bainnse òl."

Dh' òl an Gàidsear an deoch-slàinte sin, agus deoch no dhà eile, gus nach mór nach de dhi-chuimhnich e an turus air an d'thàinig e. A' toirt sgioblachaidh air fhéin mu dheich uairean, arsa esan : " Nach mithich a bhi bogadh nan gad ; is fheudar falbh, ged tha chuideachd taitneach. Am faigh mi cuireadh a dh'ionnsaidh na bainnse ? "

" Nach eil fhios gu'm faigh," arsa Ailean, 's e dol ceum thun an doruis leis a' Ghàidsear.

Nuair a ràinig iad an stairsneach, bha gealach bhuidhe nam broc an àirde nan speur, 's an oidhche ciùin soilleir.

" Tha mi cinnteach," arsa an Gàidsear, " gu'n robh iongantas ort ciod a chuir mise an so an nochd gun sireadh gun iarraidh. Ach faodaidh mi ràdh nach càirdean do choimhearsnaich uile, agus, air eagal gu'm bheil iad a' cumail sùla oirnn aig an àm, faigh an crùisgein-sabhail, is bheir sinn sgrìob do 'n t-sabhal 's do 'n stàbul."

" Ni mise sin gu toileach," arsa Ailean 's e dol a dh' iarraidh a' chrùisgein-shabhail.

Chaidh iad a stigh.

" Cha'n fhaic mise aobhar amharuis air bith," arsa an Gàidsear, 's e sealltainn mu'n cuairt. " Tha mi'n dòchas nach gabh thu gu dona mi thighinn air a leithid so de dh' oidhche, agus air son a leithid de dh' aobhar."

" Cha ghabh ; cha ghabh," arsa Ailean Mór ; " is ann tha mise taingeil gu'n d'thàinig sibh, agus gu'n cuir sibh clach ann an craos mo luchd tuaileis."

" Ni mise sin gu toileach ; is beag orm féin coimhearsnaich nach bi càirdeil."

Chaidh an Gàidsear dhachaidh, 's e bóideachadh ris féin gur e duine còir ceart a bh' ann an Ailean Mór.

Thill Ailean Mór a stigh, agus arsa esan : " Shaodaich mi'm fear ud dhachaidh làn thoilichte ; ach nach ann againn bha'n tèarnadh caol ! Có shaoileas sibh a thug air a' Ghàidsear tighinn an so an nochd ? Có ach ar coimhearsnaich 's ar ' càirdean,' na Barraich anns a' mhòintich."

" Mhoire ! nach fìor an ràdh : ' Ged dh'éignichear sean-fhacal, cha bhreugnaichear e'," arsa Seumas Mór ; " is có nach cuala an t-seann ràdh—

" Cha'n fhaic am Muileach nach sanntaich am Muileach ;
Na shanntaicheas am Muileach, goididh an Collach ;
'S na ghoideas an Collach, cuiridh an Tiristeach am
    folach ;
Ach 's mairg a dh'earbadh a chuid no anam
Ris a' chealgaire Bharrach."

" Nach fhìor dhuit sin," arsa Ailean Mór ; " ach thea-
gamh gu'n cuir sinn a' chas-bhacaig air fhathast."

" C'ar son nach d'thubhairt thu : ' Ged is fada mach
Barra, ruigear e,' mar thubhairt Mac-Iain-Gheàrr ri Mac
Nèill Bharra," arsa Seumas Mór.

" Barra ann no as," arsa Ailean Mór ; " ma fhuair na
seòid sin farbhais gu bheil buideal mu'n fhàrdaich so,
cha'n eil a bhi beò againn gus an cuir sinn as an rathad e.
Is e mo bheachd gu'm feuch sinn ri sin a dhèanamh am
màireach. Cuiridh tusa, Sheumais, boitean cònnlaich
anns a' chairt, is bheir thu leat an laogh breac, a reic mi
mu'n d' rugadh e, ri Cailean Og 'san Aird-fhada ; bheir
thu leat, cuideachd, am buideal, agus cumaidh tu falach
fo'n chònnlaich e. Air do rathad dachaidh feasgar,
tadhlaidh tu air Eachann Dhòmhnuill 'sa Ghlaic-dhomhain ;
innsidh tu dha, facal air an fhacal, gach ni a chaidh a ràdh
's a dhèanamh an so an nochd, agus their thu ris gu'm bheil
e ris a' bhuideal a reic ann an Tigh-a'-Chuain a' cheud
chothrom a gheabh e ; agus, air na chunnaic e riamh,
nach eil e ri innseadh do neach fo'n ghréin có leis am buideal.
Tha Eachann eòlach gu leòir air dòighean nan gàidsearan ;
is éiridh e moch am fear a bheir an car as."

Thàinig an ath latha, agus thog thusa ort, a Sheumais
Mhóir, leis an laogh 's leis a' bhuideal. Dh' fhàg e 'n
laogh breac 'san Aird-fhada, agus am buideal 'sa Ghlaic-
dhomhain.

"Am bheil Ailean Mór am beachd gu'm bheil mise dol a
ghiùlan a' bhuideil so do Thigh-a'-Chuain am marbhan
na h-oidhche," arsa Eachann Dhòmhnuill ; " is mi nach

eil; tha 'n t-asdar ro fhada. Is e a ni thu: fuirichidh
tu an so gus an tig an dorcha, agus théid mise air ais leat
anns a' chairt, is fàgaidh sinn am buideal am falach aig
Druim-na-mòna—cha bhi e duilich a ghiùlan as a sin,
'san dorcha, do Thigh-a'-chuain. Cha'n eil fhios agam
nach ann a bheir mi siab rathad Tigh-a'-chuain an nochd
fhéin a dh'fhaicinn am bheil an rathad réidh, agus am
bodach e fhéin air a dhòigh.''

" Nuair a thàinig an t-anmoch, thog na seòid orra, 's
am buideal an grunnd na cartach. Cha do thachair
iad air duine beò gus an d'ràinig iad Druim-na-mòna.
Chuir iad am buideal am falach ann an cruaich-mhòna,
agus thog iad orra. Air a thilleadh dhachaidh, thadhail
Eachann ann an Tigh-a'-chuain, agus chunnaic e 'm bodach
a bha làn thoilichte na bha 'sa bhuideal a cheannach.

" Ciamar, no cuin, a gheabh sinn am buideal a dh'ionn-
saidh an tighe ? '' arsa Eachann.

" ' Na'm bu ghillean mo ghillean, b'i nochd an oidhche'
mar thuirt am fear eile e,'' arsa Fear Tigh-a'-chuain. " Bha
an Gàidsear Ruadh an so an raoir ; is, mar sin, cha'n eil e
coltach gu'm bi e an rathad gu ceann seachdain. Gabh
an rathad cùil, 's cha bhi thu fada dol do Dhruim-na-mòna
air t'ais.''

" Is gille do ghille,'' arsa Eachann ; " agus 's i nochd
an oidhche ; agus bithidh mise 's am buideal an so mu'n
gabh sibh mu thàmh.''

Thog Eachann air ; dh'amais e air a' chruaich mhòna ;
is sgioblaich e leis am buideal. Bha e deanamh a rathaid
gu sàmhach a nuas Bealach-an-Dranndain, nuair a mhoth-
aich e cuideigin a' tighinn air. Leth na truaighe! Cò
bha so ach an Gàidsear Ruadh. Cha robh air no dheth
ach am buideal a thoirt do'n Ghàidsear.

" Ma ta, Eachainn,'' arsa an Gàidsear, " bha amharus
agam gu'n do chuir cuideigin briuthas beag air dòigh anns
an sgìreachd ; ach cha do leag mi 'n t-amharus ortsa,''

" Is sibhse bha ceart. Co dhiùbh a chreideas sibh mi, no nach creid, tha bliadhna no dhà bho nach faca mise briuthas," fhreagair Eachann.

" Is c'àite, ma ta," arsa an Gàidsear, " an d'fhuair thu'm buideal so ? "

" Is ceist eile sin, a Ghàidseir," arsa Eachann, " agus mu'n dean sinn an còrr conaltraidh, bu mhath leam fios a bhi agam ciod tha sibh am brath a dhèanamh orm."

" Ma ta, Eachainn, bho'n is tu fhéin a th'ann, 's nach eil an so ach thu fhéin is mise, cha'n eil toil agam a bhi trom ort. Caillidh tu am buideal 's na th'ann ; ach ma ghiùlaineas tu e gu ruig Tigh-a'-chuain air mo shon, cha 'n abair mi 'n còrr."

" Cha'n eil sin gu ceàrr idir," fhreagair Eachann ; " is ged nach e mo chuid a th' ann, fàgaidh mi ann an Tigh-a'-chuain e."

Thog an dithis orra, an Gàidsear air thoiseach, is Eachann 'ga leanailt gu dubhach, muladach. Nuair a ràinig iad Tigh-a'-chuain, bha Fear-an-tighe làn miodail ris a' Ghàidsear.

" Có shaoileadh," arsa esan " gu'm biodh Eachann Dhòmhnuill a' triall na h-oidhche is buideal air a mhuin. Ach 's ann mar sin a gheabh sibh iad : is iad na daoine nach saoileadh sibh a tha làn de na cuilbheartan."

" Bho'n a thuit gur e Eachann a th'ann," arsa an Gàidsear, " cha bhi sinn ro throm air ma bheir e chasan as, 's ma gheallas e bheul a chumail dùinte mu obair na h-oidhche so."

" Ma ta, a Ghàidseir, o'n tha sibh cho truacanta, cha'n abair sibh facal ged a bheir mise làn beòil do dh' Eachann mu'n téid a dhachaidh," arsa Fear an-tighe.

" Ma ta, cha'n abair," arsa an Gàidsear ; " bho'n is tu fhéin tha ri phàigheadh. Thoir do chasan as, Eachainn, 's na gabh diog ort,"

A' tionndadh ri Fear-an-Tighe, arsa esan : " Có tha stigh an nochd ? "

" Tha am Maor-coille, Rob nan-con agus an sgauimire sin 'sa Bhaile-mheadhonach. Is fhada bho 'n a shuidh iad aige, is tha iad a' fàs blàth," fhreagair an t-òsdair.

" Théid mi suas leotha car tacain," arsa an Gàidsear. " So, Eachainn, thoir a suas am buideal : cha'n fhaod mi leigeil as mo shealladh."

Thug Eachann a suas am buideal. Chuir e 'na sheas-amh air a cheann e taobh a' bhùird, agus shuidh an Gàidsear air, a' cur fàilte air na seòid.

Nuair a thàinig Eachann a nuas an staidhir, thug Fear-an-tighe a thaobh e, agus dh'innis Eachann dha mar a thachair.

" Cha'n abair mi facal an aghaidh a' Ghàidseir Ruaidh. Ach ciod a their Ailean Mór rium mu chall a' bhuideil 's na bheil ann : tha fhios agad fhéin cho cruaidh 's a tha Ailean," arsa Eachann.

" Is ann agam a tha," arsa Fear-an-tighe. " Théid mise 'n urras gu'm bi oidhche mhór aig an seòid shuas an staidhir air tàilleamh buideal Ailein Mhóir."

Shuidh Eachann is Fear-an-tighe mar a bh'aca, 's bha iad a' cluinntinn gu'n robh òl is ceòl is aighear aig na seòid os an cionn ; oir bha Màiri Bhreac a suas 's a nuas le leth-bhodach an déidh leth-bhodaich do na fearaibh.

" Nach bochd an gnothach," arsa Eachann " nach d' fhàg an Gàidsear am buideal eadar an dà dhorus. Na'n d' fhàg, sgioblaich mi leam e, 's cha robh anam aige facal a ràdh m'a dhéidh."

" Ma ta, bu mhath an airidh ged a rachadh an car a thoirt as, tha e cho socharach ; " arsa Fear-an-tighe, "is, ma ghabhas e dèanamh, tha fear an ceann eile an tighe a ni e. Am bheil fhios agad có tha stigh ? Có ach Seumas-nam-prat ! "

Chaidh Fear-an-tighe is Eachann a suas an taobh a bha Seumas is chuir e fhéin is Eachann fàilte air a chéile ; oir bha " aithne gun eòlas " aig an darna fear air an fhear eile. Dh'òl iad. air a chéile, is dh'innis Eachann mar thachair dha. Dh'fheòraich Seumas-nam-prat de Mhàiri Bhreac c'àite 'n robh an Gàidsear 'na shuidhe.

" Tha, dìreach mu'n iomachd sin," arsa Màiri, 's i 'g amharc an druim an taighe. " Tha 'm buideal an taice ris a' bhalla, dìreach ann an sin," 's i comharrachadh le corraig an druim an tighe.

" Eisd so, a Mhàiri," arsa Seumas, " an ath uair a théid thu suas, gabh beachd có am bòrd de 'n ùrlar air a bheil am buideal—co-dhiùbh is e an treas no an ceath-ramh bòrd o'n uinneig a th'ann."

Chaidh Màiri suas le leth-bhodach eile do na seòid, agus thill i air ais leis an fhios gur ann air an treas bòrd a bha 'm buideal. A' tionndadh ri Fear-an-tighe arsa Seumas—"Am bheil a leithid de rud is tora agaibh ? "

" Ma ta, tha," fhreagair Fear-an-tighe, " ach dé tha thu dol a dhèanamh le tora mu'n àm so dh' oidhche."

" Is come leibh, thugaibh sibhse dhòmhsa an tora," arsa Seumas, " is rachaibh sibhse as an rathad car greis ; ni mi fhéin is Eachann an còrr."

Fhuair Seumas an tora, is thug Màiri Bhreac dha meas-air, is ghabh i mach.

Rinn thusa, Sheumais, toll troimh 'n lobhta, is troimh mhàs a' bhuideil leis an tora, is chum Eachann a' mheasair fo'n spùt gus an robh an deur mu dheireadh aca. Fhuair iad coingheall buideil eile bho Fhear-an-tighe, a lìon iad 's a chuir iad am falach.

Nuair a dh' éirich na seòid shuas an staidhir a dh' fhalbh bha iad uile air an dall dallanaich. Ghlaodh an Gàidsear air Fear an tighe e thogail leis a' bhuideil 's a chur fo ghlais gus an tilleadh esan an ath latha. Chuir Fear-an-tighe am buideal—'s bha iongantas air cho aotrom 's a bha e,—ann an cuilidh eadar an dà dhorus, is chuir an Gàidsear céir dhearg is seuladh a' chrùin air dorus na cuilidh, is dh' fhalbh e.

Nuair a thuig Seumas-nam-prat agus Eachann Dhòmhnuill gu'n robh an Gàidsear Ruadh 's na seòid a bha leis a' dèanamh an rathaid dhachaidh mar a b' fheàrr a dh' fhaodadh iad, thill iad a stigh is reic iad na bha 'sa bhuideal ri Fear-an-tighe—a fhuair cùnnradh math,—is thug iad an casan as.

Thàinig an ath latha, is latha no dhà; ach cha d'thàinig an Gàidsear Ruadh a bhristeadh na céir a chuir e air dorus na cuilidh anns an robh am buideal. Mu dheireadh thuit dha a bhi an rathad, agus thuirt Fear-an-tighe ris—"Am bheil guth idir agaibh air a' bhuideal a thug sibh bho Eachann Dhòmhnuill a leigeil as a' prìosan anns an do ghlais sibh e? Is math do dh' Eachann bochd nach e fhéin a chuir sibh fo ghlais."

"Air m'anam fhéin," arsa an Gàidsear "nach robh guth no cuimhn' agam dé rinn mi ris a' bhuideal sin; feumaidh e bhi gu'n d'òl sinn làn a' bhuideil an oidhche mhór a bha sin. Is gann gu'n d' fhuair mi thairis air an oidhche sin fhathast."

A' tighinn a dh' ionnsaidh dorus na cuilidh, arsa esan; "Tha so dìreach mar a dh' fhàg mi e : tha chéir dhearg 's an seuladh mar a bha e."

Tharraing e 'n sin a mach am buideal, agus thuig e gu'n robh e falamh.

"Nach b'e mac an fhir ud Eachann, mar thug e 'n car asam. Nach do shaoil mise gu'n robh am buideal a bh'aige 'sa phòca air a' dhronnaig làn. Ach tha mi faicinn a nis gu'n robh e falamh. Cuiridh mi 'n geall gu'n d'thug e 'm buideal làn do Thigh-a'-chaolais. 'S ann a bha e tapaidh. Ach an ath-uair a gheabh mise greim air, cha bhi mi cho tròcaireach ris."

A' tionndadh ri Fear-an-tighe, arsa esan : "Mar is

lugha their sinn mu so, is ann is feàrr. Na gabh diog ort
ri duine beò mar a chaidh dhomh fhéin 's do'n bhuideal.
Tha sinn daonnan ag ionnsachadh."

RIGH SOIRBHEAS.

SUD a bh'ann roimhe so, Rìgh mór cumhachdach agus
beairteach, a bha a' riaghladh ann an dòigh a bha tabhairt
mór thoileachais, thairis air rloghachd mhóir. B'e Rìgh
Soirbheas a b'ainm dha ; is bha aige mar chéile boireannach
a bha cho ionraic 'sa bha i maiseach, is dh' fhóghradh sin.
Ré móran bhliadhnachan chaith an Rìgh agus a Bhan-
rìgh am beatha gu seasgair sona. Bha iad mar gu'm biodh
iad a' leannanachd ré nam bliadhnachan sin, agus leis
gu'n robh làn earbsa aca á càch a chéile, cha d'éirich riamh
leud na boise de sgàil air iarmailt am beatha. Bha a'
Bhan-rìgh iomlan ann an sùilean an Rìgh, agus, na beachd-
sa, cha robh air uachdar an domhain coimeas do Rìgh
Soirbheas mar chéile, mar dhuine, 's mar fhear-riaghlaidh.
A nis, thachair an déidh do Rìgh Soirbheas a bhi air an
rìgh-chathair ré móran bhliadhnachan, gu'n d' éirich plàigh
anns an dùthaich, a chuir na mìltean do'n chill. Dh'fhàg
so an Rìgh fo bhròn 's fo mhulad mu chor an t-sluaigh, agus
cha do ghabh e tàmh no fois ach a' triall bhc àite gu àite
de'n rloghachd dh'fheuch ciod a b' urrainn dha a dheanamh
air an son-san a bha fo bhuaidh na plàighe, a'misneachadh
's a' comhfhurtachadh na muinntir a chaill cuid de'n
càirdean, 's a' feuchainn ciod idir a ghabhadh deanamh gu
casgadh a chur air a' phlàigh. Thairg a' Bhan-rìgh falbh
leis air an turus thruacanta so ; ach leis gu'n robh eagal
air an Rìgh de beatha, cha leigeadh e leatha falbh leis,
ag ràdh gu'n robh móran de na seallaidhean a bha esan a'
faicinn gu tric da-rìreadh searbh, agus cho gairisinneach 's

nach ùgeadh e dhì-se am faicinn. "A bhàrr air a sin,"
arsa esan, " na'n robh thusa, a rùin, air do bhualadh leis
a' phlàigh, agus bàs fhaotainn, cha bhitheadh mo shaoghal-
sa fada a'd dhéidh co-dhiùbh a bhuaileadh a' phlàigh
mi no nach buaileadh ; agus ciod idir a thachradh do'n
t-sluagh, aig an àm ainneartach so, na'n robh sinn le chéile
air ar giùlan air falbh ? "

Agus thachair e, nuair a bha an Rìgh a' triall feadh a
dhùthcha, gu'n robh a' Bhan-righ a' fuireach aig an tigh—
oir cha robh an cèarna sin idir cho trom air a bhualadh ri
cuid eile de'n rìoghachd. Is ann, nuair a bha e air falbh
ann an oirean iomallach na dùthcha, a ràinig cagar an Rìgh,
a lìon a chridhe le ioghnadh agus mulad mór. B'i an naidh-
eachd : gu'n robh a chéile rioghail, an àite bhi frithealadh
do shluagh prìomh-bhaile na rioghachd mar a gheall i, 's
mar a thairg i—tairgse d'an tug esan aonta—an déidh i
féin a ghlasadh 'sa chaisteal, a' diùltadh dol fad a coise o'n
dorus ach 'na curradan fo fhiamh 's fo eagal gu'n glacadh
a' phlàigh i. Bha an cagar a ràinig cluasan an Rìgh mu a
giùlan cho tur eadar-dhealaichte ris an nì a bha 'na bheachd,
agus ris a' bharail a bh'aige air a chéile ionraic agus theó-
chridheach gu'n do dhiùlt e creideas a thoirt do'n aithris.
An àite sin, is ann a thug e sgràileadh do'n chùirtear aig an
robh de dhànadas a leithid de sgeul breugach—tur neo-
choltach ri abhaist na Ban-rìgh—a chreidsinn no idir a
ghiùlan gu cluais an Righ. Cha'n e mhàin sin, ach chuir
an sgeul a leithid de dhorran air—gu'm bitheadh de dhàna-
das aig cùirtear a leithid de sgeul aithris mu'n Bhan-rìgh
—gu'n do mhaoidh e an cùirtear a chrochadh na'n éireàdh
e mach nach robh barrantas aige air son an sgeoil a dh'
aithris e mu'n Bhàn-righ. Is e bh' ann gu'n do chuir an
Rìgh an sgeul gu deuchainn, le teachdairean anns an robh
làn earbsa aige, a chur a dh'ionnsaidh a lùchairt a dh'
fhaotainn a mach an robh an sgeul a dh'aithris an cùirtear
fìor no breugach. Ann an ùine ghoirid, thill na teachd-

airean sin an déidh dhaibh gach cùis fhiosrachadh mar a dh' iarradh orra leis an Rìgh, agus 'sa bh'aca r'a ràdh; nach robh aig a' chùirtear ach an fhìrinn, smior na fìrinn; gu'n robh a' Bhàn-righ an déidh i féin a ghlasadh 'na lùchairt 's i làn fiamh is eagail; agus b'e chuid a bu mhiosa, gu'm b'e eagal gu'n cailleadh i a sgiamh 'sa bòidhchead leis a' phlàigh, na'n gabhadh i e, a bu mhotha a bha cur oirre. A bharrachd air a sin, dh'aithris na teachdairean gu'n robh a' Bhàn-righ, cha'n e mhàin air i féin a chùbadh a suas anns an lùchairt rìoghail, a' diùltadh an t-sluagh fhaicinn, ach gu'n robh i an déidh i féin a chuartachadh le druidhean is fiosaichean d'an robh i toirt làn chreideas, agus d'an d'thug i suas i féin, anam is corp, nì a bha cur doilgheis nach bu bheag air maithean na rìoghachd, agus 'na aobhar mulaid do mhnathan na cùirte.

Nis, nuair a chuala Rìgh Soirbheas na cùisean so, dh' òrdaich e an cùirtear a leigeil a mach as a' phrìosan anns an do spàrr se e, agus ghairm e comhairle de na prìomh dhaoine a bha mu'n cuairt air, agus, nuair a chruinnich iad, arsa esan : " Chuala sibh uile an sgeul a thug na teachdairean air ais, agus abraibh a nis ciod is còir a bhi air a dheanamh air a Bhàn-righ."

Thuirt cuid aon nì is cuid nì eile; ach cha robh Rìgh Soirbheas sàsaichte le nì a chaidh a chomhairleachadh dha.

Cha'n eil na tha sibh a' comhairleachadh," arsa esan, " idir a' cordadh rium; rachaibh as mo shealladh."

An sin dh'iarr e "Airgead " an céard-airgid a ghairm a stigh; agus air dha e féin a nochdadh do'n Rìgh, dh' òrdaich e dhà sgàthan mór maiseach a dheanamh—a bheireadh barrachd ann am fìre 's ann am maisealachd air an fhìor-uisge fhéin, agus a chuireadh sgàil air gach sgàthan a bh'anns an t-saoghal.

" O, Rìgh, mair gu bràth," arsa an ceàrd-airgid, " bhur toil bitheadh deanta; agus bithidh gach buaidh a dh' ainmich sibh air an sgàthan. Bithidh e cho mìn ris an eigh, cho soilleir ris an fhìor-uisge, no ris 'a ghealaich làin air aghaidh nan speur aig àird a' mheadhon oidhche. Cha'n e mhàin gu'n nochd e gu fìor aghaidh an tì a sheallas ann ; ach nochdaidh e eadhon doimhne an anaim. Bheir an sgàthan a ni Airgead, O Rìgh, barrachd air gach sgàthan a rinneadh riamh le làmhan dhaoine.''

Agus dh' órdaich an Rìgh do Airgead ann an làthair a luchd-comhairle an sgàthan a dheanamh gun mhoille, agus an sin dh' òrdaich e '' Fìrinneach '' am fear-eachdraidh a ghairm 'na làthair.

'' Sgrìobh dhomh, Fhìrinnich,'' deir an Rìgh, eachraidh-eatha mo Bhàn-righ Iomlan, bho'n là a phòs sinn gus an sin a dhùin i i-fèin 'na lùchairt ann am priomh-bhaile l'a dùthcha ; na meudaich nì 's na fàg as nì ach a mhàin ninm na Bànrigh féin, ainm an Rìgh agus ainmean a phrìomh auchd-comhairle.''

Agus gheall Fìrinneach is e sleuchdadh gu talamh, mar so—'' Bithidh gach nì a réir ur miann, is a réir ur n-iarrtais. Sgrìobhaidh mise eachdraidh Iomlain ur céile, a bheir bàrr ann an snasmhorachd agus ann am fìrinn air gach eachdraidh air aghaidh an domhain mhóir. Anns an eachdraidh sin cha bhi facal ach smior na fìrinn ; cha mheudaich mi nì, 's cha cheil mi fathunn ach a mhàin ainm an Rìgh is ainm na Bàn-righ, agus ainmean prìomh luchd-riaghlaidh na dùthcha, mar a dh' òrdaich an Rìgh.''

''Agus ciod an comharra,'' arsa an Rìgh, '' leis an aithnich mi gu'n dean an eachdraidh agadsa, O Fhìrinnich, falach-cuain air gach eachdraidh a chaidh a sgrìobhadh no theid a sgrìobhadh ? ''

'' Leis a so, O Rìgh,'' arsa Fìrinneach, '' nuair a chluinnear air a h-aithris i, gu'm bi na creagan fhéin air an gluasad le a mòrachd, agus gu'n còmhdaich coisir bhinn na doire an cinn le nàire, a thaobh binneas is òirdhearcas nam facal.''

Agus, nuair a chual Rìgh Soirbheas briathran an Fhir-eachdraidh, bha e sàsaichte,

Nis, nuair a bha an Sgàthan a dh' òrdaich Rìgh Soirbheas do Airgead a dheanamh, deas, agus an Eachdraidh a dh' òrdaich e do Fhìrinneach a dheachdadh, ullamh, chuir e iad gu Iomlan a Bhàn-righ. Còmhla ris an Sgàthan agus ris an Eachdraidh chuir an Rìgh litir a dh'ionnsaidh na Bàn-righ ag iarraidh oirre na tiodhlaicean sin a ghabhail, agus ag innseadh dhi gu'n robh rùn air tilleadh gu goirid do'n Chaisteal.

Nis, cho luath 'sa thill Rìgh Soirbheas d'a dhùthaich, chaidh e cho dìreach ri saighead á bogha gu seòmar na Bàn-righ anns a' Chaisteal, agus faicear i 'na sìneadh 'na h-uile mhaise air uirigh de dh' iteagan chalman, a' dùr amharc anns an Sgàthan, leis an leabhar a sgrìobh Fìrinneach 'na làimh.

Cho luath 'sa thàinig an Rìgh a stigh do'n t-sèomar, dh' éirich Iomlan a Bhàn-righ, agus dh' fhàiltich i e gu gaolach, chuir i a dà làimh m'a mhuineal, thug i sgailce pòige dha, agus tharraing i e gus an uirigh, ag iarraidh air le briathran gaolach suidhe r'a taobh. Agus air do'n Rìgh so a dheanamh, labhair Iomlan, a Bhàn-righ, ris air a' mhodh so : " O Rìgh, mair beò, mo thasgaidh is mo rùn, nuair a bha mi dearcadh beagan ùine mu'n do thill thu, air an Sgàthan mhaiseach a chuir thu chugam, agus gun mi ach an déidh crìoch a chur air leughadh an leabhair eachdraidh gun choimeas a tha'n so ri m' thàobh, shaoil leam gu'm faca mi an t-iomlan de m' leth-cheann air a mhilleadh leis a' phlàigh. Thoir dhomh do bharrantas, O Rìgh, nach eil sin mar sin." Agus air do'n Rìgh a h-aodann a ghabhail eadar a dhà làimh, tharraing e gu gaolach g'a ionnsaidh i, agus a' sior dhearcadh an aghaidh àillidh na Bàn-righ, arsa esan : " Tha fhios agam a nis gu'n do leugh thu an Eachdraidh a chuir mi chugad, agus gu'n do dhearc thu anns an Sgàthan a dh' òrdaich mi air do shon. Ciamar air bith a bha cùisean roimhe so, a ghaoil mo chridhe, cha'n eil t' aghaidh na's fhaide fo mhi-dhreach."

SGEULACHD CHOINNICH OIG.

FHIR MO CHRIDHE—Nach eil naidheachd agam dhuit.
Sin thu, bha fhios agam gu'n còrdadh sin riut, ach mu
'm faigh thu i feumaidh mi innseadh dhuit ciamar a fhuair
mi fhéin i. Na tog ceàrr mi ; cha'n ann de 'n t-seòrsa
mi a bhitheas, mar thuirt an sean-fhacal e, " a' toirt seachad
leis an uaill na fhuair e air a' bhleid." Fhir a th' ann, tha
mise 'g ràdh riut gu bheil na sgeulachdan féin a' fàs gann
'san t-saoghal a th'ann. Cha'n eil ùine aig daoine, no idir
an fhoighidinn, éisdeachd ri seann sgeulachd mar a tha
" Sgeulachd Choise Céin."
Bi taingeil do'n uisge 's do na clachan-meallain ; oir
mur bhith iadsan, cha d'fhuair mise no thusa an sgeul
a th'agam r'a luaidh. An latha roimhe nach do chuir
na frasan uisge, air an ruagadh leis a' chloich-mheallain,
a h-aon no dhà do'n mhuileann an tòir air fasgadh. Nuair
a ràinig mi féin, có bha stigh air thoiseach orm ach An
Gàidsear Ruadh, Niall Mór a' Chamuis, Seumas Theàrlaich,
agus, " gach dìleas gu deireadh." " Mac Coinnich a' mhìle "
—cha bhi beachd agad có esan. Am bheil cuimhne agad
air Coinneach Mór a bha 'san Dail Fheàrna, agus air Seònaid
Bhuidhe a bhean—càraid cho còir 's a sheas riamh air bonn
bròige. So agad ma tà am mac a b'òige. Chaidh e thairis
do na h-Innsean nuair a bha e 'na ghill' òg, is tha e coltach
gu'n deachaidh gu math dhá, oir tha iad ag ràdh, nuair a
thainig e dhachaidh air an t-Samhradh so, 's e cho buidhe
ris an dìthean, gu'n do chuir e mìle punnd Sasunnach ann
an làimh a mhàthar. Bha iad ag ràdh gu'n robh mìle
eile aige d'a athar ; ach chaochail esan mu mhios mu'n do
ràinig Coinneach Og, mar their iad ris. Ged a bha e
cho fada 'sna h-Innsean tha a' Ghàidhlig na's feàrr na
Gàidhlig a' mhinisteir, is tha e fada na's déidheala air a
bruidhinn na tha fear a' chòta dhuibh. A bharrachd
air a' sin tha Coinneach Og glé iriosal 'na dhòigh agus

fuathasach math do bhochdan na sgìreachd. Tha e làn
àbhachd, cuideachd. Nach do chuir e fios air an t-seach-
dain so chaidh air seann Dòmhnull an Dannsair agus air dà
chaillich chridheil—Màiri Cham agus Seònaid Chrotach—
agus thug e crùn an t-aon dhaibh air am bois nuair a chaidh
Dòmhnull agus Màiri Cham troimh na cuir aig "Cailleach
an Dùrdain," is Seònaid Chrotach a' cur ri canntaireachd
dhaibh. Dheanadh Coinneach glag gàire a' coimhead air
Dòmhnull an Dannsair a' cnacadh a chorragan 's a' seinn—
  "Cailleach an Dùrdain, cum do dheireadh rium."
Gabh mo leisgeul ; theab 's gu'n deachaidh mi troimh
mo naidheachd, ach an robh mi ach ag innseadh dhuit
có bha 'sa mhuileann ; agus có e ach Coinneach Og. Bha
am Muillear Bàn a' deanamh ceartaichean mu 'n mhuileann
's a' cumail facail anns a' chonaltradh a bha dol mu'n
aimsir—an Gàidsear Ruadh a' còmhdachadh air na bha 'sa
mhuileann gur i gealach bhuidhe na Féill Micheil a bu
choireach an uair a bhi cho fliuch, agus Niall Mór a' càireadh
air Seumas Theàrlaich gur e "An t slat thomhais " a bhi
tarsainn air soc a' " Chroinn arain " aig àirde na gealaich
a chuir na clachan-meallain oirnn.
  "Nach faoin sibh, fheara," arsa am Muillear Bàn
còir ; " cha'n fheàrr sibh na am Maighstir-sgoil Crùbach
a b'àbhaist a bhi 'na shìneadh air a dhruim 'sa ghàradh-
chàil le gloin'-amhairc ri shùil a' sìor choimhead air " Bodach
na Gealaich " gus an tug e air fhéin a chreidsinn, oidhche
bha sin, gu'm fac' e am Bodach a' gabhail snaoisein, 's gu'n
cual e e a sreothartaich. Coma leibh ar speuradaireachd
an dràsda ; có bheir dhuinn sgeul ? "
  "Bheir sinn an t-urram do'n choigreach," arsa an
Gàidsear Ruadh. "Cha chuala sinn riamh sgeul bho
Choinneach Og. Tha mi 'n dòchas gu'n gabh e mo leisgeul
air son coigreach a ràdh ris."
  "Cha bu chòir de dhuine bhi 'na choigreach 'na thìr
féin," fhreagair Coinneach Og ; " ach thàinig de chaochladh

air an dùthaich so bho'n a dh' fhàg mise i, gu'm bheil an
sgìreachd féin coimheach dhomh. Ma ghabhas sibh leisgeul
mo Ghàidhlig-Ghallda, bheir mi naidheachd dhuibh."

. . . .

Mu'n d' fhàg mi na h-Innsean rinn mi suas m'inntinn
gu'm faicinn cuid de Stàidean America mu'n tiginn dach-
aidh. Bha seòrsa cuimhn' agam air m' athair—A chuid
de Phàrras dhà—a chluinntinn ag ràdh gu'n robh càirdean
fada mach againn anns na Stàidean ; ach cha chualas fios
orra bho chionn linn. Bha Seònaid mo phiuthar leam, ise
bha cumail tighe leam anns an h-Innsean. Bha i bliadhna
na b'òige na mise.

A' dol air bòrd air an t-soitheach bha againn ri ar
n-ainmean a sgriobhadh ann an leabhar na luinge. An
déidh dhomh fhéin 's do Sheònaid ar n-ainmean a sgrìo-
bhadh, shìn mi féin am peann do bhoireannach beothail,
a dh' aindeoin a ceann liath a sgrìobh a sìos gu deas glan
coimhlionta—" Sìleas-Nic-Coinnich." 'Na déidh, sgrìobh
giollan a bha leatha—a h-aona mhac mar a thuig mi an
déidh làimh—" Ruairidh-mac-Coinnich." Nuair a thug
sinn an aire gu'm buineamaid uile de Chloinn Choinnich,
thòisich sinn ri seanachas, agus rinn am boireannach so
am mach gu'm buineamaid do'n aon stoc—agus, fada mach
's mar a bha e, rinn sinn a suas an càirdeas. Bu bhann-
trach ise ; rugadh i ann an America, ach b'ann á Albainn
a bha athair an duin' aice, a chaochail deich bliadhna
roimhe sin, a' fàgail slaim mhath airgeid, cho math ri
oighreachd laghaich, aice fhéin 's aig a mac. Cha ruig mi
leas innseadh gu'n do chuir sinn seachad na trì seachdainean
a bha sinn air bòrd na luinge gu cridheil sunndach. Bha
Ruairidh agus mo phiuthar mar na h-oghachan ann an tiota.
Nuair a ràinig sinn na Stàidean, cha deanadh ni feum ach
gu'n rachamaid leotha gu Rochelle far an robh an tigh 's
an òighreachd.

Bha an tigh eireachdail—mór, fada, farsaing—le lèana-gan bòidheach feurach air gach taobh dheth. Anns na làithean a dh' fhalbh, bha Rochelle 'na oighreachd mhóir, air a h-oibreachadh le tràillean dubha, a bha togail bàrr fuathasach de lìon, tombaca, agus coirce ; ach an diugh cha'n eil an oighreachd idir cho mór, is cha'n eil ni 'ga thogail orra ach eich ; oir tha Ruairidh ainmeil am faisg 's an farsaing mar fhear togail each. Bha mo phiuthar 'na glòir an so, oir tha i barraichte mar bhana-mharcaiche. Bha a' bhanntrach, a dh' aindeoin nan leth-cheud bliadhna a chunnaic i, cho aotrom air muin eich ri té nach faca fichead bliadhna. Cha robh ni 'ga dheanamh ach a' siubhal na dùthcha air muin eich 's a' feuchainn réisean. Bha so a' còrdadh gasda ri càch—bha iad an grian an saoghail. Ach, air mo shon fhéin, cha robh ùigh no iarraidh agam air marcachd. Fhuair mi 'n t-searbhag dhi anns na h-Innsean nuair a chaidh mo thilgeil bhàrr muin eich agus mo chas a bhristeadh aig an lurgainn—tha ceum beag crùbaiche annam fhathast.

Nuair bha càch a' ruagadh a chéile thar bhac is bhealach, bha mise air m' fhàgail aig an tigh leis na coin, a' tarraing an dealbh, cho math ri dealbhan nam pàisdean beaga dubha a bha màgail mu na dorsan. Faodaidh mi innseadh gu'n robh caraid no dhà air aoidheachd 'san tigh aig an àm— càraid òg a bha cur seachad mìos nam pòg, agus seana bhoireannach còir a rugadh 's a thogadh mu na crìochan so, agus a bha làn sgeulachdan mu'n àite 's mu na daoine bh' ann o shean.

Latha bha sin, thuirt Seònaid rithe an robh sgeul idir aice mu Rochelle—àite cho ciùin 's cho seasgair 's a bha ri fhaotainn mu'n cuairt.

'Ma ta," arsa an t-seana bhean, 's i réiteachadh a muineil, "mar tha fhios agaibh, gun teagamh, cha robh ar bana-charaid daonnan an so, cha bhuin i do'n àite. Bhuineadh an t-àite so do theaghlach d' am b' ainm Cloian-

an-Tàilleir ; ach tha cian o'n a dh' fhàg iad an dùthaich.
Bha an t-àite falamh fad ùine mhóir. Tha am feur an so
taghte air son eich òga àrach ; agus cha d'thug Ruairidh tàmh
no fois d'a mhàthair gus an do cheannaich i an oighreachd—
oir tha chridhe 'n geall air eich òga. Cheannaich iad an
oighreachd air glé bheag—fhuair iad cùnnradh ciatach—
agus ged tha màthair Ruairidh glé thoigheach air an àite
a nis—bha i car sgàthach a thighinn "—agus, an sin, arsa
an t-seana bhean mar fo a h-anail—" Mur a bhi gu'n
d'thàinig i astar mór cha tigeadh i idir ! "

Bha so mar dhubh-fhacal dhomh, agus dh' fheòraich
mi " C'ar son ? "

Ghabh an t-seana bhean seòrsa athaidh, agus dh' fheuch
i ri m' chur dheth le ràdh—

" Mar a tha fhios agad, tha h-uile h-oigreachd a th'ann
coltach r'a chéile "—

"Am bheil da rìreadh," arsa mise le spleumas.

" Tha," arsa ise, " ma thuit gu'n robh tràillean orra.
Faic," arsa ise, 's i 'g amharc a mach air an uinneig, " na
tighean ud. Ri linn Chloinn-an-Tàilleir, feumaidh gu'n
robh ceudan dhiubh ann."

" Tha beagan dhiubh," arsa mise, " mu'n oighreachd
fhathast."

" O tha," arsa ise, " beagan de shliochd nan tràillean a
bh'ann o shean, a tha cho ùmhal do bhean an tighe 's ged
a bhiodh iad uile 'nan tràillean."

"Am bheil fhios agaibh " arsa Seònaid, gu'm faca mi
duine duaichnidh mosach ag amharc a stigh air an uinneig
moch 'sa mhadainn. Cha 'n fhaca mi riamh mu na dorsan
e. Cha d'thug mi an aire riamh dha am measg an luchd-tighe.
Bha e mór, dubh grànda ; spleuchd e shròn 's a bhus ris a'
ghloine ; 's gu dearbh cha robh e bòidheach."

" Cha bhiodh ann," arsa mise, " ach fear-fuadain,
seòrsa de cheàrd."

" Theagamh," arsa Seònaid ; " ach tha mi 'n dòchas

nach fhaic mi e fhéin no a choltas gu bràth. Ach so na
h-eich ; " a' tionndadh riumsa, " bithidh an tigh agadsa
dhuit fhéin."

" Mo thogair," arsa mise, " tha mi dol a tharraing dealbh
na h-abhaig, ' Càrnag,' agus cha bhi duine mu'n cuairt
a tharraing conais aisde, 's i cho crosda."

Cho luath 's a fhuair mi 'n tigh dhomh fhéin 's a chun-
naic mi a' mharc-shluagh a' dol as an t-sealladh seach
oisinn na coille, thòisich mi air ' Carnag ' a chlàradh gu
suidhe sàmhach gus am faighinn a dealbh a tharraing.
Bha an seòmar 'san robh sinn, aig taobh-cùil na fàrdaich,
agus an uinneag ag amharc air na tighean-cùil anns an robh
na seirbhisich dhubha a' fanachd. Cha robh " Càrnag "
fada 'na suidhe nuair a thòisich i ri a cluasan a bhiorachadh,
agus fàs luaineach, mar gu'm biodh i cluinntinn cuideigin
coimheach ag gluasad mu 'n fhàrdaich. Mu dheireadh
thug i casan aisde buileach.

Cha robh atharrachadh air, b' éiginn an dealbhadair-
eachd a leigeil seachad car àm. Thog mi leabhar taitneach
agus thug mi mo chathair gus a' bhlàr am muigh, agus
shuidh mi am fasgadh an tighe. Is e an leabhar a bha
mi leughadh—leabhar mu na tràillean dubha—" Uncle
Tom's Cabin," agus bha mi cho dìl 'ga leughadh 's gu'n
do dhi-chuimhnich mi ach beag c'àite 'n robh mi, nuair
a chlisg mi le fuaim mhì-nàdurra mar gu'n robh cuid-eigin
'gan tacadh. Thug mi sùil mu'n cuairt ; ach cha robh
anail bheò 'gam chòir ; ach bha " Càrnag " a' sìor amharc
air dorus a bha 'n sin 's gun i toirt umhail gu'n robh mi
'ga còir.

Thog mì mo leabhar a rithist, ach cha deachaidh mi
fada air m' aghaidh nuair a chuala mi a' cheart fhuaim
mhì-nàdurra a chuala mi cheana, agus " Càrnag " 's a
h-uile riob fionna a bh'oirre 'na sheasamh dìreach air a druim
's i an déidh fasgaidh a ghabhail fo m' chathair 's i casadh
a fiaclan. Aig a' cheart àm, chunnaic mi a' tighinn bho

fhàrdaich nan seirbhiseach duine dubh mòr, grànda, nach robh beachd agam air fhaicinn riamh roimhe mu'n fhàrdaich. Bha e ceann-ruisgte, aodann duaichnidh fo ghruaim, còta gorm is geal, 's e 'na stròicean, seana bhriogais, 's na mogain air am filleadh g'a ghlùinean, agus logaisean bhròg m'a chasan. Nuair a bha e teannadh orm, bha mi fàs fo eagal a h-uile ceum a bheireadh e an taobh a bha mi.

Gu h-obann dh' fhosgail dorus a bha sin, agus, gu h-iongantach, steòc a mach boireannach a suas ann an làithean, nach b'fhiosrach mi fhaicinn riamh roimhe. Bha i ann an gùn fada geal, le muilichinnean farsaing, a falt ruadh—'s gu leòir ann dhe—a sìos gu meadhonan, i dìreach sgafarra, a leth-cheann tana cruaidh mar spor, is rùn suidhichte 'na h-aghaidh. Thriall i seachad orm le ceum aotrom uallach, agus ràinig i challaid a tha eadar an tigh-mór agus tighean nan daoine-dubha mu'n cheart àm ris an starbhanach dhubh. Thog mi gu'n do labhair i ris gu dalma, crosda—bha choltas sin ri fhaicinn air a h-aghaidh—ach cha chuala mi facal a labhair i.

Thug mi 'n aire gu'n d'éisd an duine dubh ri bhana-mhaighstir le shùilean gu talamh, is stuaic air. Aig a' cheart àm thug mi'n aire gu'n robh a làmh cùl a dhroma ag glacadh sgian mhóir fhada, ged nach d'thug ise an aire dha. Nuair a bha iad 'nan seasamh aghaidh ri aghaidh mar so, bha leam gu'm faca mi buidheann mhór shluaigh cruinn, teann air tighean nan seirbhiseach—mu dhà cheud de dhaoine dubha—agus chuala mi monmhar nam measg mar gu'm biodh ann sgeap de bheachan crosda. Mu dheireadh, thog am boireannach a dòrn gu crosda, dàna is mhaoidh i orra i gu ladarna.

Nuair a rinn i so rinn an duine dubh gàire magaidh, agus, a' sìneadh a mach a làimh, rug e air bhad cinn oirre, agus tharraing e air ais i gus an robh cùl a cinn air a' challaid. Chunnaic mi a' h-amhach fhada, chaol rùisgte, agus ann an tiota bha an sgian mhór air a sgòrnan. Le aon sguidseadh thug e 'n ceann dìth. Chuala mi an ospag dheireannach a thug i, is thuit a ceann gu làr air taobh thall na callaid, is dhùblaich an corp air an taobh air an robh mise, is ann an tiota bha 'n lèanag dearg le fuil. Bha mi balbh leis an eagal, agus chaill mi mo lùth—bha mi gun chomas éirigh no suidhe.

Chrom am mortair dubh agus thog e an ceann air fhalt. Chunnaic mi an t-aodann glas-neulach truagh 's na sùilean fosgailte a' dùr amharc orm. Chùm am mortair a suas e an làthair an bha mu 'n cuairt air, agus thog iad uile iolach mhór a chuir sgreamh air m' fheòil. Leis a' cheann 's an dàrna làimh 's an sgian dearg le fuil anns an làimh eile, dh' amhairc e orm ann an clàr an aodainn. Ann an tiota chaidh mi seachad, chaill mi mo léirsinn 's mo thuigse 's cha'n eil cuimhne agam air a' chòrr.

Nuair a thàinig mi gu tuigse chuala mi guth ceann-salach mo bhana-charaid, bean an tighe, ag ràdh—

"A charaid, nach eil fhios agad gu'm bheil e cunn-artach cadal air a' bhlàr a muigh an déidh dol fodha na gréine, ged tha 'm feasgar blàth ? "

" Cadal ! " arsa mise, 's mi air chrith leis an eagal. " Cha robh mise 'nam chadal," agus ag éirigh, chaidh mi 'san turamanaich a stigh do 'n t-seòmar.

" Ciod air an t-saoghal a dh' éirich dhuit ? " dh' fheòraich mo phiuthar. " Nach eil thu gu math, no am faca tu manadh ? "

" Chunnaic," arsa mise, 's mi 'g amharc air a' chuid-eachd. " Chunnaic mi dhà dhiubh a mach ann an sin."

Chuir so cuid de na bha làthair fo uamhann, ach thog e feath-ghàire air feadhainn eile ; ach arsa bean-an-tighe gu smachdail—

" Cha'n eil a leithid de rud ann ri taibhsean ; cha bhi ach daoine aineolach a' creidsinn annta, mar a tha na daoine dubha. Is ann Gàidhealach tha thusa, is cha'n

eil teagamh nach eil thu car saobh-chràbhach, agus a
bharrachd air a sin, tha thu làn mac-meanmna. Bha
thu a' turra-chadal, is laigh trom-lighe ert."

" Innis so dhomh," arsa Ruairidh, " ciod e a' chunnaic
thu ? " 's e sìneadh gloine fiona dhomh.

Dh' òl mi am fìon mu'n do fhreagair mi—" Sealladh
gairsneach, boireannach ann an aodach geal, aig an robh
seilbh air an oighreachd aig aon àm, àir a mort mu choinn-
eamh mo dhà shùil—an ceann air a thoirt dhith gu bruideil
le starbhanach de dhuine dubh, 's na tràillean uile—ceudan
diubh—ri iolach is aoibhneas."

"An robh ann ach trom lighe," arsa bean an tighe,
" an dèidh na dh'ith thu de'n bhradan, agus na leugh
thu mu an tràillean dubhà anns an leabhar a bha 'nad
làimh. Cha bhi daoine tuigseach a' tighinn thairis air
baoth-sgeulan de'n t-seòrsa sin."

" Cha chreid mi sin," arsa mise, 's mi gabhail misnich,
" chunnaic mi le 'm dhà shùil e, is bha an dà shealladh
aig mo sheana mhàthair ; 's co aig tha fios nach d' fhàg
i agams' e."

"A charaid," arsa bean-an-tighe, " tha thu air do chur
mu'n cuairt. Gheabh thu thairis air gu goirid, 's cha
bhi cuimhn' agad air. Na innis e do na searbhantan ;
air neo theid iad bhàrr am beachd. Rach a'd shìneadh
tacan gus am bi thu na's feàrr. Cha'n fhàg sinn aig an tigh
leat fhéin thu an dà latha so."

Bha bean-an-tighe smachdail 'na dòigh is cha chead-
aicheadh i facal tuille a ràdh mu m' throm-lighe. Dh'
aindeoin sin chum mise gu dannarra ri m' bheachd fhéin.

Goirid 'na dhéidh so bha mi fhéin 's mo phiuthar, is
Ruairidh, a leannan, a' seòladh do'n dùthaich so far an
robh iad a' dol a phòsadh. Bha cuideachd ghasda air
bòrd agus 'nam measg bha feadhainn a bha aon uair eòlach
mu Rochelle.

Latha bha sin, bha sinn 'nar suidhe a' cracaireachd
ri seana bhean uasail, a mac 's a nighean, nuair a thuit
dhuinn iomradh a thoirt air Rochelle.

"Rochelle," arsa nighean na mnà-uasail, "an e sin
an tigh 'sam bi iad a' faicinn thaibhsean?"

"A cheart thigh," fhreagair a màthair gu h-ealamh;
"an tigh a bh' aig Cloinn-an-Tàilleir. Bha sgeul neòn-
ach ri aithris mu'n tigh sin aig aon àm; cha'n eil teagamh
nach eil i air dhi-chuimhn' a nis. Bha an tigh fada falamh
air sgàth sin ged a bha an oighreachd luachmhor."

"Ciod an sgeul a bh' ann?" Dh' fheòraich mise, agus
mi toirt sùla air Seònaid is Ruairidh.

"Tha beachd agamsa air an sgeul a chluinntinn o m'
mhàthair," arsa an t-seana bhean, "tha 'n sgeul cho fìor
ris a' Bhìobull. Bha Cloinn-an-Tàilleir, aig an robh an
oighreachd beairteach; bha fearann gu leòir aca is sgaoth
de thràillean. Bha iad fo dheadh mheas gus an do chaoch-
ail Fear a' bhaile. Tha e coltach gu'n robh a bhanntrach-
san car neònach. Bha i cruaidh, an geall air airgead a
dheanamh a dheòin no dh' aindeoin. Bha i gun truaghas
ag oibreachadh nan tràillean gu goirt, 's 'gan sgiùrsadh gu
bàs na'n gearaineadh iad. Bha mort is marbhadh a' dol
an Rochelle; ach cha robh a chridhe aig daoine facal a
ràdh; oir bha bhanntrach beairteach uaibhreach agus
dìoghaltach. Bha aice mar luchd-riaghlaidh air na tràil-
lean bochda daoine a bha cho neo-iochdmhor rithe féin.
Bha iad ag ràdh, nuair a bha ghealach làn, gu'n robh na
tràillean ag obair a dh' oidhche 's a latha; agus mar so
bha bàrr aice gun a leithid."

"Mu dheireadh thall, thàinig gnothaichean gu aona
cheann. Cha sheasadh fuil is feòil cùisean na b' fhaide.
Latha bha sin, dh' òrdaich a' bhanntrach tràill a sgiùrs-
adh, ni a chaidh a dheanamh gu leud ròinein de a bheatha.
Air an ath fheasgar, ghabh an tràill so an lagh 'na làmhan
fhéin, agus ann an làthair nan tràillean uile rug e air a'

bhantraich agus, le sgian fhada, thug e 'n ceann dith aig a dorus féin. Bha iad ag ràdh gu'n do chuir i fios air chum a chlosnachadh agus gu'n do rug e air bhad cinn oirre; tharraing e an comhair a cùil i agus, le sgian, gu'n do sgar e an ceann o'n cholainn. Thug e 'n ceann leis is thug e 'm fireach air s' cha'n fhacas riamh 'na dhéidh e."

" Tha iad ag ràdh—ach 's iomadh rud a their daoine nach eil fìor—nach eil bliadhna bho sin nach eil cuid no cuideigin a' faicinn a' ghnìomh sgreamhail ud gu riochdail aìr a ghiùlan am mach ; ach cha 'n e a h-uile h-aon do'n léir e."

Sheall sinn air a chéile; ach cha d' fhosagil sinn ar beul. Ach mar so fhuair mise dearbhadh nach b'e uile gu léir bruadar no trom-lighe a thug orm an sealladh riochdail ud fhaicinn an latha bha mi stigh leam fhéin.

Phòs Seònaid is Ruairidh, is chaidh iad air an ais gu Rochelle ; ach cha toir ni saoghalta air Seònaid fuireach anns an tigh leatha fein a dh' oidhche no latha.

. . . .

Sin agad a nis sgeul Choinnich Oig, is ma thaitinneas i riutsa cho math 's a chòrd i ris na bha 'sa mhuileann bheir thu—ite dhi 'san Sgeulaiche.

Thog an latha sguir an t-uisge, is bha cabhag oirnn uile teannadh a mach. Cha'n abair mi nach coinnich sinn fhathast 's nach fhaigh sinn sgeul eile as a' Mhuileann. Tha sgeul no dhà aig a' Mhuillear Bhàn e fhéin, na'm faigheamaid a chur air ghluasad.

Is mise do charaid,

FIONN.

FARDACH FHINN,
    Oidhche Shamhna, 1909.

Bardachd Leodhais

Book of 'Lewis Poetry' now ready 7/6 net.

Lewis Bards (Bardachd Leodhais), fo laimh Iain N. Macleod.
Contains the best poems of the Lewis Bards with portraits and
Short Gaelic Biographies. A selection of Lewis Spiritual Songs
is also given. 7/6 net. ($1.85), postage 9d (15 cents.)

The Collection contains the works of the following bards:—

Maccallum, Rev. Donald, Lochs.
Macdonald, Donald (Bernera), Glasgow.
MacIver, Donald, Bayble Public School
Mackay, Malcolm, Brngar.
Mackenzie, Angus, Bernera.
Mackenzie, D. W., Airidhbhrnaich.
Morrison, Mardo, Shindar, Barvas.
Nicolson, Alex. M., Skigersta, Ness.
Nicolson, Malcolm (the Late), Free Chnrch Teacher, Barvas.
Smith, John (the Late), Earshader, Uig.
Smith, Mardo, Lenrbost, Lochs.   And others.

A selection of Lewis Spiritual Songs is also given, and a short sketch
of the history of the island.

" We rise from an examination of this volume with genuine pleasure. The
poetry throughout is of high quality, and much of it is far removed from the
stuff that one occasionally meets with in our time. It is clearly the production
of men who not only thought effectively, but had the power of expressing those
thoughts in choice Gaelic and smooth versification. It is refreshing to find
that it is not a mere mosaic of well-known Gaelic epithets—a kind of permu-
tations and combinations from the old Gaelic bards. It is in many respects
original in treatment without losing any of that flavour which one demands
in all Gaelic poetry, and which stamps the singer as one upon whom the
divine afflatus has been breathed in a large measure. The limits of our space
debar us from noticing the efforts of each bard in particular, but we hope the
other writers will not consider it invidious if we award the laurel wreath to
the late John Smith. He brought the influence of the cultured mind to bear
upon his verses, but did not forget the true Gaelic atmosphere. He was at
his best in ' Spiorad a' Charthannais,' and ' Spiorad an Uabhair.' Mr.
Macleod has rescued from comparative oblivion a body of modern Gaelic poetry
that deserves a place alongside other well-known Gaelic collections."—An Deo
Gréine.

Much of the poetry breathes a strong spirit of strong local patriotism and
warm attachment to the Isle of Heather, that will make the anthology popular
with Lewismen all over the world.—" Ross-shire Journal."

Mr. Macleod writes very idiomatic Gaelic which will delight any lover of
the old tongue.—" Scotsman."

It cannot fail to please the people of the Lews, and indeed all lovers of
Gaelic poetry, for Mr. Macleod has put together a praiseworthy book."—
" People's Journal."

Connoisseurs of the Gaelic muse will have no difficulty in recognising
that many of the poems are of genuine merit and worthy of a place alongside
the best of the modern bards.—" Glasgow Herald."

The songs and poems cover a goodly selection of subjects—patriotic, hum-
orous, spiritual, translations from the classics, and love odes—and in a few
instances the music, in sol-fa notation, is given. We heartily commend the
book to all lovers of the Gaelic muse, and congratulate the compiler on his
happy selection of Lewis songs, clothed, as they are, in the beautiful language
of Thule.—" Buteman."

Ceol nan Gaidheal (Songs of the Gael), edited by "Fionn"

" The book contains 37 songs in Gaelic, with music (in both notations) and
' singable ' English translations by capable hands. The English translations
are really ' singable ' in the editor's phrase. They fit to the tunes—a little
better than they read, for they have sometimes the stiffness and the common-
place that are almost inseparable from translations. But no one need trouble
much about the English translations. They are good enough to tell those who
have no Gaelic what the songs are, roughly, about; and those who have no
Gaelic deserve nothing more."

ANOTHER LEWIS BARD NOW READY

Bard Bharabhais, Dain, Orain is Sgeulachdan, le Domhnull Macdhomhnuill, Gobha ann am Barabhas. Collected Poems, Humorous Readings and Stories, of Donald Macdonald. Now first published, 3/6 net (85 cents), postage 3d.

As a composer of Gaelic verse he was known to a wide circle of friends. An ardent admirer of all things Celtic, the many prizes which he won at the Gaelic mod testify to the standard of his own contributions to the literature of the language both in prose and verse. His prose and poetry breathe the physical robustness of the outdoor life, lover of Nature, and Nature clothed in her full glory of summer verdure and teeming with life rather than in the quietness of her winter sleep. He never tired of singing the virtues of summer, and one of his best prize songs is "An Samhradh Cridheach." We find the same intense love of his surroundings in "Eilean mo Ghaoil," of which Lieut. Col. Mathieson of the Lews, has given a very fine translation. Macdonald wrote some very humorous pieces, some have been lost, but perhaps the best remain—"Oran an Radan," "Domhnull an Gille," "Dughall a' marbhadh an laoigh,"—all deserve mention. Of his prose pieces probably the best known are "An Gairtean Srianach," in which many old Highland customs and superstitions are placed before the reader, with that pleasant ease which is characteristic of the author. The experiences of a rather adventurous and sceptical crofter are very humorously narrated in "Bodach a' Muillinn." In "Oran na Lice" and "Oran na Pariamaid," both in dialogue and style, he is excellent. These are only a few of the versatile bard's productions, but they are representative of the other contents of this admirable book. This volume is without doubt a worthy addition to the printed literature of the Scottish Gael. Get it, read it, and enjoy yourself. Do it now while the impulse is on you.

NEW EDITION OF AN OLD FAVOURITE

An t-Eileanach, second edition, containing the cream of Mr. Macfadyen's work, in preparation,

This is a very enjoyable book, both songs and readings. He is no echo of the bards of other days, but sings and tells stories about events of modern life. He has an observant eye for the humorous side of things, and is equally at home among the wilds of Mull as on the streets of Glasgow. His power of apt expression is remarkable, and the insular burr of his Gaelic is not a fault but a charm. He comes out at his best in humorous sketches in verse and vigorous prose. Ewen's visit to Glasgow is a good sample of one class of the humorous productions. The prose readings are very racily written, and are full of innocent fun and witty descriptions of characters and scenes, interspersed with poetic effusions suited to the time and place where and when the scenes are laid. The orthography of the book is excellent, and altogether the volume is one which reflects the highest credit on its author's genius and power of expression in racy, idiomatic Gaelic.

There are few Celts better known than the author of this work. Mr. MacFadyen's volume of songs and readings has not its equal on the market at present. It is an indication of the very high merit of his writings that at all the Mods held during the last quarter century Mr. MacFadyen has carried off nearly all the best prizes.

Dain Spioradail le Calum Macneacail, Maighstir-sgoile ann am Barrabhas. Nicolson's Spiritual Songs, edited by John M. Macleoid, Compiler of "Bardachd Leodhais." 1/- net (25 cents), postage 2d.

"Dain Spioradail" is a booklet of forty-six pages containing the versified effusions of the late Malcolm Nicolson, the fine old schoolmaster of Barvas, Lewis. A portrait of the author and a short sketch of his long and useful life awaken an interest in his songs, even in the minds of those who did not know him personally. The pieces are experimental and didactic, and will doubtless be welcomed at many a Gaelic fireside, giving pleasure and profit to the readers, and thus justifying the desire of those who pleaded for a separate existence for these "Dain Spioradail" from among Bardachd Leodhais.

The Clachan Collection
FOUR of the BEST GAELIC SONGS

Gaelic Words Edited by "Fionn"
Melodies arranged by "Fionn" and Malcolm Macfarlane
Pianoforte Accompaniments arranged by C. R. Baptie

Price, 1/6 net each.   The set, 6/-

Postage on one song   if folded in half for envelope, 1d extra;

Neil MacLeod's Two Best Songs—

    (1) " FAR AN ROBH MI'N RAOIR."

    (2) " AN GLEANN 'SAN ROBH MI OG."

These two songs are now ready. It is generally conceded that they show Neil MacLeod at his best. They are great favourites at " The Mod " and all Gaelic and Clan Concerts.   The melodies and pianoforte accompaniments are by the best composers.

Perhaps the most popular of his songs is that delightful one, " An gleann 'san robh mi og."

> 'N uair a philleas ruinn an samhradh,
> Bidh gach doire's erann fo chroie;
> Na h-eoin air bharr nam meanglan
> Deanamh caithreim bhinn le'n ceol;
> A chlann bheag a'ruith le fonn
> Mu gach tom a'buain nan ros—
> B'e mo mhiann a' bhi 's an am sin
> Anns a'ghleann 'san robh mi og.

The haunting refrain of this hymn of the exiled Gael has rung in the ears of many a Highland exile, from the prairies of Canada to " where the dawn comes up like thunder out of China 'crost the bay." It is true poetry of the heart, and this immortal poem at once presents a vivid picture of the glen and its life, and expresses the yearning love of his native Highlands which possesses the heart of every Gael.

In " An Gleann 'san robh mi og " (My Bonnie Native Glen), he gives us a pleasing picture of the social life in a Highland glen in his happy boyhood days; then we have another picture where with pathos, feeling and beauty of expression and sentiment the bard sings of " the change 'twixt now and then," and in haunting strains laments the desolated land and banished people.

Duncan Ban Macintyre's Popular Song—

    (3) " CEAD DEIREANNACH NAM BEANN."

Ben Dorain seems to have been Duncan Ban's sacred mountain. He not only sang its praises and declared its beauty in the varied and various rhythms peculiar to Gaelic Poetry, but when the aged poet, after a residence of some years in Edinburgh, visited the Highlands in 1802 to bid a last " Farewell to the Bens," he climbed the Celtic Pisgah, and from its summit gazed on the scenes of his younger and happier days, and poured out his sorrowing soul in a poem worthy of the bard and worthy of the occasion. The aged bard, with hoary locks, was in his seventy-eighth year, and we need not wonder that his soul was sad as he gazed on the scenes of his former days. The friends of his youth were gone for ever—even the hill itself was changed. Its proud sights were gone! The troops of wild deer and graceful does had given place to sheep, and the poet marked the changes and sorrow filled his soul. The very title of the song is full of sadness—" Cead deireannach nam Beann "—The Last Farewell to the Bens. Almost every Gael is familiar with its opening lines:—

> Bha mi'n de 'm Beinn Doralo,
> 'S na coir cha robh mi aineolach.

Another of the Popular Songs of To-Day—

    (4) " BU CHAOMH LEAM 'BHI MIREADH."

This sweet little song formed one of Miss A. C. Whyte's Mod Prize Songs of 1907. It is a popular pastoral melody and was taken down by her from the singing of a Poolewe lady. It makes a valuable addition to any concert programme.